Docteur Eric ANCELET

POUR EN FINIR AVEC PASTEUR

Un siécle de mystification scientifique

Collection
Résurgence

REMERCIEMENTS

A Mahé, pour l'accompagnement.
A Michèle et Jean
Jeanne R. et Marie N.
Michel O.
Henry Q.
Raymond M.
et quelques autres…
Respectueusement

*Ce livre est dédié aux enfants,
passés, présents et à venir.*

*A Jérémie et Anaïs
qui nous ont aidés à parcourir ce chemin.*

© **marco pietteur 2001**
ISBN 2-87211-025-9

Commercialisation : Editions Marco Pietteur
Dépôt légal 1998/5053/24
39, avenue du Centenaire — B-4053 Embourg (Belgique)
Tél. ++32(0)4 365 27 29 • Tél./Fax ++32(0)4 341 29 21
e-mail infos@mpeditions.com

PRÉFACE

Les rares médecins restés fidèles à la Tradition, qui s'évertuent à redonner à leurs malades les moyens de retrouver la santé, butent chaque jour sur un obstacle colossal, quasi insurmontable, lourd, rigide et épais comme tous les dogmes: le mythe pastorien de l'origine bactérienne des maladies.

Cette bévue fondamentale, grandiose par l'universalité de sa totale acceptation, a verrouillé pour un siècle l'éducation patiente des foules à la Santé. Désormais figée dans la certitude matérialiste, la Médecine a suivi le chemin facile des petits esprits, de ceux qui voient l'ennemi partout, le tuent à l'arme antibiotique ou le trompent par ruse vaccinale. Ces pratiques immédiatement efficaces, généralisées à l'échelle planétaire, n'ont jamais été contestées par ceux-là mêmes qui auraient dû les premiers en observer l'impact délétère sur la qualité de notre santé. Aujourd'hui comme hier, les médecins nient en bloc les plus évidentes relations de cause à effet, de celles que le bon sens de l'observateur attentif admet avec une inquiétude grandissante.

Bien loin de reconnaître la fausse route, les médecins accentuent encore le désarroi de leurs malades en ajoutant à l'intransigeance dogmatique l'argumentation terroriste, qui rabroue durement les plus légitimes velléités d'accès à la vérité et à l'espérance. A l'heure de la communication mondiale instantanée, en ce qui concerne son bien le plus précieux, sa santé, l'homme de ce siècle finissant est totalement et sciemment désinformé.

Il importe donc avant tout au médecin honnête de rétablir la vérité en informant. Et pour mieux informer, il est impératif de mettre en lumière le mécanisme subtil de la désinformation. Depuis plusieurs années, de nombreux auteurs s'y sont essayés, médecins, biologistes ou historiens, démasquant avec preuves à l'appui le plus vicieux des faussaires par qui le mal est arrivé.

Mais aucun ouvrage ne pourra comme celui-ci, dépassant la critique pour déboucher sur une synthèse réaliste, revendiquer plus justement l'utilité première qui fait d'un écrit un outil, somptueux cadeau pour qui veut entrer en bonne vie et santé dans le troisième millénaire.

Dr Jean Elmiger, Lausanne.

UN TÉMOIGNAGE...

Eric Ancelet nous propose ici un travail original sur Louis Pasteur. La partie historique s'articule autour de la question désormais classique : Pasteur ou Béchamp ? Il nous livre ensuite un bilan concernant les pathologies infectieuses modernes, et s'interroge sur la nécessité d'un nouveau paradigme en médecine. Cet ouvrage fourmille de faits d'une très grande importance, peu connus ou méconnus. Il propose une réflexion cohérente et tout à fait actuelle sur la crise de la médecine et les solutions possibles.

Pasteur n'était pas médecin mais chimiste. Son problème fut de démontrer la validité de ses idées sur la vie, plus précisément la différence entre le minéral et l'organique. Il est clair que pour lui, étudier les cristaux de tartrate ou la fermentation alcoolique, inoculer le charbon à un mouton ou la rage à de jeunes bergers, relève de sa méthode expérimentale. Il ne s'implique en rien dans l'histoire de la médecine, mais va profondément l'infléchir.

Comme le souligne Eric Ancelet, aucun historien des sciences digne de ce nom ne conteste le fait que Pasteur s'est trompé sur de très nombreux points. Aucun ne conteste non plus son opportunisme, les nombreuses entorses à la méthode qu'il professait, ou encore le pillage d'autres chercheurs. Par contre, Pasteur est bien à l'origine du premier grand trust pharmaceutique mondial, devenu aujourd'hui le principal fabricant de vaccins. Il est évident que l'engouement pour « l'aventure de la vaccination » est très largement mercantile, car les vaccins sont à l'origine de profits fabuleux. Cela tient sans doute au fantastique crédit de son idée de base : la maladie vient de l'extérieur. Et les classes dominantes de l'époque demandaient une philosophie de ce type, épousant leurs préoccupations.

Je voudrais illustrer mon propos par deux exemples vécus. Sortant de la faculté il y a une trentaine d'années, et confiant dans ce qu'on m'avait enseigné, j'ai accepté d'effectuer durant quatre ans les vaccinations B.C.G. dans l'arrondissement de Béthune. A deux reprises l'arrêt de cette vaccination a été très sérieusement envisagé, mais la pression des labos a été chaque fois la plus forte. A l'issue de cette période, j'ai demandé au pneumologue responsable du service, homme civilisé et pondéré s'il en est, de surcroît élève des inventeurs du B.C.G., à faire ma thèse de médecine sur ces quatre années de pratique. Ce sympathique monsieur est alors entré dans une colère noire. Il m'a interdit d'effectuer ce bilan, prétextant que tout avait été dit sur le B.C.G.. Un tel travail ne pouvait que confirmer une évidence : les gens qui refusent ce vaccin contractent la tuberculose, fait bien connu dont la démonstration ne présente aucun intérêt! Bien sûr, j'ai été très choqué par cette réaction. J'ai cherché des renseignements en dehors des milieux officiels, notamment auprès du Professeur Ferru. Et je me suis rendu compte que le B.C.G. est une escroquerie scientifique et financière. Les expériences princeps de Calmette et Guérin sont tout simplement frauduleuses. Ces personnages n'ont pas hésité à utiliser des groupes de pression pour éliminer les opposants. Comme on le voit, les pratiques de Maître Pasteur avaient fait des émules. J'ajouterais que de nombreux spécialistes se prononcent régulièrement pour l'arrêt de cette vaccination, mais leur opinion est vite balayée.

Le deuxième exemple est récent. Il concerne une pétition de médecins exigeant un moratoire à propos de la vaccination contre l'hépatite B. J'ai lancé cette campagne en mars 1996, à la demande d'associations d'usagers. Outre l'arrêt des vaccinations, nous avons demandé qu'une étude épidémiologique sur l'incidence de cette maladie en France, tenant compte aussi des conséquences du vaccin, soit effectuée par des scientifiques indépendants des laboratoires promoteurs, car les campagnes de vaccination lancées par le Ministère de la Santé ont été sciemment menées avec des arguments frauduleux: contamination par la salive, nombre de nouveaux cas, gravité des complications de l'hépatite virale, pourcentage de ces complications, assimilation de la situation française avec celle d'autres pays, mortalité annuelle liée à cette maladie, etc.

Le caractère obligatoire et généralisé des vaccinations doit être remis en question. Le ministre ayant en charge la santé évoque lui-même la nécessité de revenir à une pratique médicale stricte, ce qui implique au minimum un bilan biologique sérieux et complet. Les vaccinations ne résument pas, loin s'en faut, la santé publique, comme une certaine propagande trop proche des labos voudrait le faire croire aux médecins et aux usagers. Il faut changer cette culture. Il ne doit plus y avoir de victimes des vaccins, et toutes les autres mesures de prévention des maladies infectieuses doivent être définies et mises en pratiques. Il faut exiger une vaccinovigilance réelle, transparente, directement accessible aux médecins et au public, et un débat scientifique libre sur la santé et la maladie, sans interférences des lobbies pharmaceutiques, Il y a urgence à réagir et à agir.

Eric Ancelet propose une lecture différente de la maladie et de la biologie, appuyée sur des travaux dont certains sont aujourd'hui injustement et malhonnêtement contestés par les autorités académiques, et d'autres le fait de chercheurs reconnus. C'est très stimulant et nous nous prenons à rêver : la vaccination contre l'hépatite B sera le dernier avatar du pasteurisme, la dernière manifestation d'une entreprise qu'un ami philosophe désigne comme la phase exterministe de systèmes sociaux basés uniquement sur la recherche du profit, et qui ce faisant anéantissent la nature et les communautés humaines.

En finir avec Pasteur: peut-être ! En finir avec la médecine du profit, fille de Pasteur : sûrement.

Dr Jacques Lacaze

AVANT-PROPOS

Justifications d'un iconoclaste

L'année 1995, le monde entier commémorait le centenaire de la disparition de Louis Pasteur.

Nous sommes tous des "enfants de Pasteur". A de très rares exceptions près, nous sommes tous nés à l'ère des vaccins systématiques et obligatoires, nous avons tous subi, enfant, *au moins* une injection "baptismale" imposée par l'autorité patriarcale de l'Etat. Actuellement, l'immense majorité des nouveau-nés, enfants et adolescents subissent de multiples injections concernant sept ou huit maladies "courantes", car cela fait partie des moeurs de notre société, depuis la pédiatrie jusqu'à la gériatrie, de la maternité à l'hospice en passant par l'école, l'université, l'armée, la vie professionnelle, les voyages.

Pourquoi?

L'éducation parentale, scolaire, universitaire, comme l'information civique et médico-sociale, nous ont tôt appris à considérer tout microbe comme potentiellement pathogène et toute maladie comme potentiellement microbienne.

Celui, celle ou ce qui est pur, propre, prospère, sain, hygiénique, qui par ailleurs sent bon et que l'on peut toucher ou ingérer *sans risques*, est par définition indemne de germes, autrement dit non contaminé, parfaitement *aseptique*.

11

Celui, celle ou ce qui par contre est "caca", douteux, négligé, sale, souillé, insalubre, puant, répugnant, infect est *forcément* septique, grouillant de microbes responsables de toutes les pestes et prêts à sauter au nez de qui s'en approche.

Il faut donc réagir, "tenir propre", laver, récurer, ébouillanter, empoisonner, désinfecter, *pasteuriser*, stériliser, antibiothérapiser et bien sûr **vacciner** pour prévenir, éviter, rejeter, neutraliser, détruire... l'Autre, et corrélativement immuniser, défendre, isoler, garantir, assurer, sécuriser, préserver, perpétuer, conserver, immortaliser, momifier... le Moi.

Dans l'euphorie de ses débuts, la médecine issue des interprétations de Pasteur a semble-t-il répondu aux questions existentielles de l'homme "moderne", dans l'attente du miracle face à l'angoisse biologique de la mort des corps. Le pasteurisme a su plaire (latin *placebo*: "je plairai"), tant que la solution de cette angoisse était imaginairement projetée dans l'avenir: "*demain*, nous vaincrons toutes les maladies infectieuses".

Mais l'avenir d'hier est le présent d'aujourd'hui, et malgré les apparents succès dont elle tire gloire et profits, force nous est de constater l'inadéquation croissante de cette médecine aux réalités de la pathologie contemporaine la plus courante.

La médecine moderne ne guérit plus, pour n'avoir su entrevoir dans l'Homme ce qui est unique et essentiel, à savoir sa dimension *métabiologique*, sa capacité à transformer la réalité biologique du corps en réponse aux multiples peurs et frustrations qui jalonnent sa biographie.

Nous devons nous rendre à l'évidence: la pensée scientifique du dix neuvième siècle, qui fonda la théorie de la médecine moderne et l'idéologie du "guérisseur scientifique", a fait son temps.

PASTEUR S'EST TROMPE!

Il s'est trompé, comme bien d'autres avant lui et bien d'autres après lui, par impatience et par orgueil, en considérant ses découvertes comme des lois universelles, en confondant l'étape et le but.

L'évolution de l'Homme se poursuit, si vite que le temps de la médecine pasteurienne n'aura duré qu'un siècle et des poussières, éphémère météore.

Ses commémorations flamboyantes, ses grandes gesticulations médiatiques, ne sont que les signes d'une douloureuse agonie, agonie dont nous percevons tous, peu à peu, l'odeur, de plus en plus envahissante car le vieil homme est "pourri à coeur".

L'année 1995, le monde entier célébrait le centenaire de la mort de Louis Pasteur.

Le monde entier, sauf...

Le présent essai m'a été suggéré par le **Dr Jean Elmiger**, de Lausanne, auteur d'un ouvrage dont la lecture me paraît incontournable, en fait l'une des grandes révélations de ma trajectoire de thérapeute (1). Sur le plan pratique, il s'agit d'une méthode homéopathique qui consiste à effacer les séquelles d'événements biographiques jugés pathogènes, et tout particulièrement celles des multiples vaccinations infantiles.

Comment est-ce possible? La petite enfance est riche en traumatismes, relevés dans l'anamnèse (histoire ou biographie de l'individu) ou découverts à l'aide d'une méthode quelconque de détection sensible. Une fois repérés dans le temps, ces événements sont "gommés" successivement, du plus récent au plus ancien, à l'aide de remèdes homéopathiques qui permettent d'atteindre les mémoires cellulaires. La théorie est donc fort simple, mais la pratique demande une écoute approfondie de l'autre, une intention sincère et une grande rigueur méthodologique.

L'un des aspects les plus spectaculaires de cette méthode est de révéler l'ampleur des désordres engendrés par les dits traumatismes, responsables de la majorité des maux courants dont souffrent nos sociétés civilisées, trop souvent irréductibles s'ils sont abordés de manière purement symptomatique. Cette ampleur devient perceptible au moment de la prise du remède *simile* (une dilution homéopathique de vaccin par exemple), quand s'évaporent des troubles parfois très anciens, alors qu'aucune médecine, officielle ou "alternative", ne parvenait à autre chose qu'un soulagement provisoire, vite suivi de récidives et d'une irrémédiable aggravation.

Dans le débat qui secoue actuellement le monde médical, concernant le bien-fondé des vaccinations de masse, la "thérapie séquentielle" du Dr Jean Elmiger apporte des arguments irréfutables, en fait d'authentiques *preuves* des profondes altérations biologiques induites par certains chocs émotionnels, la chimiothérapie ou les vaccinations. Comment expliquer autrement la disparition de malaises persistants à l'aide d'une dilution homéopathique des vaccins incriminés?

La prise de conscience d'une probable gigantesque "maladie vaccinale de la civilisation", au départ insidieuse mais aggravée de génération en génération, impose un certain nombre de remises en question. Ne faut-il pas dénoncer les effets pervers de pratiques médicales banalisées chez les enfants, imposées par la force du Droit bien que potentiellement dangereuses? Si nous nous sommes trompés, ne faut-il pas en finir une fois pour toutes avec le dogme qui est à la base de telles pratiques?

Suite à cette lecture, je décidais de rencontrer l'auteur et d'entreprendre ma propre "thérapie séquentielle". Lors de ce premier contact, Jean Elmiger me demanda d'organiser des séminaires destinés à faire connaître ses travaux aux médecins français. Le premier eut lieu en Dordogne en 1993. Depuis, j'ai eu l'occasion de vérifier la validité de la méthode, et de confirmer largement de très vieux soupçons concernant les méfaits de la vaccination précoce, systématique et obligatoire contre une série de "maladies" humaines et animales dont le sens nous échappe encore largement. Il apparut alors clairement qu'un ensemble très vaste de perturbations physiques, psychiques et émotionnelles de l'adulte pouvaient être mis sur le compte d'événements survenus dans la petite enfance, et tout particulièrement la vaccination pratiquée trop tôt, trop souvent, contre trop de maladies à la fois et sans précautions concernant la réactivité *individuelle* à une telle agression. L'ampleur de la maladie vaccinale chronique semble échapper non seulement à la vigilance des vaccinateurs, mais aussi à celle des "opposants", réduits à exploiter les effets secondaires à court terme, à suggérer sans preuves l'existence de redoutables effets à long terme provoqués directement par le contenu des seringues, mais tout autant par l'*état d'esprit* individuel et collectif qui est à la base de la médecine moderne. En effet, l'infantilisation des masses engendre tout à la fois la soumission et ses conséquences, la surconsommation de substances iatrogènes et les abus massifs de la vaccinologie postpasteurienne.

Le titre de cet essai a été choisi par analogie avec celui de l'embryologiste **Rosine Chandebois**, "Pour en finir avec le darwinisme" (2).

Les premiers chapitres de cette remarquable mise au point sur Darwin et l'Evolution, ainsi que l'excellent épilogue et la postface, pourraient être appliqués mot à mot à Pasteur et à la microbiologie moderne, qu'il s'agisse de situer la position actuelle de ces théories entre l'hégémonie et la caducité, de relever la crise différée d'une théorie infantile, de condamner l'art de la désinformation à l'origine de leur pérennité, ou de tirer les leçons d'un échec.

L'analogie est évidente si l'on perçoit que Darwin et Pasteur sont les deux savants du siècle dernier dont les idées ont le plus profondément bouleversé notre conception du monde vivant. L'un et l'autre paraissaient jusqu'ici incontournables, et leurs détracteurs furent et sont encore systématiquement ridiculisés, bannis du milieu très conservateur de la recherche officielle.

Pourtant, à peine plus de cent ans après leurs déclarations princeps, il semblerait que nous nous soyons enfermés dans une vision étriquée de la réalité, que nous ayons en fait construit des mythes biologiques comparables à celui du Big Bang en physique, ou pire une religion nouvelle qui s'est contentée de déifier une inintelligence, le Hasard. A peine sortis de l'obscurantisme religieux condamné par les Lumières, nous nous sommes précipités dans un obscurantisme scientiste dont le principal défaut est d'ignorer son ignorance.

Le pasteurisme comme le darwinisme sont moins des théories fondées que des *mouvances*, des courants de pensée étroitement dépendants du contexte historique dans lequel ils ont pris naissance. "Depuis que la science est Science, la quête de la Connaissance y a cédé toujours davantage de terrain à la justification des idéologies. On en vient parfois à se demander si la curiosité désintéressée pour les mystères de la Vie et du cosmos n'est pas en voie de s'effacer devant la prétention de plus en plus répandue de réformer les sociétés et les mentalités, au mieux avec la naïve intention de délivrer l'humanité de ses misères, au pire avec l'arrière-pensée d'asservir les peuples en leur confisquant leurs cultures ancestrales" (2). Aujourd'hui ces tendances font figure d'escroqueries intellectuelles, de "contes de fées pour adultes".

La pérennité des dogmes est liée à l'assèchement de la pensée scientifique, étouffée par la suranalyse qui empêche toute tentative de synthèse. Le scientifique participe à une "aventure" pour laquelle il a été conditionné dès l'école primaire, maintenu sur le droit chemin par une technoscience de plus en plus proche du marché. Aristocrate dans une féodalité intellectuelle, appelé à seconder le politique en qualité de sage, le scientifique est plus que jamais exposé à la tentation de l'arrivisme, à celle du vedettariat, à celle du pouvoir. Là où l'erreur est possible, la falsification, volontaire ou inconsciente, l'est également, inévitablement.

Pourtant, au chevet d'une civilisation qui se meurt des sévices de l'intellectualisme et de l'irréalisme, ce sont encore les scientifiques que l'on appelle en consultation, pour qu'ils lui administrent, en guise de thérapie de la dernière chance, toujours davantage de grandes utopies creuses. La vaccinologie, présentée comme un remède universel à toutes nos souffrances, est l'une de ces utopies.

Il semble dès lors impératif de faire mesurer par le lecteur l'ampleur et les conséquences d'une décadence organisée par la volonté des uns, accélérée par l'inertie ou la confiance des autres, et de réaliser au plus vite certains réarrangements conceptuels, car ce totalitarisme scientifique a d'inévitables conséquences. Tandis que s'approche l'an 2000, symbole, pour les générations de quelques siècles, d'un rendez-vous unique avec l'Histoire, l'essor tourne au désastre. Les oreilles encore pleines de lendemains qui chantent, nous entendons gronder une menace d'Apocalypse, surgie d'un écartèlement entre des réalisations fabuleuses - la domination de la planète, la conquête de l'espace - et un délabrement qui prend des proportions terrifiantes - la spoliation des richesses naturelles, les échecs politiques et économiques, l'avènement d'une néobarbarie et bien sûr, en ce qui nous concerne tout particulièrement ici, une dégradation généralisée de la santé humaine et animale.

Dans le cadre de l'actualité, en finir avec le darwinisme ou avec le pasteurisme a donc une portée beaucoup plus grande que la correction d'erreurs qui furent les plus monumentales et les plus tenaces de la biologie: "c'est déjà participer à une renaissance de l'esprit qui apparaît comme l'ultime planche de salut pour notre civilisation victime à retardement d'un dérapage au siècle des Lumières" (2).

Ce livre étant destiné à tous, une première question peut venir à l'esprit du lecteur: pourquoi est-il écrit par un vétérinaire? On peut bien sûr évoquer le "hasard" de certaines rencontres, un exemple parmi tant d'autres des multiples connexions entre les médecines humaine et vétérinaire.

En janvier 1881, l'année même où Pasteur allait consacrer le terme "vaccination", le vétérinaire Hippolyte Rossignol écrivait ceci: "Voulez-vous du microbe, on en a mis partout. La microbiâtrie est aujourd'hui tout à fait à la mode, elle règne en souveraine; c'est une doctrine qu'on ne discute pas, on doit l'admettre sans réplique, du moment surtout que son grand prêtre, le savant Pasteur, a prononcé le mot sacramentel: J'ai dit. Le microbe seul est et doit être la caractéristique d'une maladie; c'est entendu et convenu, désormais la théorie des germes doit l'emporter sur la clinique pure; le microbe seul est éternellement vrai et Pasteur est son prophète".

L'homme et l'animal ont toujours été étroitement liés dans leurs destinées, dans la santé comme dans la maladie, et ce depuis l'aube de la domestication. Les zoonoses sont des maladies infectieuses communes à plusieurs espèces animales et à l'homme, comme la rage impliquée au premier chef dans l'histoire de la vaccination. La première vaccination historique contre la variole humaine fut rendue possible grâce à un virus animal, aujourd'hui utilisé pour créer des "chimères" par manipulation génétique, des souches nouvelles destinées à transporter des antigènes vaccinaux (rage, peste et leucose bovines). Tous les médicaments et vaccins destinés à l'homme sont au préalable testés sur l'animal. Nos "frères inférieurs" furent donc impliqués au premier chef dans "l'aventure de la vaccination", à tel point qu'il est possible d'écrire aujourd'hui: *pas de modèle animal, pas de vaccin*. C'est si vrai que l'absence d'un tel "cobaye" est un frein majeur à la conception de vaccins contre la lèpre, le choléra, la syphilis ou le sida.

Les épidémies animales ou épizooties sont connues depuis l'Antiquité, à une époque où hommes et bêtes se sédentarisent ensemble dans la promiscuité des hameaux, villages et cités qui favorise la diffusion des "miasmes". C'est l'isolement et l'*abattage* qui permettent alors de lutter contre l'extension des pathologies animales. Il est probable que de nombreuses civilisations ont pratiqué la "mithridatisation" des troupeaux, par injection de sang ou de pus issu d'animaux malades. Le recours ultérieur à des remèdes puis à des vaccins eut sans doute pour justification première l'expérimentation, et au-delà la rentabilité d'une prophylaxie généralisée à des dizaines d'espèces.

Au dix neuvième siècle, Claude Bernard initie une médecine expérimentale centrée sur le modèle animal et la vivisection. Ce modèle va rester prépondérant, et les vétérinaires sont omniprésents lors de la mise au point des premiers vaccins pasteuriens destinés aux maladies du bétail: "choléra" (pasteurellose) des poules en 1880, charbon bactéridien en 1881, rouget du porc en 1883 et enfin premiers essais d'immunisation contre la rage réalisés sur des chiens en 1884. Au début de notre siècle, ce sont des animaux qui sont utilisés pour produire les sérums destinés à lutter contre des maladies telles que la diphtérie et le tétanos. Les chevaux inoculés sont régulièrement saignés pour recueillir les fameux "anticorps protecteurs". A noter que certains de ces animaux surimmunisés mouraient du tétanos, paradoxe que nous éclairerons par la suite.

Le recours à l'animal vivant restera incontournable jusqu'à la mise au point des cultures cellulaires dans les années 1940 et 1950. Auparavant, souris, lapins, chiens, singes, étaient utilisés pour réaliser les "passages" destinés à contrôler la virulence des germes destinés aux vaccins. Toutefois, dès cette époque la valeur de ce modèle animal est vivement critiquée. Certains considèrent à juste titre que cette expérimentation souvent cruelle ne permet pas de préjuger l'effet sur l'homme d'un médicament ou d'un vaccin. Les premières associations de protection animale sont contemporaines de Bernard et Pasteur. Si l'utilisation de cultures cellulaires peut s'avérer satisfaisante pour les opposants à l'expérimentation animale, nous ne devons pas oublier, d'une part l'origine animale de ces cultures, d'autre part leur responsabilité dans l'apparition d'allergies gravissimes et leur fréquente pollution par des virus indécelables (SV40, Marburg...), enfin la mise au point de "lignées continues", c'est-à-dire l'utilisation de cellules rendues immortelles par cancérisation (ovaire de hamster pour le vaccin français contre l'hépatite B). Ainsi l'économie réalisée sur la souffrance inhérente aux animaleries se fait-elle par l'avènement de techniques tout aussi injustifiées sur le plan éthique.

Toutefois le "modèle animal" reste précieux pour situer précisément les risques de la vaccination systématique, et peser avec rigueur le pour et le contre d'une pratique banalisée. Une durée de vie plus courte pour l'ensemble des espèces domestiques, une succession plus rapide des générations, permettent au vétérinaire de percevoir plus vite que le médecin l'évolution négative de ses pratiques, l'involution de l'état de santé des diverses espèces concernées. Si ce jugement doit tenir compte, espèce par espèce, des multiples aberrations de l'élevage industriel (sélection, alimentation dénaturée, environnements hautement anxiogènes...), il est pourtant possible de constater les effets délétères purement *iatrogènes* (liés à l'acte médical), et tout particulièrement suite aux survaccinations.

Les vaccins, nous dit-on, ont permis de modifier totalement la pathologie des élevages. D'accord, mais dans quel sens? Citons la flambée des viroses et cancers félins, étroitement corrélée à la systématisation de vaccins multiples. Certains cancers félins se développent au point précis de l'injection vaccinale, si vite que même les vaccinateurs ont dû reconnaître la corrélation. Chez les bovins, l'apparition et le développement successifs de la fièvre aphteuse, puis de la brucellose (deux maladies à vaccination obligatoire) et enfin de la leucose, signent une évolution morbide centripète (la guérison est centrifuge et implique des éliminations cutanéo-muqueuses), c'est-à-dire un approfondissement du "mal" corrélé à une immunodéficience généralisée. Outre l'amplification des affections virales incurables, notons que la leucose bovine est une maladie d'expression récente, une cancérose reliée officiellement à la présence d'un rétrovirus, ce qui établit un lien historique avec l'apparition du sida humain.

L'animal est donc un précieux témoin de l'emballement de la vaccinologie moderne: les vaccins vétérinaires représentent 5% du chiffre d'affaires de la production biologique de l'industrie pharmaceutique mondiale, et 20% de la production totale des médicaments vétérinaires. Cette fuite en avant est la conséquence du "progrès", si l'on considère que "la sélection fondée sur le rendement a abouti à une baisse des défenses immunitaires qui, associée au stress lié à l'entassement des élevages de batterie, *rend indispensable la protection vaccinale*" (3). Or nous aurons l'occasion de montrer que l'immunodépression peut être étroitement corrélée à la survaccination. Quant à "l'entassement" décrit ci-dessus, il est en tous points comparable à celui des grandes concentrations urbaines.

Sur un plan particulier, je voudrais exposer ici certains aspects de mon itinéraire personnel.

Après un cursus universitaire classique, sanctionné par un Doctorat en bonne et due forme, j'ai pratiqué la médecine que j'avais apprise pendant 10 ans, c'est-à-dire la chimiothérapie et la prévention vaccinale. J'étais alors un "pastorien" sans le savoir, un exécutant docile et sans galons, totalement inconscient des tenants et aboutissants de cette guerre déclarée cent ans auparavant contre les microbes.

J'ai exécuté les ordres, vacciné un nombre considérable d'animaux d'espèces diverses, injecté antibiotiques, corticoïdes et hormones de synthèse par toutes les voies possibles, et même implanté des veaux de batterie. Autant dire que j'ai touché le fond! Toutefois je n'y suis pas resté. Sans doute affublé d'un "gène libertaire" (ne doutons pas qu'il sera découvert un jour et que l'on pourra dès lors éradiquer cette "maladie génétique"), j'ai eu la chance qu'il s'exprime très tôt. Il ne fallut pas longtemps pour que mes contestations adolescentes, cette soif de justice et de vérité si merveilleusement dévorante, se transporte du terrain politique au terrain médical, tant il est vrai que ces deux "vocations" sont rigoureusement inconciliables.

Voici une anecdote datant de cette époque "héroïque", à l'origine d'une première prise de conscience concernant certains aspects de la médecine d'Ecole. "De mon temps", dans le début des années 70, beaucoup de futurs "vétos" faisaient leurs armes (et leur argent de poche) en remplaçant les anciens dans leurs devoirs de vétérinaire sanitaire. Le praticien rural est mandaté et salarié par l'Etat pour l'exécution des campagnes de prophylaxie obligatoire, qui à l'époque consistaient à vacciner l'ensemble du cheptel bovin contre la fièvre aphteuse et la brucellose, à réaliser le dépistage de la tuberculose par cuti-réaction (test à la tuberculine) et à effectuer les prises de sang pour le diagnostic de la brucellose et plus tard de la leucose. Dès la deuxième année d'Ecole, j'ai donc consacré mes vacances d'hiver et de printemps à ce sport parfois dangereux, surtout dans certaines régions où les vaches sont moins dociles qu'ailleurs. Mon premier "job" fut au coeur d'un Limousin assez "médiéval", fief d'une race nommée justement Limousine. Toutes les races "à viande", qui élèvent des veaux en extérieur, sont beaucoup moins "domestiques" et coopérantes que les laitières, voire franchement sauvages et agressives envers l'homme. Avant la généralisation des couloirs de contention, cette vache "pur sang" était la terreur et la gloire des néophytes, qui revenaient de leurs campagnes avec de multiples contusions, quand ils n'avaient pas fait un séjour à l'hôpital. La "pique" était donc nos "sports d'hiver", et mes Limousines n'avaient sans doute pas saisi tous les "bienfaits" des injections pratiquées, car coups de pieds et coups de cornes bien ajustés ponctuaient ces très longues et très éprouvantes tournées. Si l'appât du gain était le plus fort, la "trouille" n'en était pas moins omniprésente, et certaines ruses permettaient parfois d'éviter quelque "terreur" embusquée dans un coin d'étable, repérée dès l'entrée par une tête haute et un oeil torve braqué sur sa future victime. Le paysan confirmait, conteur et comptable des divers vétos que ladite merveille avait envoyé au tapis. Or les prises de sang se font *sous la queue* (source intarissable de gaudriole paysanne!), ce qui certes évite de passer entre deux vaches mais ne constitue pas pour autant une position très confortable. Certaines habituées cognent avant même d'être effleurée, tout particulièrement les fameuses "terreurs à l'oeil assassin". Il était alors possible de négocier avec l'heureux propriétaire (qui prenaient aussi des risques à essayer de contenir ses élèves), en prélevant *deux* tubes de sang sur *une seule* vache docile, acte répréhensible vu d'un bureau de Ministère, mais pur réflexe de survie "au cul des vaches". Et, ô surprise, il advint plusieurs fois que l'un des tubes s'avérait *négatif*, tandis que l'autre était *positif*, ce qui signait l'arrêt de mort de l'animal dont le numéro était inscrit sur le tube suspect! Pour moi qui savait, la même vache était donc *à la fois* atteinte et exempte d'une maladie réputée contagieuse, faisant l'objet d'une campagne d'éradication officielle fondée sur l'*objectivité* de tests réalisés dans les laboratoires! Ce type de "bavure", relativement fréquent, avait de quoi déstabiliser le jeune véto mandaté par l'Etat pour préserver la santé publique! Dans d'autres cas, certaines bêtes étaient négatives dans leur département d'origine, et positives dans le voisin où elles étaient vendues. En ce qui concerne la tuberculose, la marge d'erreur du test était considérable (les vaches "pourries" de tuberculose étaient négatives au test, et le parasitisme pouvait entraîner une fausse positivité), et il était par ailleurs incompréhensible que la réaction allergique soit un signe apprécié d'immunité chez l'humain (B.C.G.) alors qu'il entraînait *ipso facto* l'abattage précipité d'un bovin. Je fus dès lors confronté à un doute grandissant concernant le bien-fondé des actes de prophylaxie sanitaire, parallèlement à la découverte d'autres façons de concevoir l'origine et le traitement des "maladies". Ce fut le début d'une longue quête autodidacte, qui nous ramène au présent ouvrage et justifie qu'un vétérinaire souhaite "en finir avec Pasteur", c'est-à-dire sortir de l'impasse et passer à autre chose.

I
PROLOGUE

De l'utopie à la désillusion

"Pour l'homme, la faute originelle, c'est de s'attacher à l'éphémère par la connaissance"
Rudolf Steiner

Tout le monde connaît Louis Pasteur, ou croit le connaître. Aucun homme de science n'a reçu autant d'honneurs, de son vivant ou à titre posthume. Des milliers de rues lui furent dédiées, des timbres et des billets de banque portèrent son effigie, ainsi que des médaillons et images pieuses distribuées dans les écoles... laïques! L'histoire officielle, tous les manuels scolaires et universitaires, décrivent avec emphase les nombreux bienfaits nés des découvertes de ce grand savant français. Si les détails de sa vie sont peu connus, chacun peut toutefois citer la pasteurisation, la découverte de l'origine des maladies infectieuses, la mise au point et la généralisation de l'asepsie, de l'antisepsie et des vaccins.

Pasteur est l'homme qui a dévoilé l'ennemi invisible et amorcé notre victoire sur les maladies infectieuses qui terrorisèrent l'humanité durant des centaines, voire des milliers d'années. L'image du jeune berger guéri de la rage est dans l'esprit de tous. Même avec cent ans de recul, il est impossible pour le grand public de remettre en cause l'homme et ses motivations, la paternité des découvertes qui lui sont attribuées, le bien-fondé de leurs applications actuelles à très large échelle, encore moins de penser qu'il s'est tout bonnement trompé et que nous fonctionnons encore sur de dangereuses erreurs d'interprétation. Si on ne *connaît* pas Pasteur, du moins *croit-on* ce que l'on raconte à son propos. Il demeure le modèle idéal d'une démarche scientifique rigoureuse et d'un humanisme triomphant qui nous ont fait émerger des "ténèbres de l'obscurantisme".

Est-ce l'avis de tous? Un esprit curieux découvre rapidement que ce n'est pas le cas. Ni l'homme, ni ses idées sur les microbes, ni le bien-fondé des vaccinations ne font l'unanimité. Et ces remises en cause émanent de chercheurs dans des domaines aussi variés que l'histoire, la sociologie, la biologie ou l'épistémologie. Alors, qui fut *vraiment* Louis Pasteur, Dr Jekyll ou Mr Hyde?

Il y a un siècle, la médecine est incapable de contrôler les maladies infectieuses.

Avec les révélations de Pasteur commence une période d'euphorie, historiquement associée à certaines "victoires éclatantes" sur la maladie "grâce à la vaccination", sans considération pour les progrès sanitaires et sociaux réalisés parallèlement et qui expliquent à eux seuls le recul du paludisme et de la tuberculose, la disparition de la peste ou du choléra en Occident. Concernant les dangers potentiels des vaccins, les sceptiques de la première heure manquent à l'évidence d'arguments et du recul nécessaire pour fonder leurs appréhensions. La vaccination ne concerne alors que peu de maladies et une très faible minorité de la population mondiale.

Aux alentours de la seconde guerre mondiale, cinquante ans après la mort de Pasteur, la méthode prend de l'ampleur mais ses promoteurs sont confrontés à des difficultés techniques majeures. Sérums et vaccins sont loin d'être anodins et efficaces, leur production est laborieuse et très artisanale, l'absence de cultures cellulaires implique l'entretien de gros animaux régulièrement infectés puis saignés pour obtenir des sérums. Les virus ne cultivent alors que sur des animaux vivants, comme ces bovins dont on racle l'épithélium lingual pour obtenir le virus de la fièvre aphteuse destiné à la vaccination du bétail.

C'est dans cette ambiance morose qu'apparaît une chimiothérapie rénovée, l'antibiothérapie qui permet de maîtriser des pathologies incontrôlables par vaccination, comme la tuberculose, la streptococcie ou la staphylococcie. Nous avons bien du mal à imaginer aujourd'hui les *prodiges* réalisés jadis avec des doses *infimes* de pénicilline, laquelle va littéralement "ressusciter des morts", guérir en quelques jours des individus jusqu'alors considérés comme incurables. Le médecin scientifique devient alors réellement un "faiseur de miracles", statut qui ne sera pas longtemps tenable mais qui profitera grandement à la vaccination pasteurienne alors flageolante. En effet, dans les années 50 et 60 des progrès techniques considérables vont ouvrir la voie de la "biologie industrielle", ce que nous appelons aujourd'hui *biotechnologie*, qui permet d'envisager la vaccination de masse contre de nombreuses maladies. Les vaccins deviennent à nouveau le support de tous les espoirs, et l'essor du génie génétique dans les années 70 ouvrira la voie royale de la "vaccinologie" moderne. On pouvait dès lors s'attendre à une progression spectaculaire de l'état sanitaire aux quatre coins de la planète, même si la chimiothérapie connaît à son tour la décadence du fait des résistances bactériennes et de très nombreux accidents iatrogènes.

Or...

En 1998 la médecine n'a pas tenu ses promesses, elle est toujours incapable de contrôler les maladies infectieuses.

Seul le recul historique pouvait permettre la confirmation des craintes quant aux effets pernicieux des vaccinations de masse, qui concernent à présent l'ensemble des populations humaines et animales de la planète, y compris certains animaux *sauvages* tels que les renards vaccinés contre la rage à l'aide d'appâts. Ce recul nous l'avons aujourd'hui, et les réticences autrefois purement *subjectives* ou intuitives semblent confirmées amplement par l'évolution de l'état de santé mondial, y compris et surtout chez les peuples dits "civilisés": **sommes-nous, sur les plans individuel et collectif, en meilleure santé qu'il y a cent ans?**

La réponse *objective* est NON.

Il n'aura fallu que 50 ans pour que la chimiothérapie et la vaccinologie montrent leurs limites, leur impuissance et leur dangerosité. Les succès obtenus n'étaient qu'apparents, superficiels, et l'énigme posée à l'humanité demeure intacte: quel est le sens des épidémies, et plus globalement des "maladies infectieuses"?

Non seulement les infections n'ont pas disparu (prétendre que ce soit possible dénote une totale incompréhension du monde vivant), mais elles progressent à pas de géant et deviennent résolument incurables. Les virus tiennent le haut du pavé, aux côtés de familles jusqu'alors plutôt discrètes comme les chlamydias, les rickettsies et certains parasites. Les maladies anciennes sont loin d'être "éradiquées", et certaines amorcent même un retour en force comme la tuberculose, le choléra ou la peste.

En quelques décennies, nous sommes passés de pathologies aiguës, fébriles, éruptives et centrifuges (le sens de la guérison), impliquant au premier chef les défenses naturelles relayées par une immunité spécifique durable, à des pathologies d'emblée chroniques, défectives, caractérisées par une immunodépression généralisée qui apparaît dès le plus jeune âge, parfois dès la naissance. En étouffant les spectaculaires flambées inflammatoires de la maladie aiguë - le feu du désir! - nous avons ouvert la boîte de Pandore des maladies chroniques qui mettent échec et mat la médecine moderne confrontée à l'effondrement de notre pulsion vitale et de notre immunité. Nous assistons à une véritable floraison de maladies dégénératives et auto-immunes, qu'ils s'agissent des cancers ou des affections détruisant peu à peu nos systèmes régulateurs, nerveux, endocrinien et immunitaire. Ces affections touchent des êtres de plus en plus jeunes, au coeur même des sociétés les plus avancées sur le plan technologique, menacées par une stérilité irréversible et un empoisonnement généralisé par l'industrie agro-alimentaire et la chimiothérapie. Les "maladies de l'esprit", démences et dépressions, angoisses et névroses diverses, font la fortune des marchands de pilules, depuis les classiques somnifères et anxiolytiques jusqu'aux remèdes infaillibles contre l'impuissance sexuelle et le vieillissement précoce. Les suicides ou crimes d'enfants et d'adolescents sont en constante augmentation, tout comme la mortalité infantile à nouveau préoccupante depuis quelques années dans les sociétés industrielles. Ainsi la leucémie et le diabète infantiles ont flambé depuis la dernière guerre, de même que certaines viroses type mononucléose autrefois "réservées" à des âges plus avancés. Bien sûr, l'explication officielle est que ces maladies n'étaient pas diagnostiquées avant-guerre, ce qui est certes une réponse logique, mais tout à fait insuffisante si l'on considère que la flambée se poursuit et même s'accélère alors même qu'on sait parfaitement diagnostiquer ces affections. Que ces néopathologies infantiles soient "causées" par des microbes ou par des situations émotionnelles intolérables, ce qui importe est que **l'effondrement immunitaire est historiquement corrélé à la généralisation progressive des vaccinations infantiles**, à ce jour dirigées contre DIX maladies graves inoculées avant l'âge de deux ans.

Sur un plan strictement épidémiologique, on ne peut échapper au lien historique entre la généralisation des vaccinations infantiles et la floraison des maladies virales, anciennes et nouvelles, qui devancent aujourd'hui largement les maladies bactériennes devenues par ailleurs incontrôlables par antibiothérapie. La corrélation pourrait n'être qu'une coïncidence, mais semble confirmée par nos connaissances nouvelles en immunologie, tout particulièrement l'immaturité et donc l'incompétence du système immunitaire dans les deux années où se concentrent les primovaccinations. Jamais dans l'histoire nous n'avons connu une telle "épidémie" (terme inadéquat, mais de plus en plus employé pour notifier une très rapide extension) de troubles psycho-émotionnels, de cancers, de malformations congénitales, de maladies géniques et auto-immunes, toutes caractérisées par la *chronicité*, l'*incurabilité* et pour la plupart l'absence de germe "responsable". Si le lien entre survaccination et immunodépression est jugé abusif, une contre-preuve est donnée par l'état de santé tout à fait satisfaisant et le bon développement des enfants correctement éduqués et nourris mais *non vaccinés*, et au-delà par l'incroyable effet thérapeutique des méthodes homéopathiques destinées à *effacer* l'imprégnation vaccinale. L'isothérapie séquentielle du Dr Jean Elmiger est semble-t-il la plus efficace car elle tient compte de la *chronologie* des événements. L'utilisation de remèdes dilués et dynamisés fait disparaître des troubles fonctionnels parfois très anciens, tels que dépression, asthénie, insomnie, migraines, syndrome prémenstruel ou spasmophilie, qui forment de 50 à 80% des motifs de consultation en médecine générale, laquelle n'y apporte aucune réponse satisfaisante car beaucoup de praticiens n'écoutent plus la demande de l'homme malade. Le médecin se trouve ainsi confronté au "malade-qui-n'a-rien", c'est-à-dire rien de décelable par les examens courants qui s'adressent au seul corps physique. Pour un esprit rationnel, rien de décelable est vite confondu avec "rien du tout". Et pourtant la demande persiste, ce qui est profondément angoissant pour l'homme de l'art, qui va dès lors soumettre son "patient" à une pléthore d'examens complémentaires, de mesures et d'analyses destinées à déceler l'indécelable, découvrir enfin une cause acceptable, un microbe, un léger trouble organique, une infime lésion, un gène défectueux. Et ce qu'on ne peut découvrir on est prêt à l'*inventer* ou à le créer car la pensée est créatrice de la réalité et influe sur le cours du monde. Afin de répondre à la demande du "malade-qui-n'a-rien", le médecin n'a d'autre solution que de *le rendre objectivement malade*! Et l'homme en souffrance va participer à cette quête rationnelle d'une "vraie maladie", homologuée par la Faculté et les conventions socioculturelles, car c'est pour lui le seul moyen de bénéficier sans culpabilité des avantages liés à cet état "médicalement correct" qui garantit assistance et considération de la part du corps social. Il va faire en sorte de réussir ses examens, et laisser s'exprimer un germe pathogène ou une lésion organique, activer un gène "défectueux". S'appuyant sur cette anormalité objective, le thérapeute va poursuivre l'induction de la maladie-artefact par le diagnostic asséné comme un coup de masse: "ah! cette fois-ci on y est, vous avez un cancer!". La panique induite par le diagnostic et la promesse d'une chimiothérapie délabrante ne tardent pas à générer de "vraies maladies", celles que l'on nomme à juste titre "maladies de civilisation".

Les médecines dites "alternatives" permettent d'atténuer la symptomatologie sans générer d'effets secondaires, mais ces thérapies s'avèrent de plus en plus incapables de parvenir à une rémission totale et définitive, obtenue parfois dans les jours suivant l'administration des isothérapiques vaccinaux. Si l'homéopathie fait ici la démonstration éclatante de son efficacité, il ne faudrait pas oublier pour autant que toute guérison vraie ne peut s'opérer qu'en relation avec le vécu du patient, biographique mais aussi généalogique, vécu secret qui doit (re)devenir conscient et s'exprimer par des *mots* vecteurs d'émotions. C'est ce qui se produit au cours d'une "thérapie séquentielle" correctement conduite.

Il serait pourtant dangereux de croire que les vaccins sont seuls responsables de ces multiples désordres qui "pourrissent la vie" de nos contemporains. La surmédicalisation dès la naissance et jusqu'à la mort, l'absence ou l'insuffisance d'allaitement maternel, les états de stress et de détresse émotionnelle, l'alimentation industrielle, les multiples pollutions (y compris audiovisuelles), l'ensemble de la chimiothérapie "anti" (neuroleptiques, hormones, stéroïdes...), participent à l'effondrement exponentiel de la santé mondiale depuis 20 ou 30 ans. Comme nous l'avons suggéré, la *politique* vaccinale s'inscrit dans un contexte historique et culturel beaucoup plus large, qui a favorisé son émergence et assure sa pérennité.

Dans la floraison des maladies dites "de civilisation", nous voyons émerger de nouvelles entités pathologiques pour lesquelles nous n'avons aucune réponse thérapeutique, et pour certaines *aucune référence conceptuelle*. C'est le cas des hépatites virales, des rétroviroses et des maladies à prions. Le sida émerge l'année même où l'O.M.S. annonce l'éradication de la variole, dans le sillage des campagnes de vaccination systématique d'un Tiers-Monde exsangue, suite aux premiers essais d'immunisation contre l'hépatite B, de même que l'hépatite B s'est révélée à l'occasion des premières vaccinations contre la fièvre jaune.

Avec le **sida** ou les **hépatites** nous sommes confrontés à des virus "classiques" en terme de microbiologie (pourvu d'un acide nucléique et d'une enveloppe protéique) mais dotés de plusieurs caractéristiques jugées impossibles car contraires au dogme il y a à peine 10 ans:

- ce sont des infections chroniques;

- leur présence dans l'espèce humaine date de moins de cent ans, et donc, "coïncidence", ils ont émergé depuis la généralisation des vaccins;

- certains sont capables de rétrotranscription (passage de l'ARN viral à un ADN proviral), puis d'intégration et de persistance dans les chromosomes de l'hôte qui pourra dès lors les transmettre à sa descendance;

- ils sont doués d'une incroyable variabilité génétique qui est contraire au "monomorphisme" pasteurien et rend la conception de vaccins plus qu'improbable;

- ils ont une latence très longue entre l'infection et l'apparition de troubles visibles (parfois des décennies), alors qu'on pensait jusque-là que la durée d'incubation des maladies infectieuses très meurtrières ne pouvait pas dépasser quelques jours ou quelques semaines;

- selon la version officielle le VIH infecte et détruit les cellules clés du système immunitaire (lymphocytes T4), ce qui est en relation avec:

- l'absence d'une immunité naturelle protectrice, et donc une très forte létalité. A ce propos nous retrouvons le même paradoxe qu'avec nos chevaux à sérum, la persistance de la maladie *malgré* de très fortes synthèses d'anticorps par les malades, ce qui laisse penser que *les anticorps n'ont pas grand chose à voir avec l'immunité*. Or toute la prévention vaccinale est basée sur l'obsession de voir apparaître ces fameux anticorps;

- dernier point, fondamental, il s'agit de maladies qui impliquent une certaine responsabilité *individuelle*, qu'il s'agisse d'éviter *ou non* les comportements à risque (toxicomanie), d'utiliser *ou non* les moyens de prévention reconnus efficaces par la société (préservatif) ou mieux, de tenter de résoudre les conflits majeurs qui sont toujours à l'origine des maladies les plus graves (dévalorisation, solitude, humiliation, culpabilité...).

Cet ensemble peu rassurant, qui caractérise les "nouveaux virus", est axé sur la théorie officielle qui stipule que le VIH est la cause unique d'un syndrome complexe d'immunodéficience. Certains vont même jusqu'à affirmer, preuves (?) à l'appui, qu'il s'agit d'une "chimère", un virus fabriqué de toutes pièces par l'homme, échappé volontairement ou non d'un laboratoire civil ou militaire. Ou encore d'un virus animal non décelé dans certains vaccins fabriqués sur cultures cellulaires (hépatite B, variole ou poliomyélite), qui par mutation ou recombinaison serait devenu pathogène pour l'homme. Quoi qu'il en soit, la réalité de ce syndrome amène à considérer officiellement le sida comme "la maladie du siècle qui a révélé les dysfonctionnements de nos sociétés" (3). La vaccinologie apparaît de plus en plus comme l'un de ces dysfonctionnements, parmi les plus graves.

Nous ne ferons que citer les virus des fièvres hémorragiques, du type Ebola, car il n'ont encore aucune incidence en Occident. Nous devons toutefois signaler leur virulence extrême, leur variabilité génétique probablement identique à celle du VIH, leur possible aérosolisation (transmission aérienne comme pour le virus grippal), et nous inquiéter du devenir d'une population fortement immunodéprimée le jour où ils sortiront pour de bon des forêts africaines (on ignore la nature du vecteur animal). Bien que minimisé par les responsables sanitaires afin de ne pas créer l'affolement, ce type de scénario est plausible et n'a échappé ni aux réalisateurs de films catastrophe, ni aux auteurs de "thrillers" scientifiques (4).

Le cas des **"prions"** est encore plus significatif des bouleversements qui secouent notre époque. Des bovins nourris avec des farines de viande risquent de transmettre de mystérieux "agents infectieux non conventionnels", présumés responsables d'une forme nouvelle d'encéphalopathie spongiforme humaine, incurable et incontrôlable par un vaccin. L'important ici est l'aspect "non conventionnel" de la protéine "infectieuse", qui à mon sens peut être à l'origine de l'effondrement définitif des théories pasteuriennes. En effet, les biologistes sont confrontés à une totale carence conceptuelle, du moins tant que l'explication est recherchée à l'intérieur du dogme en vigueur. Les prions émergent au moment précis où la collusion de la médecine avec la politique, l'économie et la justice est éclairée et dénoncée par plusieurs "affaires" impossibles à étouffer. Le "bon peuple" commence à avoir du mal à avaler les couleuvres, se souvenant sans doute que du sang contaminé par un virus jugé mortel fut utilisé consciemment pour liquider les stocks. La pilule aurait pu passer, car cela ne concernait encore que "les autres", des sujets déjà bien malades ou des "hors normes", des marginaux et des exclus. Par contre, la "maladie des vaches folles" risque de toucher l'ensemble des carnivores humains, si l'on en croit la thèse officielle de la contagion alimentaire du bovin à l'homme. Des bovins nourris avec de la viande, c'est assez surprenant, car même le "bon peuple" sait que les vaches sont herbivores. Le choc est suffisant pour induire la méfiance, même si on ignore que les mêmes bovins sont traités largement avec de redoutables poisons nerveux comme les organophosphorés, dans le but d'éradiquer le varron, un parasite tout à fait inoffensif. Plus récemment, nouvelles secousses, les multinationales tentent de nous contraindre à ingurgiter des aliments génétiquement modifiés, des animaux clonés ou des vaccins recombinés. Une gigantesque campagne de presse financée par l'industrie, soutenue par les Ministères, basée sur quelques mensonges (transmission par la salive) et des statistiques un peu truquées (le nombre avancé d'hépatites foudroyantes n'est pas national mais *mondial*, et cette forme clinique ne concerne en Europe que des sujets déjà très affaiblis, comme par exemple les polydialysés et les polytransfusés), tente d'imposer par la peur une vaccination supplémentaire en utilisant des "techniques" psychologiques intolérables. Malheureusement, des effets secondaires dramatiques apparaissent très tôt chez des enfants jusqu'alors en bonne santé, et il devient difficile de nier la relation de cause à effet. De fait, une partie du corps médical, soutenue par la presse indépendante, réagit et demande un moratoire, un arrêt immédiat des inoculations. Et même si tous les signataires de pétitions sont aussitôt désignés comme de dangereux sectaires, il est trop tard, la confiance est érodée, nous sommes devenus réfractaires aux anesthésies verbales des responsables.

Comment avons-nous pu en arriver là?

Cette médecine essoufflée est aujourd'hui confrontée à d'*autres* médecines, récemment baptisées "non conventionnelles" comme les prions, et qui connaissent un engouement extraordinaire de la part du public. Cet attrait pour tous les discours alternatifs est facilité par la perte de confiance suite à cette longue série de scandales dont l'hépatite B constitue l'apothéose et nous l'espérons le bouquet final. Confronté à de multiples exactions, le "vulgum pecus" devient plus réceptif à d'autres arguments que ceux proférés par les "officiels", soudain entachés de mensonge et d'une sordide duplicité.

Tous ceux qui depuis longtemps cherchent à promouvoir une autre vision du monde peuvent profiter de cette brèche, *à condition* toutefois de générer la confiance, de revivifier la "sympathie" de l'être envers lui-même et envers son environnement naturel, à condition surtout d'éviter de faire naître de nouvelles *peurs*. Selon Rudolf Steiner, "le matérialisme moderne est né de la peur". Et "les êtres qui ont peur sont d'involontaires tyrans, des fanatiques de l'ordre, obnubilés par l'idée de devoir éduquer, discipliner les hommes et les choses qui les entourent, de devoir à chaque instant en garder le contrôle et la vue d'ensemble" (5). Ce peut être le cas des promoteurs de la vaccination, du transgénisme ou du nucléaire, mais aussi parfois de ceux qui s'y opposent...

Ne pas vacciner est dangereux! disent les uns.

Vacciner est dangereux! répondent les autres.

A tous les guides et grands tribuns de part et d'autre des barricades, qui dénoncent et fustigent les erreurs d'autrui, et à tous ceux qui les écoutent, je dirais tout d'abord ceci: **informer recèle un redoutable danger!** La place d'un acteur conscient dans un monde en crise est toujours inconfortable. Survivre au quotidien nécessite un consensus, un certain nombre de certitudes fonctionnelles communes à tous les membres du "troupeau". Si une crise grave survient, il faut couper des amarres, accepter de prendre le large. Pour celui qui guide, il faut avant tout savoir rassurer, et pour cela vaincre sa propre PEUR. Celui qui cherche à dénoncer et réparer les erreurs des autres doit commencer par celles dont il est lui-même porteur. Nous sommes tous responsables des errements qui aujourd'hui nous révoltent et nous terrorisent.

Parler est bien, mais il faut avant tout savoir ECOUTER les individus qui forment cette entité que l'on nomme "le public", percevoir les culpabilités et les angoisses, pour si possible les dissoudre au lieu de les décupler par d'autres culpabilisations, d'autres angoisses, de nouveaux conflits à propos des enfants ou des animaux familiers que la plupart des adultes croient *sincèrement* protéger avec des "remèdes" et des vaccins... jusqu'au moment où ils sont confrontés à un discours inverse proféré par des personnes dignes de foi - car c'est bien de *foi* qu'il s'agit, face à un débat scientifique obscur et contradictoire. A la peur justifiée ou non de la maladie infectieuse, notre société opposait jusqu'ici l'objet magique, l'antibiotique ou le vaccin miraculeux dont on ne doit pas négliger le caractère rassurant pour les utilisateurs. Si antibiotiques et vaccins sont déclarés nocifs par une contre-information bien intentionnée, ils génèrent à leur tour de la peur, laquelle vient s'ajouter à celle des microbes. L'antithèse est souvent convaincante, mais est-elle *rassurante*?

Toute remise en question d'un acquis considéré jusqu'alors immuable engendre une ambiance d'insécurité et corrélativement de nouvelles peurs, en fait une mortelle angoisse comme celle qui paralyse le monde moderne malgré tous les progrès et les promesses d'une technocratie qui multiplie les manoeuvres et donc les névroses sécuritaires. Que devient la peur lorsque d'insistantes rumeurs insinuent que nos barrières sécuritaires, ici les vaccins, pourraient être responsables de ces nouvelles maladies qui nous affligent? La rumeur perçue, nos carapaces volent en éclats, et la peur s'amplifie jusqu'à la démesure, nous contraignant à une douloureuse rétractation dans la fuite de tout contact. Je pense à toutes les mères qui "craquent" face aux "obligations légales" soutenues par les diatribes culpabilisantes des médecins, mais qui ne peuvent plus éviter de *voir* le poison dans la seringue du vaccinateur. Le dilemme est alors déchirant, insupportable, et ce conflit intérieur ressassé dans la solitude peut générer des états pathologiques plus graves que ceux attribués à tord ou à raison aux microbes ou aux vaccins. L'équilibre est rompu, il n'y a plus d'issue. Si l'immunité de l'enfant est intimement liée à celle de sa mère, de quelles "vibrations" le nourrisson va-t-il bénéficier si celle-ci est terrorisée? Si les vaccins ont *un seul* mérite, c'est justement de soulager l'angoisse de celui qui les subit ou les fait subir à ses proches!

Le problème non résolu de la peur débouche forcément sur son mauvais usage, son exacerbation dans le but d'acquérir un pouvoir et surtout de vendre très cher les antidotes. C'est cette peur qui, bien plus que le microbe, est redoutablement contagieuse et pathogène. Si la médecine universitaire crée et entretient l'anxiété en agitant en permanence l'épouvantail terrifiant de la maladie, il est certainement aberrant et stérile de se contenter d'agiter en face celui des vaccins, dans un sordide rapport de force à qui terrorisera le plus.

Sauf...

Sauf si l'information sur les effets délétères des vaccinations s'accompagne d'une **éducation** susceptible de générer un véritable changement de conscience, une évolution intérieure positive qui transcende la peur, toutes les peurs. Ceci constitue la première épreuve avant d'accéder à une clarté véritable, puis à la force qui permet d'agir, pour enfin accepter de vieillir dans la sérénité.

Le projet de ce livre n'est pas d'engendrer la peur, mais plutôt d'aider chacun à vaincre les vieux épouvantails fermement enracinés dans le terreau des nuits enfantines, non par l'évitement ou l'anesthésie mais par l'affrontement conscient, le regard en FACE.

Face...

à tous les "scandales" politiques, économiques et médicaux,

à la violence et à l'insécurité sociale,

aux dérives scientifiques incontrôlables,

à la pléthore des "alternatives" médico-spiritualistes plus ou moins recevables,

il est souhaitable de prendre une certaine distance, de parcourir l'histoire avant de revenir observer le monde moderne, loin au-dessus de la mêlée dont la poussière aveugle.

Quels choix se présentent à nous? Pour les uns il faut poursuivre sur la même trajectoire. La conception de nouveaux vaccins grâce au génie génétique demeure la seule réponse possible à la diversification et à l'extension sans précédent des pathologies, bien que depuis 10 ans aucun progrès significatif n'ait été enregistré dans ce domaine, et même si les effets biologiques immédiats et médiats de ces vaccins "trafiqués" sont encore moins prévisibles que ceux induits par les vaccins classiques. Pour les autres ce sont bel et bien les vaccins qui sont la cause majeure de cette diversification et de cette extension morbides, et cela ne peut qu'être pire avec les "bricolages" inconsidérés du génie génétique, d'autant que les vaccins du futur nécessiteront toujours l'utilisation de ces "adjuvants de l'immunité" qui sont aussi de puissants toxiques nerveux et hépatiques.

Du fait des connexions multiples de la vaccinologie,

aux aspects politiques, sociaux et économiques de nos sociétés,

aux domaines physique, émotionnel, mental et spirituel de la personnalité humaine,

le choix du OUI ou du NON n'est plus seulement un choix technique, mais relève entièrement de l'éthique et de la liberté individuelle dont l'exercice peut aboutir à n'en pas douter à un changement de paradigme fondamental, un bouleversement total et irréversible des sociétés humaines. Or ce type de mutation n'est jamais le projet des pouvoirs en place.

La liberté? Vaste programme! Roland Topor affirmait qu'être libre c'est choisir sa prison... Peut-être... mais l'idéal de tous les pouvoirs est justement de "faire de la société une prison modèle où les gardes sont inutiles, chaque prisonnier n'ayant aucun motif de s'évader, puisqu'il ne lui reste ni la conscience de son enfermement ni celle de l'existence d'un ailleurs différent" (2). Avant d'effectuer un choix quel qu'il soit, il s'agit en premier lieu d'être *informé* des "ailleurs différents", ce qui suggère immédiatement le risque de manipulation de l'information, depuis l'omission volontaire jusqu'aux méfaits de la surinformation, en passant par toute la gamme de la désinformation. De nos jours toute l'information scientifique est dénaturée par le biais d'une "vulgarisation" qui postule que le public est ignare et irresponsable (à nous de prouver le contraire), que tout progrès ne peut venir que d'un matérialisme ancré dans le corps physique, ce qui permet de maintenir dans l'obscurité certains aspects plus subtils de la souffrance. Concernant tel ou tel sujet "chaud", tous les avis et toutes les sources d'information sont-elles identiquement accessibles à l'homme que l'on dit "sans qualité", ce "vulgum pecus" méticuleusement dévalorisé afin qu'il délègue tous ses pouvoirs à "ceux qui savent"? Qui décide de diffuser tel ou tel type d'information? Et l'information diffusée est-elle crédible? La vulgarisation scientifique n'est-elle pas, le plus souvent, une simple technique de marketing?

Côté émetteur, il peut y avoir certaines omissions ou contrefaçons plus ou moins volontaires, plus ou moins orchestrées afin de soutenir des intérêts particuliers. Les accidents vaccinaux sont passés sous silence, les aliments contenant des organismes génétiquement modifiés ne sont pas étiquetés...

Côté récepteur, il peut exister une certaine crédulité proche du laxisme, une évidente paresse à rechercher puis comparer les diverses "vérités". Si les vaccins étaient dangereux, "ça se saurait"...

L'une des clés de notre réflexion sera de bien situer l'*intérêt* de ceux qui soutiennent comme de ceux qui dénoncent l'acte vaccinal, considéré comme l'un des fondements de la "médecine scientifique". Il n'est pas agréable de soupçonner un jour que l'information officielle, notamment dans le domaine médical, est volontairement tronquée pour maintenir les intérêts de lobbies industriels dont la seule motivation est l'exploitation systématique d'une humanité maintenue en servitude par la peur et une illusion de sécurité. Certes, il n'est pas facile de prendre conscience que les programmes sanitaires internationaux perpétuent sans doute, sous couvert d'humanisme, le plus gigantesque génocide de l'histoire du monde. Que le mensonge, la duplicité, l'hypocrisie, servent quotidiennement à imposer des mesures qui créent et entretiennent la très lucrative maladie. Qu'au bout du compte nous sommes trompés, bernés, manipulés. Mais comment étayer ces soupçons? Comment faire la preuve que la "rumeur" est fondée? Etre correctement informé permet d'effectuer des choix responsables, où l'intérêt de l'un est confondu, inséparable de l'intérêt de tous. Il y a une *noblesse* de l'information, que l'on nomme **éducation** et qui peut être considérée comme "l'art de guérir l'homme de son enfance" (Rudolf Steiner). Son but est de donner à chacun une nourriture adaptée à son appétit, et non de procéder à un gavage standardisé et "vulgaire" dans les "fast food" du scientisme.

En premier lieu,

il nous faut considérer que le discours **éthique** n'appartient pas aux seuls "experts", dès lors qu'il s'agit de manipuler nos génomes dans l'ignorance la plus totale des conséquences. Qui sont ces fameux experts? Chacun d'entre nous doit absolument prendre conscience de l'énorme collusion de la recherche et de l'économie marchande dans le domaine des biotechnologies, du transgénisme et de la vaccinologie. L'alliance d'une science réductrice et de l'industrie multinationale de monopole est plus que suspecte. Les scientifiques désignés pour évaluer les risques et décider de notre avenir font tous partie de la technocratie dominante, tous dépendent entièrement des subsides de l'industrie, et il est de notre devoir de soupçonner qu'ils puissent être manipulés, pour le moins tentés de préserver leur réputation et leur gagne-pain par tous les moyens. Leur rôle consiste à rendre acceptable l'inacceptable aux yeux de l'opinion publique, rendre acceptable que des multinationales anonymes contrôlent chaque étape de notre existence de la conception à la mort, qu'il s'agisse de procréation, de prévention médicale ou d'alimentation. D'autant que ces experts sont tout simplement *incompétents* dans ces domaines, notre ignorance étant totale en ce qui concerne les flux de gènes naturels ou induits par transgenèse et vaccination. "Dans l'état actuel de nos connaissances", le devenir des gènes manipulés et transférés est absolument *imprévisible*, comme leurs effets à moyen et long terme sur l'environnement et la santé. Les experts sont donc *incapables* de mener à bien leur mission qui consiste à "évaluer les risques". Cette ignorance, à mon sens irréductible, du "milieu chaotique complexe" de la Vie dans l'Univers, implique, non pas un moratoire en vue d'hypothétiques recherches et estimations du risque encouru, mais un arrêt pur et simple de toute manipulation génétique.

Une telle décision éthique concerne chacun d'entre nous, et cette morale individuelle ne doit plus éviter la dimension **philosophique** et **métaphysique** de la nature humaine. Depuis le dix neuvième siècle nous sommes confrontés à une étrange conception du monde, une véritable maladie mentale nommée *matérialisme*, qui nie purement et simplement la profondeur et la complexité de la relation Homme/Nature. Le passage obligatoire de l'humanité par ce matérialisme "pur et dur", qui entend tout connaître et tout contrôler, est actuellement l'objet d'une remise en cause radicale, dont les milieux scientifiques gardiens de l'orthodoxie voudraient nous faire croire qu'elle émane de groupuscules marginaux et rétrogrades, assimilés à des sectes et accusés de "vitalisme". L'accusation systématique de charlatanisme ou d'appartenance à une secte déshumanisante est la défense primaire des "conservateurs" aux abois, et cet inévitable acharnement contre les contradicteurs ne peut d'ailleurs que se durcir: "l'efficacité de la sacralisation d'une thèse défendue se trouve renforcée par la diabolisation de certains mots clés des thèses adverses" (Rosine Chandebois). Le lien actuellement restauré de la Médecine avec la Métaphysique, ou ce qu'il convient de nommer avec prudence "spiritualité", amène de plus en plus de médecins et chercheurs en biologie à renouer avec l'antique tripartition humaine (corps/âme/esprit), par l'intermédiaire d'une démarche thérapeutique globale, "holistique", centrée sur l'*écoute* du patient et le recours à des méthodes non iatrogènes (diététique, homéopathie, acupuncture, ostéopathie...). La scission est aujourd'hui prononcée entre les tenants d'un progrès illimité basé sur l'exploit technique, dont le modèle est "l'homme symbiotique" et schizophrène de Joël de Rosnay connecté en permanence à son terminal d'ordinateur, et les partisans d'un "réenchantement" de la Science confrontée au **Sens** de la vie humaine, dans un Univers dont l'origine et l'évolution sont reconnues insaisissables par l'esprit humain et déterminées par autre chose que le hasard. De ces considérations doivent découler des choix individuels et collectifs, ce qui est proprement vertigineux et peut ouvrir la porte à tous les excès, à tous les fanatismes, à toutes les dérives d'un côté comme de l'autre de la barricade. C'est je crois, le grand défi de notre temps.

Second point,

il nous faut reconsidérer de fond en comble les données **historiques** et **épistémologiques** qui sont le fondement de nos croyances. On retrace généralement l'histoire de la science en énumérant ses triomphes, mais il est possible de le faire aussi en retraçant ses errances, ses erreurs et ses mystifications. L'Histoire classique, "racontée aux enfants", est un peu comme une vieille dame qu'il n'est possible de rencontrer qu'après de multiples "liftings" et maquillages successifs, parée de tous ses atours et entourée de ses courtisans avides d'honneurs et de privilèges. Le personnage historique idéalisé est semblable au héros du mythe, à jamais absent de notre réalité mais omniprésent dans l'inconscient collectif, modèle imaginaire et sans taches auprès duquel chacun trouve une raison d'être et d'agir. Nous essaierons ici d'approcher la biographie de Louis Pasteur sans fards ni parures hagiographiques, en quelque sorte "au saut du lit".

Ces dernières années, plusieurs articles consacrés à Pasteur avaient un ton nouveau, peu conventionnel. Le savant y était tour à tour traité de tricheur, de plagiaire, de "messie suspect"... et il n'y a jamais de fumée sans feu. En avril 1987, la revue La Recherche publiait un article-débat sur la psychosociologie des sciences, intitulé: "La science existe-t-elle? Le cas Pasteur". Pendant très longtemps, nous dit-on en substance, l'histoire des sciences a consisté à peindre une fresque où étaient exaltées les vertus et les mérites des "grands savants". Idéalisant la Méthode scientifique, son objectivité, sa rigueur et sa puissance, les historiens ont élaboré une sorte de *mythe* qui correspondait aux aspirations des sociétés les plus impliquées dans le Progrès technique. Les nations modernes ont ainsi fait de la Science une religion universelle, qui permet à ses promoteurs de faire triompher certains concepts ou idées par tous les moyens, de tirer profit des circonstances sociales, d'imposer pragmatiquement et même politiquement certaines croyances et certaines pratiques. Ainsi la Science peut s'emparer des inconscients collectifs, intimider, semer la confusion, et les scientifiques façonner le monde au détriment de ses habitants. Mais est-il si sûr que les méthodes employées mènent à la Vérité? N'est-il pas temps de remettre les savants à leur juste place? C'est cette mystification que les auteurs entendaient dénoncer en prenant pour exemple-type "le cas Pasteur".

Il est déjà hautement significatif que ce chercheur, parmi les milliers qui oeuvrèrent à toutes les époques, soit pris en exemple pour un tel débat épistémologique. Il est en effet l'objet d'un véritable culte, l'une des plus puissantes figures emblématiques de ce dix neuvième siècle qui fut un temps fort, une période charnière de l'évolution des sociétés humaines. Selon un dictionnaire usuel, sa figure de savant désintéressé lui valut le titre de "bienfaiteur de l'humanité". Le portrait n'idéalise-t-il pas quelque peu le modèle? Pasteur, par exemple, était-il tellement "désintéressé"? Ne fut-il pas plutôt un inventeur ambitieux et parfois dogmatique, intelligent certes, mais beaucoup plus réaliste et beaucoup plus intégré aux pratiques sociales de son temps que ne le racontent certains hagiographes? Divers critiques ont enquêté. Une image nouvelle de Pasteur et de la "révolution pastorienne" petit à petit prend forme, et le mythe du "grand savant" se désagrège de plus en plus. Il semblerait que ce "mandarin abusif" ait su construire une doctrine en accord avec les besoins sociaux, économiques et politiques qui prédominaient à son époque. Il fonda son "culte des microbes" sur une philosophie très personnelle imposée grâce à son dogmatisme, son nationalisme et ses ruses de rhéteur. Cela remet évidemment les pendules à l'heure, d'autant que la dénonciation iconoclaste n'est pas isolée.

Pourtant, s'il ne fut certes pas l'humaniste décrit par les hagiographes, le but ici n'est pas de sacrifier à la mode des procès tardifs ou posthumes, de rédiger une "anti-biographie" destinée à ternir la mémoire d'un homme profondément impliqué dans les mutations et les phobies de son siècle, qui comme nous tous eut un ego tyrannique, des espoirs et des craintes, des maux physiques et des angoisses existentielles, de grandes idées mais aussi de sordides préjugés. En somme un être humain "ordinaire", tour à tour grandiose et minable, qui doit nous aider à accepter la nécessité de l'erreur dans l'évolution humaine, et trouver la seule issue possible à la crise que traverse *aujourd'hui* l'humanité. En effet, si cet article s'interroge lucidement sur les aspects sociologiques de l'histoire des sciences, nous nous préoccupons avant tout des conséquences *actuelles*, sur la santé humaine et animale, de ces querelles étriquées d'hommes de science dont pastoriens et darwinistes sont sortis vainqueurs au prix de violentes polémiques et d'une désinformation systématique. Ce qui importe avant tout, c'est la valeur intrinsèque de leurs découvertes scientifiques, hier et surtout aujourd'hui, après plus d'un siècle de mise en pratique.

Que Pasteur se soit trompé, comme l'affirmaient déjà ses contemporains Claude Bernard et Antoine Béchamp, il n'y a jusqu'ici rien de bien répréhensible. *Errare humanum est...* "L'histoire des sciences est une longue suite d'erreurs peu à peu corrigées, et toute erreur est pardonnable si la bonne foi de qui la commet ne peut être mise en doute" (2). Pasteur est-il "de bonne foi" lorsqu'il profite de son influence pour ridiculiser ceux qui le contredisent, piller leurs découvertes pour se les attribuer? On peut en douter, mais là n'est pas le fond du problème. Alors que tous les apports scientifiques du dix neuvième siècle ont été complété et approfondi pour aboutir à nos provisoires conceptions modernes, les théories obsolètes de Pasteur sont devenues des dogmes imposés par la loi du plus fort, toujours vivaces aujourd'hui malgré les remises en cause de milliers de chercheurs et thérapeutes, malgré les gravissimes problèmes de santé qui en sont les conséquences.

N'aurions-nous pas oublié la seconde partie du proverbe latin... *perseverare diabolicum*?

Arrivé à ce point du récit, chacun d'entre vous doit se demander POURQUOI?

Pourquoi tout ceci est-il demeuré si longtemps méconnu?

Pourquoi, parmi tant d'hommes qui ont marqué le progrès des connaissances, Pasteur précisément est-il l'objet de tant de dévotion?

Pourquoi une telle légende dorée fut-elle bâtie, puis soigneusement entretenue dans le monde entier par des disciples qui sont devenus les grands prêtres d'une authentique religion scientiste?

Qui sont au juste les grands prêtres de cette nouvelle religion?

Pourquoi, de nos jours encore, est-il si difficile d'ébranler le lobby pasteurien, si les récentes découvertes de la biologie donnent tort aux conceptions du "maître"?

Pourquoi toutes les idées, hypothèses, expériences et faits ne sont-ils pas ouvertement présentés et débattus?

Si l'on peut prévenir cancer et sida par des réformes sanitaires, sociales, économiques, politiques, si on peut les guérir par des thérapies alternatives, pourquoi ne le fait-on pas?

Et pourquoi empêche-t-on par tous les moyens, y compris les plus violents, l'action de ceux qui prouvent qu'il est possible de le faire, ou qui au moins proposent d'essayer *autre chose*?

Pourquoi certains s'acharnent-ils à imposer officiellement certains dogmes, souvent par la force, tandis que d'autres s'évertuent à les combattre?

Si les vaccins sont efficaces et sans danger, pourquoi des médecins et des chercheurs tirent-ils la sonnette d'alarme depuis cent ans?

S'ils sont inefficaces et dangereux, pourquoi les impose-t-on à tous les peuples du monde, dès la naissance et toute la vie? Et pourquoi en produit-on toujours de nouveaux?

Quel est l'*intérêt* des uns et des autres?

Qu'y a-t-il derrière l'idole proposée à l'adoration des foules?

A qui profite le crime?

En 1888 fut inauguré l'Institut Pasteur, aujourd'hui intégré à une multinationale qui réalise des profits considérables dans un contexte sanitaire mondial de plus en plus dramatique. Si déboulonner la statue de Pasteur s'avère justifié du simple point de vue de la vérité historique, il est autrement plus fondamental de dénoncer les conséquences de cette idolâtrie, des croyances absurdes entretenues par les technocrates qui utilisent l'auréole du "grand homme" pour pérenniser un empire financier sans se soucier le moins du monde de la dégradation généralisée de la santé qui découle de leurs agissements.

En 1995, le monde entier commémorait l'anniversaire de la disparition de Louis Pasteur.

S'agissait-il d'honorer la mémoire d'un homme, ou de préserver les intérêts d'une multinationale?

Troisième point,

il nous faut concevoir l'avenir, et pour cela procéder à une révision radicale de notre **bio-logique**. L'exposé des "histoires et légendes" de l'ère pasteurienne, à présent achevée, va laisser un grand vide. L'image d'Epinal du savant infaillible et intègre fut jusqu'ici le plus sûr moyen, peut-être le seul, de valider notre perception négative du microbe et donc la poursuite de la vaccination à outrance. De même, les haricots du bon moine Mendel et la prose poétique de Darwin justifient toujours les délires prométhéens du génie génétique et de la sociobiologie.

"En finir avec Pasteur" n'est pas renier un passé qui appartient à notre patrimoine culturel, mais entrevoir que cette phase de notre histoire est définitivement révolue. Il faut se rendre à l'évidence: **la médecine du vingt et unième siècle ne sera pas pastorienne**, pas plus que l'évolution n'est darwinienne, la génétique moderne strictement mendélienne, l'étude de l'inconscient purement freudienne ou la physique uniquement einsteinienne. L'admettre ensemble sera un événement considérable. L'effondrement de ces "Surmoi" étouffants permettra à chacun d'accéder à la maturité et à une façon autre de concevoir nos relations avec l'étrange et l'étranger représentés ici par ces "microbes" contre lesquels nous menons depuis cent ans une lutte acharnée et perdue d'avance. Cette version martiale d'un combat sans trêve apparaît de plus en plus puérile, simpliste, périmée, et nous avons entrevu le revers terrifiant des médailles remportées.

Nous sommes confrontés à une urgence. En quelques décennies la "vaccinologie" est devenue une science autonome, nourrissant une utopie dont le caractère illusoire devient chaque jour plus manifeste. En dépit du doute grandissant, ses partisans durcissent leur action, imposent par la peur des inoculations inutiles et dangereuses, multiplient les interventions sur les nouveau-nés, persévèrent dans la vaccination généralisée d'un Tiers-Monde qui souffre avant tout de la faim, ou encore promettent des vaccins improbables contre des maladies dont l'origine n'est pas infectieuse. Et nous laissons faire, sans doute parce que nous n'avons rien d'autre à proposer.

Il faut aller au-delà d'un "révisionnisme" de surface. Ce livre se voudrait non pas iconoclaste mais "homéostatique", dans le sens d'un retour urgent à l'équilibre de ces organismes complexes que sont les sociétés humaines, intégrées dans l'ensemble plus vaste de la biosphère. S'il s'avère que le temps est effectivement venu de remiser les vaccins avec les clystères et les saignées du temps jadis, avec quelles armes allons-nous affronter la "maladie", et *surtout la peur* de la maladie? Comment dissoudre notre peur morbide de l'altérité?

Pour atteindre un but il faut accepter de se mettre en route, et en premier lieu reconsidérer certaines questions fondamentales:

- si la version officielle est fausse, autrement dit si leur rôle ne se limite pas à nous rendre malades et à nous détruire "gratuitement", **quelles sont les fonctions des microbes dans l'écologie planétaire?**

- s'il ne s'agit plus de se défendre à chaque instant contre des "ennemis" appartenant à un hypothétique "Non-Soi", **qu'est-ce que l'immunité?**

- avec ce nouvel éclairage, **que signifie vacciner?** sur le plan médical, mais aussi sur le plan de l'évolution individuelle et collective,

- enfin, **quel est le sens de la maladie? que signifie guérir?** dans le contexte d'une évolution non réductible aux thèses de Darwin.

A côté des interprétations officielles érigées en vérités définitives, apprises à l'école et à l'université, rabâchées inlassablement par les médias, il y en a d'autres, censurées mais peu à peu découvertes en-dehors des sentiers battus, lorsqu'on accepte d'être "dé-routé", bousculé dans ses certitudes. Ce qui sera nouveau, ce n'est pas l'information elle-même, mais le fait qu'elle devienne enfin *audible* au "commun des mortels", non seulement accessible car sortie des oubliettes et diffusée, mais recevable par un public jusqu'alors subjugué, anesthésié par les discours lénifiants des décideurs. Nous pourrons alors sortir de l'impasse d'un scientisme en pleine déroute, et reprendre le chemin interrompu, une évolution vers l'Homme unifié, vivant, ouvert à l'inédit, disponible à l'imprévisible, guidé par ce "mal de l'infini" (Durkheim) qui habite le coeur de chacun.

II
ENTRE MYTHE ET LÉGENDE: L'HISTOIRE.

"C'est en promettant le bonheur que l'on prend dans ses filets les désespérés,
et les désespérés sont légion" - Henning Köhler

A l'aube d'un troisième millénaire qui agite bien des esprits, nous nous proposons de faire le point, de comprendre les égarements propres à notre siècle à la lumière des espoirs et des craintes du précédent. Est-ce à dire que notre vision de la réalité sera plus "vraie", ou plus vraisemblable? Nous l'espérons au moins élargie, non contraignante, libérée de la gangue d'un matérialisme morbide, extirpée des ornières du dogme, affranchie des oeillères qui entretiennent l'ignorance et la soumission, bref, plus proche des aspirations profondes qui animent les hommes.

Ce que nous vous proposons ici ce sont des faits, des informations collectées peu à peu et qui finissent par former un énorme dossier. Celui-ci ne saurait être exhaustif, c'est une porte entrebâillée que chacun est libre de pousser ou de refermer.

1. Avant PASTEUR

Petite histoire de la maladie et de la guérison

Ce serait une erreur de considérer que les hommes ont de tous temps souffert des mêmes maux, qu'ils eurent à toutes les époques la même perception des troubles qui les affligeaient. Chaque période historique eut sa façon propre de concevoir la réalité, et connut des maux spécifiques en relation étroite avec la nature des étapes à franchir et des conflits à résoudre. La conscience humaine a évolué au cours des siècles, exactement comme elle progresse de l'enfance à l'adolescence, puis de l'adolescence à l'âge mûr. Chaque cap se traduit par une crise nécessairement douloureuse, comme le sont toutes les grandes mutations.

De la Préhistoire aux Egyptiens, puis des Egyptiens aux Grecs, des Grecs à Hippocrate, de Galien à Paracelse, du Moyen Age aux temps des Lumières, des Lumières à Pasteur, et enfin, pour le présent, de Pasteur au troisième millénaire, chaque fois de pénibles métamorphoses, comme chez tout individu lors du franchissement des septénaires: les maladies infantiles autour de sept ans, l'adolescence à quatorze ans, la majorité à vingt et un ans, jusqu'à la pleine maturité de la quarantaine qui marque la transition entre les phases d'incarnation et d'excarnation. A chaque âge et à chaque époque ses maladies, individuelles et collectives, et si nous refusons de franchir les caps successifs les maux s'accentuent jusqu'à l'intolérable. Il est temps d'ouvrir les yeux, car cette fin de millénaire nous impose à l'évidence un grand pas vers plus de maturité, en allant au-delà de Pasteur.

De l'éveil de l'Homme au Sacré jusqu'à l'Egypte pharaonique, l'humanité est dans son enfance, fusionnée au monde divin comme le nourrisson l'est à sa mère. Il ne fait alors aucun doute que "quelqu'un" ou "quelque chose" de transcendant guide les forces de guérison dans le corps déformé, ou si l'on veut désinformé. Quel est le défi majeur de l'humanité d'alors? Emerger peu à peu du sein de la divinité, de l'inconscience fusionnelle, pour accéder à la conscience individuelle, la connaissance de Soi par la découverte de l'Autre. Devenir *soi-même* est toujours une redoutable épreuve. Comme toute naissance, celle-ci est un arrachement, qui peut troubler les sens et se traduire par une "maladie mentale" et de multiples déformations du corps physique.

En ces temps reculés, comment l'homme d'alors procède-t-il pour guérir lorsque son sentiment de perte, d'abandon, de solitude, devient intenable? Les éventuels agents matériels des maladies sont alors indiscernables, ou noyés dans un ensemble très vaste qui inclut les divinités, la nature, les ancêtres, le clan, la famille, la totalité du cosmos. La maladie est toujours un message dont il faut saisir le sens. Guérir c'est rendre visible ce qui est invisible, exprimer ce qui est tu, renouer ce qui est délié, et seul le "chaman" ou le prêtre connaît les *paroles agissantes*, les rituels et les remèdes qui libéreront l'humain en souffrance. Il faut déconstruire et fragmenter pour ensuite reconstruire et restructurer. Il faut mourir pour devenir. C'est alors un temps de magie et de religion, ce dernier terme issu du latin *religare* qui signifie relier. Le malade doit donc restaurer les *liens*, mettre son corps en communication avec les puissantes énergies de la divinité, du Cosmos et de la Terre, redevenir enfant et s'abandonner aux bras de la Mère et du Père dans des lieux consacrés où il va prier, puis dormir et rêver après avoir reçu de la main des hiérophantes quelque tisane aux herbes médicinales. Au cours du sommeil dans le Temple, *en une seule nuit* peuplée de puissants rêves symboliques, il se libère de ses angoisses et *guérit*.

Peu à peu l'Homme va s'enraciner plus profondément dans la matière de son nouveau monde, et la maladie devenir plus visible, plus physique, sans doute plus destructrice qu'auparavant. Au temps des Grecs anciens les Dieux sont toujours présents mais identifiés, personnifiés et "spécialisés", déjà nettement séparés de l'homme. S'il n'y a plus fusion, une forte conscience du sacré vit toujours dans l'âme humaine. L'art médical reste l'apanage d'un dieu, Esculape/Aesclépios, mais nous assistons à l'émergence de multiples systèmes philosophiques et métaphysiques qui marquent une transition nette entre médecine divine et médecine profane. Toutefois ces systèmes dogmatiques seront vite jugés incohérents, irrationnels, contradictoires, trop fortement empreints des croyances et fantasmes de leurs fondateurs.

C'est la logique formelle d'Aristote (382-322 avant J.C.) qui va marquer le début d'un entendement *commun* à tous les humains, grâce à la formalisation du langage qui autorise la description et la classification conventionnelles des phénomènes. Mais cette logique première, indispensable dans l'enfance de l'humanité et dans celle de tout homme, ne tient pas compte du temps, donc de la dynamique vitale et de l'évolution. Elle est dès lors statique et conservatrice, et nous verrons les conséquences de sa persistance dans notre monde actuel.

A cette époque charnière, Hippocrate de Cos (-460 env. - 380 env. avant J.C.), fils de sage-femme et père de la Médecine, pose les bases fondamentales d'une thérapeutique rationnelle axée sur une rigoureuse observation des faits. Le raisonnement médical doit dès lors s'abstenir de toute spéculation. Ce grand thérapeute intègre santé et maladie dans le système des phénomènes naturels et commence à décrire et classer les désordres afin de pouvoir poser des diagnostics plus précis et apporter le remède accordé à tel ou tel conflit. Son éthique, toujours vivace dans le fameux Serment, interdit tout ce qui pourrait nuire au patient. En fait, le devoir du thérapeute est *avant tout* d'éviter de nuire. Il s'agit de guider plus que d'intervenir, d'aider en toutes circonstances l'action *spontanément* favorable de la Nature, la mise en mouvement des forces de guérison présentes en chacun de nous. Le sommeil dans le Temple est toujours pratiqué, mais accompagné de conseils hygiéniques et diététiques, de massages et d'impositions des mains, de remèdes et de simples issus des trois grands règnes qui forment l'héritage de l'humanité. Inéluctablement l'homme s'incarne, prend conscience de ce qu'il est bel et bien *séparé* d'avec le Tout, se penche vers la Terre qui le porte et perd la vision spirituelle. Progressivement, il devient aveugle et sourd au divin.

Dans l'Europe du premier millénaire de nouveaux systèmes philosophiques voient le jour. La plupart des hommes croient toujours en Dieu, non plus par expérience directe mais parce que c'est le dogme en vigueur. Sur le plan médical, la doctrine d'un Galien (131-201) sera érigée en credo universel par le christianisme pendant plus de mille ans. Comme l'humanité progresse, la maladie change de visage. Les *épidémies* prennent de l'ampleur, toujours considérées jusqu'au siècle dernier comme des manifestations du courroux divin. Nous devons remarquer la prédominance des maladies fébriles et inflammatoires typiques de l'enfance, et la rareté des maladies froides comme les tumeurs, très peu décrites par les auteurs de ce temps. La médecine qui tente alors de tempérer quelque peu les redoutables colères célestes s'inspire encore d'une Tradition, transmise par des initiés comme le fut par exemple Paracelse.

Puis vient l'époque des Lumières et ce dix neuvième siècle qui vit naître et mourir Pasteur. L'Homme dans son adolescence va douter de tout, et en particulier de Dieu, le Père. Il se pose mille questions, cherche ardemment les réponses, car il veut être maître de son destin, posséder et jouir de cette Terre, la Mère. L'homme serait-il un animal, comme le suggère Darwin? Les maladies seraient-elles causées uniquement par des microbes, comme le prétend Pasteur? Et pouvons-nous GUERIR définitivement des affres de l'incarnation? OUI! répondent avec certitude les savants. L'homme EST un animal! Et l'animal n'est qu'une machine certes complexe mais qu'il suffit d'ouvrir pour en connaître le moindre rouage. La cause des maladies, de toutes les maladies, n'est pas à l'intérieur de l'âme humaine ou dans le Ciel des dieux, mais tout autour de nous, dans l'air que nous respirons, dans l'eau que nous buvons, dans la nourriture que nous absorbons!

L'homme savant, autrefois abreuvé de philosophie et de métaphysique, s'est métamorphosé en mécanicien sans état d'âme, sûr de son diagnostic, inventeur d'une pléthore de drogues destinées à faire disparaître les divers malaises de l'anonyme animal humain. Ces remèdes standards destinés à des maladies standards seront un moteur important de l'économie au cours de la révolution industrielle, et ils le sont toujours aujourd'hui. Le divin refoulé s'enfonce de plus en plus profondément dans l'inconscient, et avec lui le mystère du sens de la maladie. Ambroise Paré disait encore: "je le pansais, Dieu le guérit". Mais Dieu est mort, et le moderne ignore donc l'antique "part de Dieu", il ignore en conséquence ce qu'est *réellement* une maladie, il oublie qu'une guérison authentique fait toujours appel aux mystères de la vie intime des malades. Le terrifiant "genus epidemicus" du Moyen Age, puis le "terrain", la constitution, la diathèse, les "forces vitales" et même l'hérédité ne sont que des avatars de cette part autrefois dévolue au sacré.

Aujourd'hui, comment peut s'effectuer la rencontre entre le technicien objectif et le désir subjectif profondément refoulé du malade, ce désir qui absenté du vécu devient la maladie? Ce lien est de nos jours impossible, et c'est pourquoi la médecine ne guérit plus. Le défi de notre temps est de renouer avec l'être désirant, sensible, porteur du sacré, car la guérison ne peut venir que des paroles et des actes du sujet lui-même, entouré et guidé par des thérapeutes à l'écoute de ce que "le mal a dit".

Face à la mort noire: le temps des épidémies

Dans la mémoire des peuples, les grandes épidémies sont étroitement liées au Moyen Age. On considère souvent cette longue période comme un temps de transition. Oui mais... entre quoi et quoi? Nous pouvons y voir le passage définitif d'une conscience collective à la conscience individuelle, mutation amorcée chez les Grecs et qui prendra toute son ampleur dans l'individualisme égoïste du dix neuvième siècle. Les hommes d'alors sont soumis à un Dieu redoutable, un patriarche viril imposé par une oligarchie nobiliaire et religieuse qui s'octroie le pouvoir et les biens matériels. La féminité est alors refoulée, diabolisée. Pour les gens simples, illettrés et crédules, la maladie commune, celle qui ravage sans discernement familles et villages, est la conséquence du péché, l'anticipation de l'Apocalypse et d'un Enfer redouté, la punition promise par un clergé fanatique au service d'une divinité juste mais sévère. A partir du quatorzième siècle, c'est par millions qu'ils vont mourir au cours de violentes flambées inflammatoires que l'on nomme épidémies.

Qu'est au juste une épidémie? On définit ainsi une maladie *sociale* qui frappe en même temps et au même endroit un grand nombre de personnes soumises aux mêmes influences, confrontées aux mêmes conflits, nous dirions aujourd'hui aux mêmes *stress*, comme la surpopulation, la malnutrition et l'instabilité sociopolitique. En ce sens la maladie épidémique doit être différenciée d'autres pathologies plus strictement individuelles, comme le cancer, l'auto-immunité ou le sida. Les grandes pandémies frappent de manière brutale, selon des rythmes précis, et la fonction des épidémiologistes est justement de comprendre ce *genus epidemicus* qui parait à ce point *déterminé* que les anciens y voyaient une intervention divine, laquelle n'est jamais dénuée de *sens*. A partir du dix neuvième siècle, la plupart des biologistes n'y verront qu'un processus aveugle, de type darwinien, avec "survie du plus apte". Mais apte à quoi? Avec Pasteur la cause unique en est attribuée à un microbe pathogène, et il ne semble donc plus y avoir de responsabilité humaine dans la survenue et le développement de l'entité morbide.

Plus récemment, l'épidémie sera perçue comme un témoin de l'homéostasie biosphérique, un processus régulateur à l'échelle planétaire. Ceci est à rapprocher de l'hypothèse Gaïa de James Lovelock (6), devenue aujourd'hui une "vraie" discipline scientifique nommée *géophysiologie*. La Terre est un superorganisme autorégulé et doté d'une immunité. Si tel est le cas, une étude objective et sans préjugés des maladies infectieuses implique de s'interroger sur l'origine, la nature et les fonctions des microbes dans l'écologie planétaire, tout particulièrement dans leurs relations avec les êtres complexes comme les mammifères supérieurs. En effet, s'il s'avérait qu'ils ne soient pas des *serial killers* dont l'unique raison d'être est de nous exterminer, alors nous devrions nous demander si ces maladies n'ont pas un rôle essentiel à jouer dans notre évolution, et surtout si nous n'avons pas une responsabilité *collective* dans leur survenue. Etre responsable, c'est avoir la possibilité d'effectuer des choix, en l'occurrence modifier certains comportements pour éviter d'être malade. A ce propos une réflexion nouvelle émerge de nos jours, concernant le rôle positif que joueraient certaines de ces affections dans l'élaboration de notre structure individuelle, mentale, émotionnelle et physique, l'exemple-type de la "pathologie utile" étant celui des maladies dites "infantiles" que nous retrouverons lors de notre étude critique du concept d'immunité. Ainsi, "chaque maladie infantile fait faire un bond de maturation psychique à l'enfant qui, de maladie en maladie, opère finalement l'indispensable intégration du système de représentation de la mort" (Didier Dumas, psychanalyste). De même, la maladie permet la maturation physique, objectivable aux différents niveaux nerveux, endocrinien, immunitaire et bactérien (flores symbiotes) dont l'ensemble forme le *système d'adaptation primal*, le fondement de la santé. Si cela s'avère exact, la maladie fait intégralement partie de l'histoire humaine, tout particulièrement la maladie épidémique, et depuis les temps les plus reculés elle a contribué à la formation biologique de l'espèce. Chaque individu refait le parcours de l'espèce, marcher, parler, penser, éventuellement être malade pour corriger la trajectoire et aller *au-delà* de ce qu'il est aujourd'hui. La maladie serait-elle tout simplement un processus de guérison?

La Préhistoire connut-elle les maladies infectieuses? Rien ne permet de l'affirmer ou de l'infirmer.

Les microbes étant les premiers occupants de la planète, nos ancêtres ont forcément coévolué avec bactéries et parasites depuis la nuit des temps. S'il est possible que les virus soient d'apparition plus récente (à chaque époque ses maladies), toujours est-il que si ces êtres primitifs étaient *obligatoirement* pathogènes pour tout être complexe, animal ou végétal, ceux-ci n'auraient pu apparaître et se développer, ou auraient disparu depuis longtemps.

Historiquement, il est difficile de situer précisément les premières flambées épidémiques, et surtout de définir quel microbe était alors impliqué. La concentration humaine est restée longtemps faible, peu favorable à la diffusion rapide des informations microbiennes. Et en effet, les progrès de l'humanité, très lents à ses débuts, vont s'accélérer progressivement et corrélativement vont se développer des maladies nouvelles. Telle ou telle maladie va disparaître spontanément après avoir "fait son temps", telle autre va apparaître en réponse aux conflits profonds qui agitent l'inconscient individuel et collectif durant les phases de transition. Le rôle de la médecine n'est pas d'éradiquer un vecteur présumé mais d'aider chaque homme en souffrance à franchir les caps successifs de la biographie individuelle et de l'évolution collective. Marcher implique de trébucher, parler implique de balbutier. On n'arrache pas à l'enfant une dent qui pousse, même quand ça fait mal. Le but n'est pas de régresser mais d'aller de l'avant.

N'est-il pas étonnant que l'Afrique de l'Est soit à la fois reconnue comme le berceau de l'homme et considérée comme un dangereux réservoir de maladies endémiques, le foyer d'émergence de "nouveaux virus" à propagation épidémique tels que ceux des fièvres hémorragiques? De ce "paradis" chaud et humide, très favorable à l'expansion d'une vie florissante, l'homme aurait migré en plusieurs vagues successives vers l'Europe et l'Asie, emportant forcément avec lui des "passagers clandestins" microscopiques. Entre-temps il apprivoise le feu et modifie son régime alimentaire originel. Il cuit ses aliments, événement majeur du passage "de nature à culture". La chasse puis la domestication et l'élevage le mettent en contact étroit avec du matériel génétique véhiculé par toutes sortes d'animaux, les uns devenant des "porteurs sains" de germes plus ou moins bien supportés par les autres, et de nouveaux équilibres s'établissent. Des échanges, des recombinaisons et des mutations ont lieu, donnant naissance à de nouvelles variétés jusqu'alors inconnues de micro-organismes, plus ou moins spécifiques, plus ou moins actifs selon les espèces. Ainsi la tuberculose humaine dériverait de celle du bovin. L'utilisation du cheval comme monture permit des contacts plus étroits entre les populations humaines, donc à nouveau la dissémination et le brassage de microbes et de gènes d'origines très diverses. Cette circulation d'information génétique constitue l'un des fondements de la vie et de l'évolution, beaucoup plus déterminante que la sexualité biparentale des êtres supérieurs.

Prudemment, nous dirons donc que les grandes épidémies se développèrent peu avant le début de notre ère, au sein des premières grandes concentrations humaines et animales. Le mot latin *pestis* signifie tout simplement "fléau", et le mot "peste" sera employé indifféremment pour toute maladie collective jusqu'au dix septième siècle.

Toute culture humaine, si elle peut donner naissance à de grandes civilisations sur les plans technique, artistique et spirituel, entraîne également une fragilisation inévitable de ses membres. Toutes ont connu l'essor, l'apogée et la chute, les coups de butoir de peuples plus rudes, mais aussi de terribles épidémies qui faisaient des coupes sombres sans toutefois exterminer toute la population. Un mécanisme régulateur, à un moment d'un cycle... Les peuples plus "civilisés" ayant acquis les moyens de préserver la mémoire des événements, nous possédons des documents sur les premières épidémies historiques. Chaque époque a ainsi transmis le souvenir terrifiant de ses plus sombres périodes.

L'Antiquité connut certainement les fièvres paludéennes, le typhus, la lèpre, la tuberculose et la variole, mais s'agit-il alors de véritables épidémies? La Bible décrit la "peste" des Philistins, survenue en 1141 avant J.C. Nous avons des récits détaillés de la "peste" d'Athènes en -430, de celle de Rome en -293, mais de quelle maladie s'agit-il exactement? Les mesures préconisées par le grand Hippocrate tiennent en trois mots: "cito, longe, tarde", c'est-à-dire... fuir! le plus tôt possible, le plus loin possible et le plus longtemps possible... Il est évident que seuls les plus riches en ont les moyens.

C'est durant les premiers siècles de l'ère chrétienne que se produisent les premières épidémies dûment étiquetées, la variole en 312 et surtout la première pandémie d'une authentique peste bubonique et pulmonaire en Occident et au Moyen-Orient de 542 à 590. Des animaux vecteurs sont accusés, les commensaux de la misère, les puces et les rats. La seconde pandémie de peste noire va sévir durant tout le Moyen Age, du quatorzième au dix huitième siècle. C'est "à ce moment que commence véritablement l'histoire des épidémies européennes" (Georges Duby). Le point de départ est l'Asie Centrale, et toute l'Europe est touchée de 1347 à 1350. La mort fauche jusqu'aux deux tiers des populations concernées, toujours chez les plus démunis. Peu à peu, avec les Temps Modernes, nous assistons à une "oecuménisation" ou mondialisation des épidémies, une diffusion beaucoup plus importante des maladies anciennes et l'apparition de pathologies nouvelles du fait des migrations, des guerres, des échanges commerciaux, de la traite des esclaves... La Renaissance va découvrir la "grande vérole" ou syphilis, apparue au quinzième siècle en provenance du continent sud-américain ravagé par les Conquistadores. Elle sera nommée de ce fait "la vengeance des vaincus". La tuberculose prend de l'ampleur à partir du dix huitième siècle, et cette "phtisie" influencera profondément le romantisme de La Belle Epoque. Le siècle de Pasteur sera aussi confronté au choléra, alors la plus importante menace pour la santé publique en Europe, avec sept pandémies de 1817 à 1984, tout particulièrement en 1832 et 1865. Plus tard viendront les "grippes", asiatique en 1889 ou espagnole en 1918, mais peu à peu le terme "épidémie" va perdre en Occident son sens fort de maladie foudroyante, pour être appliqué de manière extensive à des maladies telles que le sida ou les hépatites, dont la faible contagiosité nécessite un contact intime. Il y a là une évidente distorsion sémantique qu'il serait intéressant d'analyser, mais ce serait aller trop vite en besogne.

Malgré leur apparent recul, très largement attribué à la vaccination, les grandes pandémies des époques prépasteuriennes n'ont pas livré tous leurs secrets. Nous devons conserver à l'esprit qu'elles sévissent toujours à quelques pas de chez nous, et pourraient nous menacer à nouveau si nous ne consentons pas à poser les bonnes questions. Pourquoi telle ou telle maladie, hier ou aujourd'hui, ici ou ailleurs? Pourquoi certains microbes omniprésents deviennent-ils *soudain* pathogènes à certaines époques et dans certains lieux? En tant que peuples et en tant qu'individus, sommes-nous égaux face à la menace épidémique? Pourquoi certains hommes deviennent-ils *soudain* réceptifs, tandis que d'autres demeurent réfractaires? Question de "terrain", bien sûr... Mais de quoi est constitué ce terrain?

S'il est encore trop tôt pour répondre, nous proposons toutefois une première piste en donnant la parole aux historiens, non concernés par les considérations strictement biologiques ou économiques qui sont au coeur du débat sur les vaccinations. Tout d'abord, les observateurs de toutes les époques ont noté que les flambées épidémiques obéissent à une *périodicité* et semblent donc respecter certains cycles. Au coeur même des grandes pandémies, la peste paraissait "s'endormir", laisser le temps aux hommes de reprendre leur souffle et de procréer, pour resurgir violemment *tous les dix ou onze ans*. On disait alors que cette période constituait la durée de "l'immunité" des survivants. Si l'astrophysique nous permet aujourd'hui de mieux saisir l'origine de ces cycles, pour l'instant restons sur terre et voyons les facteurs prédisposant à une très forte mortalité durant les périodes d'émergence de la maladie. Georges Duby établit une corrélation nette entre les épidémies et la "sous-alimentation chronique", les carences diététiques, plus précisément **les famines**. A titre d'exemple, on disait alors que "le remède du paludisme est dans la marmite". Voici donc un premier facteur favorisant la morbidité infectieuse, étroitement lié au second qui est **la guerre**, celle-ci ne faisant qu'aggraver la pénurie. Depuis l'Antiquité, typhus et dysenterie sont désignés comme "les deux vieux compagnons des armées en campagne". L'instabilité sociale sous toutes ses formes est donc un second facteur déterminant. Enfin, troisième clé, l'histoire nous dit qu'au treizième siècle, au moment où surgit la peste noire, l'Europe est **surpeuplée**. Ces trois facteurs, omniprésents dans l'histoire humaine, suggèrent bien une fonction régulatrice de l'épidémie, mais en même temps la possibilité de choix collectifs pour en atténuer l'ampleur.

"La violence du choc varia en fonction des structures sociales" et "le mal semble s'être propagé de manière plus catastrophique dans tous les groupes humains fortement rassemblés". Qui est en premier lieu concerné? Ceux chez qui il y a des puces et des rats, ce "prolétariat misérable et famélique" qui s'entasse dans des lieux insalubres, autrement dit les pauvres, ceux qui n'ont pas les moyens de suivre les bons conseils d'Hippocrate. La peste pulmonaire, transmise directement d'un individu à l'autre, peut alors foudroyer entre 60 et 100% des populations touchées... Les hécatombes massives ont toujours des répercussions psychologiques importantes, comme la fuite vers le surnaturel et les multiples pénitences endurées pour adoucir le courroux divin. Les grands pèlerinages qui en découlent sont malheureusement un facteur important de diffusion de la peur et des "miasmes"! Les antagonismes sociaux s'exacerbent dans la terreur commune. En même temps que l'épidémie naissent la suspicion, l'envie, le sentiment d'injustice, qui flambent en haine de classes ou de races. L'insécurité permanente génère l'intolérance, le besoin de désigner un bouc-émissaire, et en attendant le microbe ce seront les "étrangers", les peuples parias, tout particulièrement les juifs que l'on montrera du doigt, que l'on spoliera, que l'on massacrera. Les conséquences politiques, économiques, démographiques sont elles aussi considérables. Le microbe "sauvage" surgit comme le barbare qui vient troubler la quiétude du sédentaire, sans respect pour les castes et l'ordre établi, plus précisément quand les hommes s'entassent, crèvent de faim et se font la guerre. A nous d'en tirer les conséquences.

Puisque nous allons situer Louis Pasteur dans son temps, précisons que la *contagion* au dix neuvième siècle ne concerne plus le seul choléra, aussi terrible que soit cette maladie. Avec de continuels affrontements politiques et sociaux, la diffusion des germes et celle des idées subversives vont aller de pair. L'épidémie ne révèle plus seulement la haine sociale, elle entraîne aussi la haine politique. Les classes malheureuses, frappées plus durement, ressentent l'injustice de ce prix payé à la mort et s'insurgent contre le pouvoir. Depuis toujours les plus démunis, toujours affamés, subissant le mépris des nantis et la violence des armées en campagne, privés de leurs fils enrôlés de force pour servir de chair à canon dans des conflits qui ne les concernent pas, depuis toujours les miséreux maudissent cette "maladie inventée pour faire mourir les pauvres gens". Historiquement, la découverte par Jenner du principe de la vaccination va semble-t-il apporter une réponse satisfaisante pour tous. Dorénavant, du plus pauvre au plus riche, l'ensemble de l'humanité va pouvoir bénéficier d'une protection contre les maladies infectieuses.

A la croisée des chemins, la variole

La variole est un cas à part, un exemple unique, qu'il importe de connaître pour juger de la suite.

Malgré le passé assez obscur de cette maladie virale, elle reste un "modèle royal" tant pour les vaccinophiles que pour les vaccinophobes. Son histoire est celle d'une utopie, que les premiers poursuivent encore tandis que les seconds, de plus en plus nombreux, abandonnent pour tirer les leçons d'un échec. Elle démontre aujourd'hui clairement que l'exception ne peut en aucun cas devenir la règle.

La variole fut sans doute l'une des plus grandes épreuves de l'histoire de l'Homme, partout et de tout temps. Mortelle certes, mais redoutée aussi car cette "petite vérole" rendait aveugle et défigurait définitivement ceux qui en réchappaient. Elle fut la première maladie infectieuse à donner lieu à un vaccin, très vite généralisé et le premier à devenir obligatoire. Tout le mérite de cette découverte revient au médecin anglais Edward Jenner. Elle est aussi la *seule* maladie considérée comme éradiquée de la planète, grâce à la vaccination qui devint dès lors "un idéal de référence". Si Pasteur ne joua aucun rôle dans cette histoire, il se fit le porte-flambeau de cet "idéal" qui consacrera sa gloire et la pérennité de ses fantasmes. Avons-nous définitivement éradiqué la variole grâce au vaccin? Peut-être, mais par quoi l'avons-nous remplacée? Certaines maladies cutanées prennent aujourd'hui une ampleur considérable, avec des atteintes organiques très sérieuses, comme certains psoriasis qui ressemblent à s'y méprendre à... une variole froide. Avons-nous réellement franchi le cap évolutif qui donnait son sens à cette maladie?

La lutte des hommes contre la variole remonte à un très lointain passé. Jusqu'au siècle dernier elle est considérée comme une *maladie infantile*. Pour s'en défendre les hommes vont tenter "d'imiter la nature", après avoir constaté les effets positifs de la *mithridatisation* contre les poisons et l'*immunité* acquise définitivement par les survivants de certaines maladies aiguës. Imiter n'est pas soumettre ou contraindre, et nous sommes bien loin de l'orgueilleuse illusion de l'éradication.

Comment procède-t-on? On met des organismes *sains* en contact avec la maladie, dans l'espoir de générer une forme bénigne et surtout invisible, localisée ailleurs qu'au visage afin de préserver la beauté des jeunes filles nobles. De même, la vaccination ultérieure s'effectuera sur des parties du corps a priori voilées par les vêtements: talon, cuisse ou bras. La variole fut ainsi la seule maladie grave dont on osa employer les "matières morbifiques" dans un but préventif, ce que l'on nomma "variolisation". Les Chinois la pratiquaient, dit-on, depuis le sixième siècle de notre ère, et leur méthode, que bien d'autres peuples imitèrent, mérite d'être exposée. En effet, ils respectent les voies d'entrée et les défenses naturelles, prémices obligatoires aux défenses spécifiques, tandis que la médecine moderne méprise et anéantit ces premières barrières dans l'obsession unique de voir apparaître des anticorps. Les orientaux utilisent du pus ou des croûtes provenant de malades, qu'ils mettent en contact avec les *muqueuses* nasales grâce à un morceau de coton, ou en faisant porter aux enfants des vêtements infectés. Ils font donc *inhaler* (en Médecine Chinoise le Poumon est le "Maître des Energies") et n'inoculent surtout pas! De plus ils donnent des conseils d'hygiène et de diététique et choisissent leur moment, toujours hors épidémie, au printemps ou à l'automne, lorsque l'état de l'enfant est satisfaisant et à un âge approprié. Mais rien n'est joué. Les enfants ont la fièvre pendant sept jours, et nous savons maintenant que celle-ci est indispensable pour activer les lymphocytes impliqués dans l'immunité spécifique. Pour ces grands médecins philosophes, le Poumon permet d'amener les "miasmes" aux "cinq viscères", qui s'en libèrent en sept jours en extériorisant les signes, non pas d'une maladie mais de la *guérison*: fièvre, pustules, soif intense... Ici l'intelligence humaine est en accord avec les processus naturels.

Les Occidentaux vont préférer l'*injection* de pus variolique, ou variolisation, dès le dix huitième siècle. C'est excessivement dangereux, une sorte de roulette russe puisqu'il se produit un décès pour 50 à 250 injections. Et de toute évidence la variolisation tue beaucoup, et peut même déclencher des "épidémies iatrogènes". Dès lors, "comment comparer un risque immédiat avec un avantage incertain dans l'avenir?". "D'emblée se pose donc l'un des problèmes moraux majeurs de la pratique vaccinale. La raison du nombre n'épouse pas forcément les raisons de l'individu" (3). Les choses n'ont pas vraiment changé aujourd'hui. Quel est le gain de la vaccination de masse, et quels sont ses périls? N'existent-ils pas d'autres moyens d'éviter la morbidité et la mortalité infectieuses? Répondre à ces questions est l'un des buts de ce livre.

Puis vint Jenner et avec lui "le triomphe de l'empirisme". Le 14 mai 1796, ce médecin anglais inocule un enfant de *huit ans en bonne santé* avec le pus prélevé dans la pustule d'une fermière atteinte du *cow-pox*. Le cow-pox est la variole des vaches, nommée aussi "vaccine". En effet la variole est une *zoonose*, maladie commune à l'homme et aux animaux, porteurs de souches virales différentes. Chez le cheval c'est le *horsepox* ou javart, chez le mouton la *clavelée*. Ce sera historiquement *le seul cas* où un virus animal *naturellement* atténué pour l'homme permet d'éviter à ce dernier une maladie mortelle.

Pasteur disait que l'intuition ne vient qu'aux gens préparés à la recevoir. Mais contrairement à Pasteur, Jenner est un homme de terrain confronté à un fléau qui tue un demi-million de personnes chaque année en Europe, surtout les enfants des grandes villes. Il remarque que les vachers atteints de *cow-pox* n'attrapent jamais la variole, ou seulement des formes bénignes. Il tente l'inoculation, qui s'avérera d'emblée un succès: la maladie vaccinale est toujours bénigne, la protection contre la variole excellente, le risque de propagation nul. Après des siècles d'épidémie, c'est véritablement un "choc historique" que connaît l'humanité, tandis que Jenner "prophétise" la disparition prochaine de la variole, effectivement annoncée par l'O.M.S. en 1980. Le succès lui monte très rapidement à la tête. Il croit alors avoir saisi une "loi de la nature", et pose pour principe que "les opérations de la nature sont généralement uniformes". Voici l'erreur grossière! L'exception n'est pas généralisable! Lui qui connut un tel succès en ignorant totalement l'immunologie, comment aurait-il pu imaginer nos échecs malgré les progrès fantastiques de la biologie? Nul doute que la clairvoyance de ce brave médecin n'alla pas jusqu'à prévoir le sida...

En ces temps héroïques, sa "vaccination" va se répandre comme une traînée de poudre, remplaçant partout la dangereuse variolisation. Elle est pratiquée dans le monde entier dans la première moitié du dix neuvième siècle, par passage "de bras à bras" en l'absence de vaches malades. Dès 1800, soit 22 ans avant la naissance de Pasteur, elle devient un "modèle historique" pour le raisonnement médical, un archétype qui fera que toute vaccination ultérieure sera "plus facilement *imposée* à une population". Et c'est bien là que le bât blesse, lorsqu'une technique empirique dans une situation épidémiologique unique devient le fondement d'une théorie universelle. La concrétisation de cette très grave erreur conceptuelle, nous la devons à Pasteur.

2.   PASTEUR - Empirisme et dogmatisme: la construction du mythe

Nous allons à présent parcourir les étapes d'une carrière demeurée longtemps une énigme pour les historiens, et qui de plus en plus apparaît comme une imposture. La biographie qui sert de base à cet essai est récente, probablement commandée à l'occasion du centenaire de la mort de Pasteur, survenue le 28 septembre 1895. Signée par un disciple - "Pasteur nous manque!" s'écrit puérilement le Dr Patrice Debré - elle décrit avec minutie, thème par thème, les oeuvres attribuées au savant français (7). Une autre source officielle d'informations est "L'aventure de la vaccination" (3), ouvrage plus récent et très bien documenté, qui plus encore que le précédent apparaît comme une tentative de redorer le blason vaccinaliste en période de crise aiguë. Ce qui est nouveau dans ces écrits, c'est la reconnaissance de certaines erreurs, l'exposé d'un certain nombre de craintes et de réserves jusqu'ici soigneusement occultées.

Remis en question, les mandarins éprouvent un besoin urgent de se justifier, voire de se disculper.

J'ai effectué ces lecture "orthodoxes" parallèlement à l'étude d'autres documents peu accessibles au grand public, où les mêmes faits sont relatés fort différemment. Où se situe la Vérité? Nulle part. La Vérité d'aujourd'hui n'est qu'un consensus provisoire destiné à interpréter une réalité qui nous dépasse. Mais s'il est impossible de trancher, du moins peut-on s'interroger sur les motivations des uns et des autres à promouvoir tel ou tel discours. Ce qui frappe un esprit critique à la lecture de ces panégyriques à la gloire d'un homme et de ses découvertes, c'est l'impression que l'histoire est réécrite pour combler les lacunes, éviter les références dérangeantes, estomper les errements et donner au processus de la découverte un "coulant" qui met en valeur le génie du savant et justifie totalement les techniques qui en découlent. Ainsi le fil conducteur qui mène le chimiste Pasteur de la cristallographie à la vaccination contre la rage peut paraître évident *a posteriori*, mais cette chronologie est trompeuse. Une lecture attentive, notamment la comparaison des dates, montre que Pasteur est toujours pressé, souvent dispersé, menant de front plusieurs recherches qui ont un certain nombre de points communs:

- elles participent à la révélation progressive d'un "nouveau monde" jusqu'alors méconnu, celui des "ferments" que Littré nommera "microbes". Ce sujet est en fait "dans l'air" de ce dix neuvième siècle qui verra s'épanouir aussi la laïcité et le positivisme, le concept de Progrès lié à l'urbanisme et à l'industrialisation, ainsi que les théories darwiniennes aujourd'hui en pleine crise;

- un ou plusieurs chercheurs ont *toujours* précédé Pasteur et tentent de diffuser leurs découvertes au moment où celui-ci s'attaque à un sujet "nouveau". Il n'est donc jamais le premier à avoir énoncé des hypothèses sur le thème abordé, mais il sait remarquablement bien utiliser les travaux de ses prédécesseurs ou de ses contemporains et s'octroyer ensuite tous les mérites. Ce sera le cas des fermentations, des maladies infectieuses humaines et animales, de l'antisepsie et de l'asepsie, des vaccins. Dans tous les cas l'Histoire ne retiendra souvent qu'un seul nom: Pasteur;

- tout ce que Pasteur entreprend est de nature à lui apporter un surcroît d'honneurs et de biens matériels. Il prend donc le train en marche, développe les applications industrielles et prend des brevets, puis s'attaque à un autre sujet. Il sera historiquement l'inventeur de la "vulgarisation scientifique" et du "marketing" médical, le premier à utiliser les médias et la propagande afin de diffuser largement des méthodes empiriques insuffisamment éprouvées. Ces techniques commerciales seront systématisées avec un immense succès par les industriels qui exploitent depuis 1888 l'image charismatique du fondateur. La récente campagne contre l'hépatite B, ou plutôt *pour* une vaccination supplémentaire, en est l'un des tristes exemples. Pasteur est aujourd'hui un logo surpuissant qui agit de manière inconsciente, sur le plan émotionnel, dans les esprits subjugués par la peur entretenue de la maladie et de la mort. Chaque commémoration est une gigantesque campagne de publicité pour l'une des multinationales les plus prospères du monde. Que se passerait-il alors si l'image de marque était ternie?

Depuis peu un changement s'est amorcé, avec la publication de travaux d'historiens qui remettent en cause, non pas a priori la valeur des découvertes, mais plutôt la probité et la moralité du découvreur. Les pastoriens eux-mêmes se voient obligés d'en tenir compte, admettant de plus en plus certains aspects peu reluisants ou carrément sordides de la carrière de leur héros. La revue L'Ere Nouvelle a diffusé de nombreux dossiers sur "les tricheries de Pasteur" et "la grande tromperie des vaccins", notamment en 1987. Nous lisons: "Louis Pasteur fut un arriviste sans scrupules, assoiffé de célébrité, sectaire, fanatique et prêt à toutes les duplicités pour imposer son nom et lancer une gigantesque entreprise commerciale capable de vendre d'abord, puis de faire imposer par la loi ensuite à des centaines de millions d'enfants et d'adultes des vaccins préparés à grands coups de grossières erreurs scientifiques délibérément camouflées". C'est sévère pour un héros national! C'est sévère aussi pour l'éthique médicale en général.

Comment peut-on être à la fois et à titre posthume, d'une part un héros adulé, de l'autre un redoutable opportuniste, "un mercanti doublé d'un mégalomane", un "truqueur de statistiques"? Le biographe Debré est conscient des révélations actuelles sur certains aspects de la personnalité de Pasteur, notamment ses impostures. Il écrit des perles du genre: "Pasteur donne parfois même l'impression de se contenter de vérifier des résultats déjà décrits par d'autres, puis de se les approprier", ou "je dois avouer que j'ai été presque soulagé de trouver dans ses notes quelques expériences inutiles, des méthodes parfois douteuses ou des attitudes peu recommandables". Sic! Ni hagiographe ni démystificateur, il se veut lucide pour nous assener une conclusion prévisible: "on ne sort pas de l'ère pastorienne". Or c'est justement ce qu'il est grand temps de faire.

Mise en place du décor: la France au temps de Pasteur

Le génial empirisme de Jenner provoqua une immense euphorie mondiale, malgré les désillusions, les encéphalites mortelles lors de transmission d'homme à homme en l'absence de bovin infecté, le retour cyclique d'une épidémie foudroyante comme ce fut le cas en 1870. A ce propos, une anecdote rapportée par le médecin homéopathe Roland Sananés nous montre que "l'emploi des biothérapiques est contemporain de l'utilisation des vaccins et sérums en médecine" (8). Les biothérapiques, encore appelés *nosodes* ou isothérapiques, sont des préparations homéopathiques obtenues à partir de cultures microbiennes, de virus, de sécrétions ou d'excrétions pathologiques. "Prêtre et médecin, Collet affronte en 1870 les massacres de la Commune et les fléaux de santé au cours de la guerre civile: face à une épidémie de variole et ne disposant que d'une dose infime de vaccin, il recourut à la méthode économique de la dilution infinitésimale; les malades guérirent et aucun cas de contagion ne fut constaté à partir du cinquième jour de la prise par chacun du vaccin dilué". Cette histoire authentique nous montre qu'il existait dès cette époque une *alternative* pour la prévention et le traitement des maladies infectieuses, une autre médecine et une autre façon de concevoir la relation de l'homme à son environnement. Nous aurions pu alors faire d'autres choix. Et nous pouvons toujours faire ces choix, car la méthode est toujours disponible!

Concernant les balbutiements de la méthode vaccinale initiée par Jenner, en 1870 rien n'est encore gagné. Il n'y a pas que la variole qui tue. L'ensemble du monde civilisé, mais surtout la France a grand besoin d'un nouveau héros qui ne soit... ni anglais ni allemand! Ce héros ce sera Louis Pasteur, né à Dôle le vendredi 27 décembre 1822, sous le signe du Capricorne. Son père est tanneur, ancien grognard du Premier Empire. C'est dit-on un enfant secret, orgueilleux et froid, mais d'une intelligence vive, très vite conscient des bouleversements considérables qui déchirent son pays.

Dans le premier quart du dix neuvième siècle, l'Europe émerge à peine de quatre siècles d'horreur. L'état sanitaire du pays est absolument déplorable. Les grandes épidémies, dont on ignore encore les vecteurs, constituent la hantise des populations affamées. Le choléra, la peste ou la variole surgissent régulièrement et sans crier gare, sur les talons des armées en campagne, partout où s'entassent les ventres creux. La misère, déjà considérable, va s'aggraver du fait de l'urbanisation et de l'industrialisation. Un exode rural massif entasse des milliers de familles désespérées dans les quartiers les plus insalubres des grandes cités. Ce prolétariat ne bénéficie d'aucun secours matériel. Il n'y a alors aucune hygiène, pas d'adduction d'eau ni d'égouts, aucune structure d'entraide médico-sociale. Songeons qu'à cette époque un enfant sur cinq est purement et simplement abandonné par ses parents! Dans ces conditions, il n'est pas étonnant que les maladies infectieuses fassent des ravages. Ce n'est qu'à partir de 1870 que l'Europe occidentale se considérera à l'abri de la **peste**: si elle fait des morts à Paris et Marseille en 1920, la dernière grande épidémie date déjà de 1720 (Marseille). Le **choléra** est en France de 1830 à 1884: 13 000 morts à Paris pour la seule année 1832 (Pasteur a 10 ans), 20 000 en 1849 alors que Pasteur travaille sur les cristaux. Le pays ne sera débarrassé qu'en 1884. Notons que ces deux maladies ont régressé sans vaccins. Mais il y a aussi la **tuberculose**, qui entre 1830 et 1880 fera plus de victimes que le choléra; la **syphilis**, maladie sexuellement transmissible très répandue en Europe à partir du seizième siècle; la **malaria**, qui au dix neuvième siècle est encore endémique en France; et bien sûr la **variole**, encore non contrôlée malgré la vaccination de Jenner. Vaincre ces "fléaux de Dieu" constituerait donc une immense victoire scientifique, puisque l'Eglise n'y a rien pu faire!

Victoire scientifique mais aussi politique et sociale, car le siècle passé est une période particulièrement troublée sur ces deux derniers plans. La France est déchirée entre l'Empire et une monarchie restaurée, à nouveau l'Empire et enfin le difficile retour à une République avide d'asseoir sa légitimité. Il y aura les émeutes de 1830 et 1848, puis la guerre de 1870, la débâcle militaire, avec pour conséquence un nationalisme exacerbé qui va devoir se défouler sur des terrains de bataille autres que militaires, notamment les rivalités scientifiques. Ce sera le cas avec l'allemand Liebig pour les fermentations et l'allemand Koch pour les maladies infectieuses. Pour la jeune République, les Lumières nouvelles du scientisme constituent le meilleur soutien de la laïcité, sous réserve toutefois d'un conditionnement précoce des masses. Le principe de l'école "gratuite et obligatoire" est généralisé par Jules Ferry dans les années 1880. Quel est l'objectif de cette éducation à laquelle nul ne peut se soustraire, sinon "inculquer à l'ensemble des citoyens les valeurs des élites dominantes, en particulier celle de la foi dans le progrès scientifique et technique" (9)? C'est par ce biais que se mettront en place diverses obligations civiques, comme l'obligation vaccinale, qui verrouillent toute créativité individuelle dans le carcan de règles et d'habitudes qu'il serait malséant de remettre en question. "Coulée dans le moule de la société industrielle, conçue à la fois pour répondre à ses besoins techniques et pour assurer la reproduction de ses rapports sociaux, l'école véhiculait ses normes et ses valeurs: un sens de la solidarité nationale souvent poussée jusqu'au chauvinisme; un respect des institutions et des élites civiles et militaires qui les peuplaient; une foi dans le progrès et dans la science. Plus profondément, elle oeuvrait à la diffusion de son mode de pensée: goût de la précision et de l'exactitude, mais aussi rigidité intellectuelle et amour du formalisme, raisonnement linéaire et mécaniste. Bref, elle privilégiait nettement les qualités d'ordre et de méthode au détriment des facultés créatrices qui, on le sait depuis, ne font pas fonctionner les mêmes zones cérébrales" (cité in 9). La même réflexion amène le philosophe Krishnamurti à écrire: "si nous n'avons été instruits que pour être des hommes de sciences, des universitaires plongés dans des volumes, ou des spécialistes de diverses connaissances, nous contribuons à la destruction et à la misère du monde (car) tant que l'éducation ne cultivera pas une vue intégrale de la vie, elle n'aura que peu de valeur". L'école "encourage à se conformer à quelque modèle", ce qui est aberrant car "l'ignorant n'est pas celui qui manque d'érudition, mais celui qui ne se connaît pas lui-même, (qui n'a pas) la perception de la totalité de son propre processus psychologique" (cité in 9). Au coeur de nos préoccupations actuelles, les échecs de l'éducation nationale sont à mettre en parallèle avec ceux de la médecine scientifique, car ils relèvent au départ des mêmes bases doctrinales. Il n'est pas étonnant qu'un système paternaliste, négateur des valeurs féminines, ait favorisé l'émergence d'une médecine technicienne incapable d'établir un lien avec le vécu subjectif du malade. L'illettrisme et l'immunodépression sont les deux faces d'une même réalité: à société malade, médecine malade!

Dès lors tout le dix neuvième siècle sera imprégné de l'affrontement du "vitalisme" et d'un matérialisme pur et dur en passe de s'imposer. Le vitalisme est une doctrine philosophique qui stipule que les manifestations de l'âme et du corps, ou si l'on préfère de la psyché et du soma, sont *déterminées* "de l'extérieur" par un "principe vital", le plus souvent assimilé à une divinité transcendante, plus tard reconceptualisé dans le "ça" des psychanalystes. A l'époque qui nous occupe, les idées de Pasteur ou Darwin vont servir la cause d'un rationalisme résolument athée, devenu aujourd'hui un véritable obscurantisme scientifique. Ce n'est pas le lieu ici de formuler des hypothèses sur ce refus brutal d'un principe immatériel, cette volonté des savants de couper tout lien avec la philosophie et la métaphysique. Nous dirons que c'est "dans l'air du temps", expression qui comme beaucoup d'adages et de proverbes recèle une très grande profondeur. Aurions-nous pu faire *autrement*? Le fil de la Tradition n'est pas coupé depuis Hippocrate et Paracelse, puisque dans le même temps de grands penseurs vont eux aussi poser les fondements d'une médecine originale, proposer la vision rénovée d'un Homme créatif à sa juste place dans un Univers sensible, libre et responsable de son évolution individuelle au sein de sociétés lucides. Il s'agit notamment de Samuel Hahnemann (1755 - 1843), père de l'homéopathie, qui expérimente *sur l'homme*, à commencer par lui-même, des remèdes analogiques dont l'action est de nature purement "énergétique" (on dirait aujourd'hui électromagnétique, vibratoire ou biophotonique). Il s'agit aussi de Rudolf Steiner (1861 - 1925), à l'origine de l'anthroposophie qui fait de l'éducation l'agent thérapeutique par excellence. L'un et l'autre proposent une philosophie médicale tolérante et profondément humaine, qui à l'époque ne put s'imposer car malheureusement... ils ne sont pas français! Pas plus que Sigmund Freud, Carl Gustav Jung ou Georg Groddeck, qui sondent les mystères de l'inconscient et permettront l'émergence de l'incontournable "médecine nouvelle" du Dr Ryke Geerd Hamer. Ces hommes, et beaucoup d'autres, ont été plus ou moins consciemment évincés de la glorieuse avancée des Sciences, car la France du siècle dernier n'est pas prête. Elle a besoin de hérauts pour remplacer le religieux et le guerrier dans l'adoration des peuples, et elle va se donner des "saints laïcs" dont Pasteur au nom prédestiné pour combler le vide insupportable laissé par la disparition de Dieu. Ce divorce d'avec le sacré est une déchirure, un sevrage infiniment douloureux. Les affrontements des grands de ce siècle en portent témoignage, si l'on considère les débats houleux sur les fermentations et la génération spontanée, ou le choc des théories de Darwin lors de la publication de *L'origine des espèces* en 1859.

C'est au dix neuvième siècle que se développe la notion de **Progrès**, pour Baudelaire un "fanal obscur", une idéologie par essence triomphante qui sous-entend une émancipation de l'homme par l'homme, la libération *progressive* mais définitive de toute contrainte environnementale, une prise en charge volontaire de l'évolution de cette Terre qui est le berceau de notre conscience. L'Evolution... Voici le Temps introduit, et avec lui la continuité, la linéarité d'une trajectoire indéfinie. Mais l'Homme ne vient-il pas justement de perdre le *sens* de cette évolution, que Darwin a soudain réduit à une simple succession d'espèces issues de mutations aléatoires et de sanglants combats? Laissé à lui-même il doit trouver son chemin. Ce qui prend de l'ampleur à cette époque dans la civilisation occidentale, c'est cette conscience individuelle qui amène chacun à nier l'Unité et à mettre de la distance entre Soi et la "chose" observée. L'humanité s'engage alors dans une difficile adolescence, avec une nouvelle logique, l'opposition dialectique du Moi et de l'Autre, irréconciliables, en perpétuel affrontement. Que le meilleur gagne! La négation de Dieu c'est le rejet oedipien du père, nécessaire à l'initiation du jeune en route vers une maturité synonyme d'autonomie et de responsabilité. Le rejet se concrétise notamment par la négation de la Création, remplacée par une Evolution aveugle dévolue au "hasard". Etre là "par hasard", c'est se permettre de n'avoir pas de but, aucune responsabilité à assumer ou d'héritage à faire fructifier. L'opposition à la philosophie et à la métaphysique est clairement exprimée dans le **positivisme** d'Auguste Comte, une doctrine de la connaissance héritée de Descartes qui ne tient pour valable que les faits accessibles aux cinq sens par l'expérimentation scientifique. On tente "d'objectiver la subjectivité", de "rationaliser l'irrationnel", donc d'expliquer Dieu par la science, ce qui n'est pas encore tout à fait le nier. C'est l'échec de cette tentative qui aboutira à la négation pure et simple de "l'absolu", au mécanicisme qui fait de toute manifestation de l'esprit un simple processus physico-chimique. Lorsque Mendel étudiait ses petits pois, les futurs gènes n'étaient pour lui que des "réalités idéelles". Ce fut pourtant le point de départ de ce réductionnisme qui fit attribuer toute l'évolution à un hypothétique "programme génétique" supporté par des molécules bien matérielles, l'ADN des chromosomes. Malgré ses insuffisances, cette vision démodée et erronée du monde a toujours cours aujourd'hui.

Devenu *sujet*, le citoyen de la République va faire de chaque chose un *objet* de sa curiosité. Il va donc séparer le corps matériel des "corps subtils", âme et esprit, et faire des seconds de simples manifestations du premier. L'être lui-même, en principe *in-dividu*, va donc pouvoir être fragmenté, disloqué, disséqué jusqu'à l'infiniment petit des particules. C'est ainsi que le malade devient lui aussi "objet de science". En fait le grand bouleversement de ce siècle sera bel et bien cette fragmentation du Tout, l'éclatement d'un ensemble sans limites, proprement infini et intemporel, en une multitude de parcelles, ce qui aboutit logiquement au cloisonnement des disciplines scientifiques cher à Claude Bernard. La partie dans le tout, le tout dans la partie, seuls les poètes conservent une vision globale du monde. L'homme savant du dix neuvième siècle va quant à lui s'atteler à inventorier son héritage, trois règnes dont il est la synthèse, reliés par des interactions d'une infinie complexité. C'est la grande époque de la taxonomie, des dissections, classifications, répertorisations des trois grands règnes. Le physiologiste Claude Bernard sera le champion de la vivisection, pratiquée sans états d'âme puisque les cris de l'animal ne sont selon les cartésiens que des réflexes mécaniques sans rapport aucun avec une quelconque sensibilité. L'esprit humain va donc se "fermer pour cause d'inventaire" car "l'homme savant" ne peut plus être dans le même temps "l'homme croyant". S'il perçoit les relations entre les parties qu'il étudie - par exemple la physiologie qui unifie l'anatomie par la fonction (Claude Bernard) - il perçoit aussi leur complexité et se refuse à l'aborder tant qu'il n'a pas fini l'inventaire. Car il faudrait alors quitter l'analyse pour la synthèse, la rassurante linéarité des mêmes causes engendrant toujours les mêmes effets pour l'analogie et la globalité, domaines jusque-là réservés à la philosophie et à la religion. C'est trop tôt. Le matérialisme analytique et réducteur va s'imposer, et l'homme nier purement et simplement ce qui échappe à sa Raison, ce qui échappe aussi forcément à *l'économie de marché*, inévitable moteur du Progrès. Et "ça marche", si l'on en croit l'extraordinaire profusion des techniques destinées à instaurer le Paradis sur Terre. Surdoué, l'homme invente une multitude de moyens d'utiliser son gigantesque héritage, pour son confort et son plaisir, jusqu'à un gaspillage aberrant type "après moi le déluge". Il dilapide le capital (combustibles fossiles, déforestations, extinctions d'espèces...), modifie des équilibres délicats (domestications animales et végétales, pollutions, énergie nucléaire, génie génétique...), sans percevoir qu'il attente ainsi à sa propre intégrité. La partie dans le tout, le tout dans la partie. Il aura du mal à s'en sortir, et nous devinons à présent pourquoi: l'éducation a complètement failli à sa mission de former des êtres lucides et responsables, ce qui est peut-être, sans doute, ou sûrement la cause principale des atrocités qui ensanglantent l'humanité.

Les cristaux

Destiné à l'enseignement, Louis Pasteur entre à l'Ecole Normale en 1843. Il en sortira Docteur ès sciences, agrégé de physique et de chimie. Autour de 25 ans, des travaux de cristallographie lui permettent d'établir les principes de la dissymétrie moléculaire du vivant. C'est une très grande découverte, qui fonde la stéréochimie ou chimie dans l'espace: les molécules organiques se présentent sous deux *formes*, qui dévient la lumière polarisée soit à gauche soit à droite. On les nomme isomères droit et gauche, comparables à un objet et son image dans le miroir. Cette notion est capitale en biologie, car pour être active une molécule organique (hormone, enzyme, vitamine ou anticorps) doit avoir une forme et non l'inverse. Les scientifiques contemporains n'ont toujours pas compris *pourquoi* la Nature n'utilise que des acides aminés de la série gauche et des sucres de la série droite! La notion fondamentale de *forme*, en relation étroite avec le fonctionnement électromagnétique de la cellule, a été remise en lumière récemment par les fameux *prions* qui sont des protéines chimiquement normales mais *déformées* (perte des structures secondaire et tertiaire).

Pasteur écrit: "la vie est dominée par des actions dissymétriques. Je pressens même que toutes les espèces vivantes sont primordialement, dans leur structure, dans leur forme extérieure, des fonctions de la dissymétrie cosmique" (7). Il redécouvre ainsi brillamment l'un des aspects de la bipolarité essentielle de l'Univers manifesté, déjà explicite dans la grande Tradition des civilisations antiques. Ce qui est valable pour une molécule naturelle l'est aussi pour un médicament de synthèse. "Le monde inerte (...) des produits artificiels que crée la chimie de synthèse sont faits de corps superposables, de molécules symétriques". Donc incompatibles avec la vie! En fait cette découverte de Pasteur explique la destruction de la vie par la chimiothérapie: "un corps asymétrique soumis à des forces réactives chimiques quelque peu énergétiques perd sa dissymétrie. En d'autres termes, le mystère de la vie est double, car, si l'asymétrie ne peut se créer, elle peut disparaître". Serait-ce la solution au mystère des prions? Ceci explique en tout cas l'un des plus redoutables dangers des vaccins, la présence d'adjuvants chimiques hautement toxiques comme l'hydroxyde d'alumine. Beaucoup considèrent aujourd'hui que Pasteur aurait dû s'arrêter là, et donc se cantonner à la chimie, ce qui nous aurait évité un siècle d'errance dans une impasse. Mais sans doute était-ce nécessaire, s'il est vrai que "l'homme ne finit par marcher droit qu'après avoir essayé toutes les façons d'aller de travers".

Créer la vie... Pasteur y songe, car dès cette époque il commence à avoir des "rêves de démiurge". Il a 26 ans. Enseignant en province, au lycée de Dijon, la haute opinion qu'il a de lui-même lui fait espérer une chaire de faculté. Déjà il a un oeil sur l'Académie des Sciences, où ses exposés sur les cristaux ont fait bonne impression. En effet ces premiers succès lui ont valu quelques appuis de savants en place, et le 22 janvier 1849 il est muté à Strasbourg avec un poste de professeur suppléant de chimie à la Faculté. Il a "planté" ses élèves de Dijon "au beau milieu de l'année scolaire, sans même attendre son remplaçant". Toute sa carrière ultérieure de "biologiste" sera construite sur la notoriété acquise et soigneusement entretenue grâce à son travail de chimiste.

Arrivé à ce point de notre récit, nous devons introduire un nouveau personnage, le médecin **Antoine Béchamp** (1816-1908), professeur à l'école de pharmacie de Strasbourg en 1850. Pasteur le connaissait donc forcément, ainsi que ses travaux. Arrivé en Alsace, notre héros ne perd pas de temps: il demande en mariage l'une des filles du recteur de la faculté, qu'il épousera le 22 avril 1849. Il prend de nombreux contacts avec les industriels de la région, car il considère que recherche et applications industrielles doivent toujours aller de pair. Ses successeurs jusqu'à nos jours ne l'ont pas oublié. C'est à Strasbourg qu'il approfondira ses travaux sur les cristaux organiques (tartre et paratartre), lesquels lui ont fait approcher le mystère du vivant.

Le ferment et l'enzyme

La qualité de ses travaux et son sens aigu des relations publiques lui permettent d'obtenir le poste de doyen de la Faculté de Lille en 1854. Antoine Béchamp est muté à Montpellier la même année. Les deux hommes se sont donc côtoyés pendant cinq ans.

Pasteur prend de l'assurance, "le jeune savant besogneux et même arrogant laisse la place à un universitaire brillant, fin diplomate et beau parleur". Lille est une grande capitale régionale, chérie de l'empereur Napoléon III, où domine l'industrie agro-alimentaire de la betterave. Il va s'attaquer aux problèmes des fermentations alcoolique, lactique et acétique. Les intérêts économiques liés à ces secteurs sont énormes. Sa biographie nous dit qu'il découvre alors la nature biologique des ferments impliqués dans la fabrication du vin ou de la bière. Or *dès 1854*, donc au moment de l'arrivée de Pasteur à Lille, **Béchamp** montre que les fermentations sont dues à des organismes vivants microscopiques transportés par l'air. La communication en sera faite à l'Académie des

Sciences en 1855, alors que Pasteur met en évidence les ferments lactiques seulement en 1857, et ne publiera son Mémoire sur la fermentation alcoolique qu'en 1860.

En 1857 il pose candidature à l'Académie des Sciences, mais il n'est pas élu. Comme "si l'on veut réussir, il faut être parisien (...) il importe d'être près du pouvoir", Pasteur parvient à être nommé administrateur et directeur des études scientifiques à l'Ecole Normale Supérieure en octobre 1857. C'est là, rue d'Ulm qu'il va poursuivre ses recherches. Il travaillera ainsi successivement sur la bière, le vin et le vinaigre, dont les problèmes de conservation le conduiront à généraliser ce qu'il nommera en toute simplicité *pasteurisation*, principe décrit et mis au point par d'autres auparavant. "Plus que l'estime de ses pairs, il recherche maintenant celle du public" avec "une idée fixe aussi: un fauteuil à l'Académie des Sciences" à laquelle il est enfin élu en 1862. Son autre ambition est de rencontrer l'Empereur afin d'obtenir laboratoire et subsides, et là aussi il parviendra à ses fins en 1865.

A propos des "ferments", une querelle mémorable l'opposera en 1878 au chimiste Marcelin Berthelot, lequel affirme que le ferment est de nature chimique, une "diastase" appelée plus tard *enzyme*. Pasteur s'oppose avec vigueur à cette idée. En fait nous savons aujourd'hui que la levure fabrique l'enzyme, laquelle avait été mise en évidence par **Béchamp** sous le nom de "zymase" *dès 1864*, ce qui provoquera encore la colère destructrice de Pasteur. A cause de cette dispute puérile sur l'antériorité d'une découverte, la réalité de l'activité enzymatique ne sera définitivement admise qu'en 1897. N'est-il pas incroyable que le biographe Debré n'évoque *jamais* Béchamp et ses travaux? Ce grand savant n'est même pas *cité* dans l'Encyclopedia Universalis!

De l'origine des microbes. Pasteur face à Béchamp

Bien introduit dans les antichambres du pouvoir, Pasteur va imposer ses vues sur un autre sujet à la mode, celui de **la génération spontanée**, dont il va pourfendre les défenseurs avec sa vindicte coutumière. Les savants s'affrontent rarement dans la sérénité.

L'orgueil et les préjugés s'en mêlent, comme la nécessité d'assurer sa carrière, ses titres et subventions.

Au dix neuvième siècle, le sujet de la génération spontanée, ou *hétérogénie*, est aussi brûlant que celui qui oppose les "transformistes" (plus tard évolutionnistes): Lamarck et Geoffroy Saint Hilaire puis Wallace et Darwin, aux "fixistes" ou "créationnistes" tel Cuvier plus proche de la sensibilité religieuse et philosophique de l'époque. La vie peut-elle naître de la matière inerte, ou procède-t-elle toujours d'une forme de vie antérieure? Pasteur affirme la seconde hypothèse, et il sortira vainqueur et glorieux de ce débat houleux, mais par défaut: il ne réfute pas que la génération spontanée puisse exister, mais il n'a pu lui-même la mettre en évidence. Bien sûr il avait raison en ce qui concerne la matière *minérale*, de laquelle aucune vie ne peut naître spontanément sans une "contagion" extérieure. Quoique... l'événement singulier que fut l'apparition de la vie sur une Terre *minérale*, il y a 3,5 milliards d'années, est toujours un complet mystère. Cette vie n'a-t-elle pas jailli "spontanément" d'une matière *inerte* devenue *organique* puis *organisée*?

Buffon écrit au dix huitième siècle: "la matière des êtres vivants conserve après la mort un reste de vitalité. La vie réside essentiellement dans les dernières molécules des corps. Ces molécules sont arrangées comme dans un moule. Autant d'êtres, autant de moules différents, et lorsque la mort fait cesser le jeu de l'organisation, c'est à dire la puissance de ce moule, la décomposition du corps suit, et les molécules organiques qui toutes survivent, se retrouvant en liberté dans la dissolution et la putréfaction des corps, passent dans d'autres corps aussitôt qu'elles sont pompées par la puissance de quelque autre moule". Le style est un peu lourd, mais l'idée est très moderne. Quant à **Darwin** il écrivait en 1868: "nous ne pouvons pas sonder la merveilleuse complexité d'un être organique; mais (...) chaque être vivant doit être regardé comme un microcosme, un petit univers, *formé d'une légion d'organismes se propageant par eux-mêmes*, inconcevablement petits et aussi nombreux que les étoiles dans le ciel". Le *moule* de Buffon est très comparable aux forces structurantes du "corps éthérique" décrit par Rudolf Steiner, et nous sommes ici très proches de la *théorie des champs* développée actuellement par les physiciens. La matière découle de l'énergie (et non l'inverse), toute forme vivante est créée, structurée et maintenue par des champs d'énergie dont une partie seulement est aujourd'hui accessible à nos investigations. Cette façon de concevoir la réalité est devenue très moderne, avec des scientifiques de haut niveau comme Kapra, Charon, Bohm, Popp ou Sheldrake.

D'autre part, ces "dernières molécules des corps" ou cette "légion d'organismes" font immédiatement penser aux **microzymas de Béchamp**, redécouverts et décrits par **Jules Tissot** (10) dans les années 40, et plus récemment par **Gaston Naessens** qui les nomme "somatides" (11). Il s'agit de particules indestructibles, première manifestation de l'énergie dans la matière, structurant en permanence le corps physique de tous les êtres organisés, du virus à l'homme. Ces particules sont polymorphiques en fonction des paramètres physico-chimiques du milieu intérieur. Les travaux de **Louis-Claude Vincent** dans les années 50 (12), confirmés par les découvertes les plus récentes de la microbiologie, démontrent en effet la possibilité d'une *endogenèse microbienne*, l'apparition *spontanée* de micro-organismes pathogènes ou symbiotes dans le milieu intérieur, par transformations successives de structures cellulaires telles que les *microzymas* que Béchamp nommait aussi "virus-gènes". Ces transformations sont consécutives aux modifications de paramètres tels que le pH, le potentiel d'oxydoréduction ou la concentration en ions du milieu intérieur, eux-mêmes étroitement corrélés aux grands cycles cosmotelluriques comme la rotation de la Terre ou les cycles lunaire et solaire. Nous allons voir que les épidémies suivent étroitement ces rythmes "extraterrestres" auxquels nous ne pouvons nous soustraire. La constellation mouvante de nos "états d'âme", pensées et émotions, modifie elle aussi ces paramètres bioélectroniques, et participe donc à l'activation ou à la mise en sommeil des microbes que nous disons "pathogènes".

La négation par Pasteur d'une "génération spontanée" à partir de manière *inerte* était donc justifiée en son temps, mais elle l'a amené à nier en bloc toute possibilité de transformation de la matière *organique*, et à conceptualiser la théorie erronée du *monomorphisme* bactérien. Les espèces au sens darwinien, et tout particulièrement les "espèces microbiennes", sont pour lui et ses successeurs des entités immuables, susceptibles de muter mais en aucun cas de se transformer en "autre chose". Or Béchamp puis Tissot ont justement proposé la thèse inverse, les possibles transformations réversibles de virus en bactéries et de bactéries en mycobactéries (champignons), en fonction du contexte psychobiologique. La science redécouvre actuellement le bien-fondé d'une telle approche élargie, en constatant la fragilité voire l'inexistence des fameuses "barrières d'espèces". D'incessants flux de gènes parcourent toute la biosphère, tout particulièrement dans le monde microbien qui ne peut dès lors être strictement caractérisé. Des multitudes de virus "dormants" sont inclus dans nos chromosomes sous forme d'ADN, et peuvent être réactivés par un stress émotionnel ou physique. Ne s'agit-il pas ici d'une véritable "génération spontanée" à partir de cellules en souffrance?

Ce sont donc bien les variations ou altérations de ce "milieu intérieur" cher à Claude Bernard, plus tard reconceptualisé sous le nom de "terrain", qui créent les conditions d'apparition et de fluctuation des flores symbiotes et des maladies microbiennes. C'est pour cela que tout le monde ne meurt pas lors d'une épidémie de peste ou de choléra, c'est pour cela que seulement 1% de la population développe des formes cliniques d'hépatite B, la plupart du temps bénignes et réversibles spontanément. Les formes graves concernent des individus dont le "terrain" est profondément altéré *antérieurement* à l'apparition du virus. L'inoculation généralisée de maladies chroniques à l'aide de vaccins n'est certainement pas le meilleur moyen de se prémunir de "maladies" que nous devons considérer aujourd'hui comme des mécanismes régulateurs à l'échelle individuelle ou collective.

De ces débats découlent deux conceptions radicalement opposées de l'écologie microbienne.

Pour Pasteur, le microbe génère la maladie. A l'aube de la microbiologie, alors que l'on découvre à peine les fonctions fermentaires de certains germes, que l'on ignore tout des maladies infectieuses, Pasteur va en effet *interpréter* la biologie microbienne à partir d'observations très superficielles de ses manifestations les plus visibles. La *présence* de micro-organismes dans les tissus des malades suffit pour leur attribuer définitivement l'entière responsabilité de la maladie.

Dès 1946, ce point de vue sera vivement critiqué par le Pr Jules Tissot: "depuis trois quarts de siècle quatre dogmes faux, introduits dans la science par Pasteur et qu'on peut qualifier de catastrophiques, ont arrêté les progrès de la bactériologie et de la lutte contre les maladies des êtres vivants, animaux et végétaux". Ces quatre dogmes sont la panspermie atmosphérique, l'asepsie des organismes vivants, la contagion et le monomorphisme.

En premier lieu, tous les germes sont transmis par "l'air ambiant", car ils existent uniquement dans l'environnement et ne peuvent en aucun cas naître et se développer à partir du milieu intérieur des êtres complexes. S'ils pénètrent et se développent à l'intérieur d'un être vivant considéré a priori comme "sain", ils génèrent *obligatoirement* un état pathologique. Ainsi sont posés les dogmes de la **panspermie atmosphérique** et de l'**asepsie des organismes vivants**, dont découle celui de **la contagion**. Or ces axiomes sont faux, dans le sens qu'ils affirment contenir la totalité de la réalité et non seulement certains de ses aspects. Ils sont faux tant qu'ils considèrent le germe pathogène comme une entité monomorphe et seule responsable de telle ou telle maladie. Ils sont faux lorsqu'ils cherchent à démontrer que *toutes* les maladies sont dues à un micro-organisme. Ce qui était pardonnable hier ne l'est plus aujourd'hui. Les microbes de l'ulcère d'estomac, du diabète, du cancer ou de la dépression sont des chimères obsessionnelles dignes des médecins de Molière. Les "germes" existent bien dans le milieu environnant (panspermie), mais aussi dans un organisme sain sous forme de flores symbiotes, et dans chaque cellule sous forme de virus-gènes inclus dans les chromosomes. Les uns et les autres sont susceptibles de changer de forme et d'être activés si la situation psychophysiologique du porteur nécessite un réajustement. Autrement dit le conflit à l'origine de la "maladie" est antérieur à toute "infection", et le système immunitaire va moduler le travail des microbes en phase de guérison afin de restaurer ce que nous nommons "terrain". Quant à la **contagion**, que nous pouvons considérer comme un processus infantile d'*imitation* (Rudolf Steiner), elle ne concerne que les êtres ayant une vulnérabilité commune, les mêmes carences, les mêmes conflits, les mêmes peurs, sinon personne n'aurait jamais survécu à une épidémie. Mais Pasteur ignorait tout de la nature et de la biologie des virus, tel celui de la rage qu'il inoculait pourtant à travers la peau des enfants sans tenir compte de leur sensibilité individuelle. Nos modernes vaccinateurs en savent-ils beaucoup plus aujourd'hui? Debré écrit: "beaucoup de virus ont un mécanisme d'action qui échappe encore à nos tentatives de caractérisation". Et pour cause! Leurs véritables fonctions sont totalement ignorées, et pourtant on continue à les injecter bien "vivants" à des nouveau-nés, à des femmes enceintes, à des individus immunodéprimés, alors que la prétendue "inactivation" ne signifie pas grand chose au niveau du virus, sinon de manière très transitoire.

Dernier point, pour Pasteur chaque famille de micro-organismes est bien individualisée, comme le sont les espèces de mammifères. Un staphylocoque ne peut pas plus procéder de, ou se transformer en *autre chose*: virus, bactérie ou champignon, qu'un éléphant ne peut devenir une girafe. Il s'agit ici du dogme du **monomorphisme microbien**. Voir les choses ainsi, c'est méconnaître l'extraordinaire plasticité des procaryotes, c'est ignorer la finesse et la complexité des régulations biosphériques et des relations entre les micro-organismes et les êtres plus complexes. Des échanges de gènes entre bactéries classées "espèces différentes", ou entre bactéries et êtres supérieurs, se produisent en permanence. D'incessantes mutations, comme celles des virus de la grippe, de l'hépatite ou du sida qui désespèrent les fabricants de vaccin, ou celles responsables des résistances aux antibiotiques, en font des êtres protéiformes impossibles à caractériser définitivement. Chacun d'entre nous a *ses* microbes, toujours parfaitement adaptés à notre équilibre ou déséquilibre du moment! C'est une vision rétrécie et donc erronée du microcosme qui est enseignée génération après génération aux responsables de la santé publique, futurs "dealers" de l'arsenal thérapeutique mis au point pour combattre ces perpétuels "agresseurs". Il en découle un certain nombre de préjugés et de peurs qui se sont profondément incrustés dans l'inconscient collectif humain: le microbe est *forcément* un ennemi, et comme l'écrit Debré: "chaque infection *doit* maintenant trouver son germe".

"A chaque germe une maladie". La chasse fut ouverte au siècle dernier, avec pour toile de fond la rivalité qui oppose le champion français Pasteur à son homologue allemand Koch. Elle est toujours largement pratiquée de nos jours, avec ses applications techniques auxquelles nous payons un lourd tribut sanitaire et financier. "A chaque maladie un vaccin".

Pour Béchamp, la maladie active le microbe. Dès cette époque pourtant, et ultérieurement, d'autres savants tout aussi compétents donneront une autre interprétation des faits, plus apte à décrire ce que nous percevons aujourd'hui de l'Homme et de son Evolution. Moins agressifs que Pasteur, et donc non médiatisés, ils ne seront pas plus écoutés que Galilée avec son héliocentrisme, Harvey avec sa circulation sanguine, Wegener avec sa "dérive des continents", ou Benveniste avec sa "mémoire de l'eau". Ce sera le cas de Béchamp, qui oppose à Pasteur des données totalement contraires, aujourd'hui largement confortées par une vision élargie de l'écologie planétaire:

- l'**endogenèse microbienne** décrit l'apparition "spontanée" de micro-organismes à partir des structures internes de cellules saines ou en souffrance. C'est la négation de la panspermie et de l'asepsie des êtres vivants dans ce qu'ils ont d'*absolu* et de définitif. Effectivement nous verrons que la biologie moderne a pulvérisé les cloisonnements entre virus et gène, par la découverte de gènes "vagabonds" (transposons) et la troublante analogie entre rétrovirus et rétrotransposons. L'activation et l'amplification du microbe n'est alors plus la cause mais la *conséquence* d'un déséquilibre, dont il faut désormais chercher l'origine ailleurs. Si la santé reste encore à définir, la maladie est à redéfinir d'urgence, de même que la notion de guérison;

- le **polymorphisme microbien** suggère la possibilité de transformations réversibles virus - bactérie - champignon, formes issues des flores symbiotes ou de certains organites lorsque les conditions environnementales perturbent la physiologie cellulaire. Ces changements de morphologie, décrits et photographiés par Tissot, sont la négation du monomorphisme.

Alors, Pasteur ou Béchamp?

Nous avons vu pourquoi la France du siècle dernier avait *besoin* que Pasteur ait raison. Bien mieux que Béchamp, savant discret et peu "médiatisé", Pasteur était capable de jouer le rôle *politique* de fer de lance d'une France républicaine profondément éprouvée dans son orgueil national.

Mais aujourd'hui? Si Pasteur s'est trompé, ou du moins si ses interprétations sont incomplètes, pourquoi ses successeurs n'ont-ils pas peu à peu modifié leurs conceptions? Arthur Koestler affirmait que " les disciples ont tendance à se montrer plus fanatiques que le maître; ils se sont engagés dans son système, ils y ont investi des années de labeur, ils y ont mis en jeu leur réputation; ils l'ont défendu contre les adversaires et sont incapables de tolérer le soupçon que le système puisse être en défaut. Se montrer plus royaliste que le roi: l'attitude est aussi courante chez les savants voués à une théorie que chez les politiques ou les théologiens inféodés à une doctrine". Il existe un autre facteur encore sous-estimé par le public et la plupart des médecins, qui est la force avec laquelle l'économie pénètre la sphère médicale et combien cette influence est insidieuse. Des applications techniques fort lucratives peuvent naître d'une théorie encore incomplète ou partiellement erronée. La vaccination et la transgenèse font partie de ces techniques appliquées sans aucun fondement théorique solide. Ainsi "le pacte d'objectivité peut être rompu (et) des théories manifestement caduques sont vouées à perdurer, les détracteurs étant réduits au silence ou convaincus d'erreur" (2). Ce fut le sort d'Antoine Béchamp, et de bien d'autres après lui. Pour ceux qui souhaiteraient mieux connaître la biographie et les travaux d'Antoine Béchamp, consulter la bibliographie (13).

Les maladies des vers à soie

Au *printemps 1865* Pasteur est pressenti pour s'occuper des maladies des vers à soie. Cette même année il sera l'invité de l'Empereur Napoléon III, au cours de ces semaines à Compiègne qui constituent alors un honneur fort convoité, pour Pasteur la première vraie consécration d'une carrière à peine ébauchée. Agé de trente trois ans, le jeune chimiste fait dès lors partie d'une élite enviée, l'un de ces penseurs, artistes et savants à la mode dont les souverains mécènes aiment à s'entourer. Durant ce séjour parmi les grands, il saura étonner en piquant le doigt de l'impératrice afin de lui faire observer ses globules rouges à travers les lentilles d'un mystérieux instrument: le microscope.

A cette époque Pasteur travaille sur la fermentation des vins, et il ne s'est pas encore attaqué à l'étude de la bière. Il reconnaît lui-même qu'il ignore tout des vers à soie, mais il va toutefois relever le défi. Les exégètes voient dans l'acceptation de cette "opportunité" comme un "pressentiment" de l'origine infectieuse d'une maladie, qui va "permettre à Pasteur de comprendre la cause des épidémies". N'est-ce pas là une imprudente déduction *a posteriori*? L'enjeu économique de ces recherches est énorme car la sériciculture est à cette époque une industrie florissante dans le sud de la France. Il accepte donc la mission proposée par le sénateur et chimiste Jean-Baptiste Dumas, son "protecteur" depuis le temps des cristaux.

Mais comparons avec soin les dates, car là encore **Béchamp** a précédé Pasteur. Muté à Montpellier *fin 1854*, Antoine Béchamp entreprend aussitôt l'étude de deux maladies des vers à soie, la *flacherie* et la *pébrine*, qui déciment les couvées et dont on ignore alors l'étiologie exacte. Et ses travaux vont porter leurs fruits. Au *printemps 1865*, alors que Pasteur "débarque" à peine dans le Sud, Béchamp communique à la société centrale d'agriculture de l'Hérault la nature parasitaire de la pébrine, et le 20 mai 1867 il communique à l'Académie des Sciences ses conclusions sur la flacherie due à un "parasite" microscopique qu'il appelle *Microzyma bombycis*. C'est la première description de la présence d'un germe microbien dans les "humeurs" d'un organisme malade (bien que Pacini ait isolé le vibrion cholérique dès 1854).

Souvenons-nous que Pasteur ne pouvait pas ignorer Béchamp, qu'il avait côtoyé à Strasbourg entre 1849 et 1854. Arrivé à Ales en *juin 1865*, il s'attaque à cette *pébrine* dont Béchamp vient de révéler l'origine! Totalement ignorant selon ses propres aveux, il a forcément pris connaissance des travaux de ses prédécesseurs, qu'il s'acharnera pourtant à ridiculiser pour faire siennes leurs observations et déclarer enfin... qu'il n'a pas eu de prédécesseurs! Déjà en 1859, Armand de Quatrefages affirme que "la maladie des vers à soie est épidémique et héréditaire" et indique le moyen de s'en prémunir. Avant lui Emile Cornalia, après lui Balbiani et Béchamp. Le 29 mai 1867 Pasteur écrit à Dumas que la pébrine n'est pas parasitaire mais "constitutionnelle", que Béchamp et Balbiani sont fous. Puis, après moult tâtonnements et erreurs, il annonce qu'il a résolu le problème de la pébrine et trouvé un moyen de s'en préserver!

Debré reconnaît les erreurs et égarements de Pasteur, comme il reconnaît certains travaux antérieurs, car il est difficile de faire autrement. Ce qui nous vaut d'autres perles, du genre "Pasteur est toujours convaincant, même quand il n'a pas totalement raison", ou "quand Pasteur se trompe, il le fait avec autant de vigueur que lorsqu'il a raison", notamment en déversant sa hargne sur Béchamp. Mais "il a cependant remarquablement redressé la situation (...) *repris à son compte des observations* à moins qu'il ne les ait redécouvertes" (7)! En 1868, Pasteur comprend en effet que Béchamp a raison. Il écrit alors à divers Ministères et Académies qu'il a découvert l'origine parasitaire de la pébrine et que la flacherie est une maladie indépendante, "fait d'une grande importance et *entièrement ignoré avant mes recherches*"! Il dédiera son traité sur les maladies des vers à soie à l'Impératrice, "en hommage de profonde reconnaissance et d'une vive admiration pour son esprit élevé et son grand coeur". A aucun moment il ne cite Béchamp.

C'est alors que survient un événement considérable dans une vie humaine, surtout à la lumière d'une "médecine nouvelle" qui à chaque maladie associe, non pas un microbe pathogène ou un gène défectueux, mais un conflit de nature psycho-émotionnelle.

Le 19 octobre 1868, à l'âge de 46 ans, Louis Pasteur est foudroyé par une attaque d'hémiplégie qui paralyse son côté gauche. Selon les lois biologiques du Dr R.G.Hamer (14), il pourrait s'agir d'une "crise épileptoïde" déclenchée *en phase de guérison* par un oedème cérébral situé dans l'hémisphère droit, au niveau des centres moteurs. Guérison de quoi? Chez l'homme droitier, cette partie du cerveau est en étroite relation avec des *conflits de territoire*. Or Pasteur vient d'imposer *in extremis* son antériorité sur Béchamp! Nous devons signaler aussi que l'hémisphère droit et le côté gauche du corps, définitivement hors circuit chez Pasteur, correspondent classiquement à la part féminine de l'être, à la passion, au sens artistique, à l'intuition, aux capacités de synthèse qui permettent une vision globale du monde. Est-ce à dire que toute la microbiologie s'est construite sur des valeurs purement masculines, l'action, l'affrontement, l'analyse, la raison, que toute la biologie postpasteurienne est infirme, hémiplégique de naissance?

Le biographe de Pasteur confirme: "de cette paralysie de l'hémicorps gauche, Pasteur ne se remettra jamais complètement". Quels sentiments peuvent dès lors animer ce "battant" ambitieux, victime d'une attaque très invalidante et sans guère d'espoir de guérison dans cette seconde moitié du dix neuvième siècle? La peur sans doute, une profonde angoisse et la colère de n'avoir pu atteindre ses buts, parachever une carrière promise à tous les honneurs. Et c'est vrai qu'il croit sa dernière heure venue puisqu'il fait dire à l'empereur qu'il meurt "avec le regret de ne pas avoir fait assez pour honorer son règne". Mais il ne meurt pas! Il survivra même 27 ans, ce qui lui permettra de connaître le déclin de l'Empire, l'avènement d'une nouvelle République qu'il honorera tout autant, et d'interpréter à l'aide d'un cerveau amputé l'extraordinaire complexité de la biologie microbienne.

Durant sa convalescence il lit la biographie de **Jenner**, alors mondialement considéré comme un bienfaiteur de l'humanité grâce à sa "vaccination". "Bienfaiteur de l'humanité"... existe-t-il un titre plus grand, un but plus noble à atteindre? Surtout que Jenner est anglais! Survient alors un autre événement considérable, mais collectif cette fois: en 1870 commence une guerre désastreuse pour la France, qui va perdre l'Alsace et la Lorraine. Nouveau conflit de territoire!

La domestication des microbes

C'est seulement *en 1877* que Pasteur, âgé de 55 ans et hémiplégique depuis 9 ans, va entreprendre des recherches sur les micro-organismes "responsables" des maladies humaines et animales. S'il est loin d'être le premier à s'interroger sur les causes des maladies infectieuses, leur propagation épidémique ou leur persistance endémique, que ce soit dans l'histoire humaine ou dans ce seul dix neuvième siècle, il est par contre un homme usé, pressé d'arriver à ses fins. En fait il va profiter de l'expérience et des réflexions de très nombreux savants depuis l'antiquité, et d'un certain nombre de travaux réalisés par des médecins et vétérinaires contemporains, pour la plupart totalement oubliés aujourd'hui.

Pour la première fois, l'humanité va établir une corrélation entre la présence de "ferments" et certaines grandes pathologies des animaux supérieurs. Mais corrélation ne signifie pas relation de cause à effet... sauf peut-être pour les demi-cerveaux? C'est comme si, découvrant une charogne grouillante de mouches, nous posions comme définitivement acquis que les mouches sont la cause de la charogne! Rappelons que la tendance est au *mécanicisme* cartésien qui impose la conception délirante du "corps-machine". Toute manifestation du vivant *doit* s'expliquer dorénavant par des relations mécaniques et des réactions physico-chimiques accessibles aux sens et aux outils qui les prolongent. Peu à peu la conscience, la créativité et la pensée humaines, les sentiments et les émotions, vont être attribués à des phénomènes électriques ou à des neuromédiateurs sécrétés par un cerveau hypertrophié "par hasard" chez un "grand singe" ayant réchappé *in extremis* à la sélection naturelle. Le développement de la méthode expérimentale et des techniques analytiques, qui fractionnent à l'infini une réalité jusqu'alors perçue intuitivement comme un tout (par l'hémisphère droit), justifie le raisonnement linéaire des mêmes causes engendrant toujours les mêmes effets. Aux microbes, fraîchement découverts grâce au microscope, vont être attribuées les maladies. C'est simple et définitif.

Ce processus est amorcé bien avant que Pasteur ne s'en mêle, et ne s'emmêle du même coup. Dès 1546, le médecin italien Jérôme Fracastor classe la *phtisie* (tuberculose) dans le groupe des maladies infectieuses et contagieuses. Il estime que la maladie est transmise par des microparticules qu'il nomme *seminaria contagionis*. Inventeur du mot "syphilis", il est considéré comme le véritable découvreur de la contagion dans son acception moderne. Suite à quelques précurseurs isolés de ce type, en particulier **Jenner**, c'est au siècle dernier que la démarche analytique s'amplifie, favorisée par des inventions comme le microscope.

En 1850 c'est un médecin, **Davaine**, qui le premier identifie la bactéridie charbonneuse. Davaine exerce la médecine, et n'a que très peu de temps et de moyens pour poursuivre ses recherches. Il est pourtant le véritable créateur de la microbiologie médicale moderne, lorsqu'en 1863 il établit le lien bactéridie-charbon. Cette année-là Pasteur commence tout juste ses recherches sur les vins après son élection à l'Académie des

Sciences! "Mais à Pasteur devait revenir la gloire de l'innovation grâce notamment à un sens aigu des relations publiques".

Dès 1854, **Béchamp** montre que les fermentations sont dues à des micro-organismes microscopiques. En 1864 il isole ce qu'il appelle *zymase*, que nous nommons aujourd'hui *enzyme*.

Durant ces années 50, le chirurgien hongrois **Semmelweis** met au point l'*asepsie* avec des résultats extraordinaires sur la fièvre puerpérale des accouchées. En ce siècle qui nie la contagion, où les chirurgiens passent de la salle d'autopsie à celle de chirurgie en s'essuyant tout juste les mains sur leur redingote, Semmelweis incite médecins et étudiants à se laver les mains avec une solution chlorée. Il ne sera pas reconnu et Pasteur "inventera" plus tard l'asepsie médicale.

En 1865 **Vuillemin** suggère à nouveau que la tuberculose est une maladie transmissible. La même année **Béchamp** déclare que la pébrine des vers à soie est une maladie parasitaire. Pasteur *commence* ses recherches sur les vers à soie et nie les découvertes de son prédécesseur.

En 1867 le chirurgien anglais **Lister** met au point l'*antisepsie*, au départ en lavant les plaies à l'acide phénique. Lui aussi aura du mal à imposer ses méthodes, également "inventées" plus tard par Pasteur. La même année, **Béchamp** démontre que le "ferment soluble", l'enzyme qu'il nomme *zymase* est produite par des micro-organismes ou "ferments insolubles". Pasteur ne se gênera pas "pour reprendre à son compte, discuter et divulguer les principes de l'asepsie et de l'antisepsie, avant même de s'attaquer aux causes des maladies infectieuses".

"Le *16 août 1878*, **Pasteur** engage sa campagne d'études sur la maladie charbonneuse". Cela fait déjà deux ans que l'allemand **Koch** a révélé la sporulation de la bactéridie charbonneuse, et éclairci ainsi le mystère des fameux "champs maudits". Comme Béchamp ou Davaine, Koch est un savant qui vit et travaille avec de petits moyens, n'ayant aucun talent pour les relations publiques. C'est pourtant lui qui le premier parviendra à cultiver la bactéridie charbonneuse, cette année 1876 qui voit l'échec de Pasteur aux élections sénatoriales.

En 1878 Pasteur nie toujours farouchement l'existence des *enzymes*, contre l'avis de Marcelin Berthelot, Claude Bernard et Antoine

Béchamp. Büchner aura le prix Nobel en 1907 pour cette découverte de Béchamp.

En 1879, **Galtier** est le premier à poser les principes de la vaccination curative contre la rage, décrits lors d'une communication à l'Académie des sciences lue par Pasteur lui-même. C'est **Roux**, collaborateur de Pasteur, qui plusieurs années plus tard mettra au point l'atténuation du vaccin.

En 1880, **Toussaint** invente le premier vaccin contre le charbon, qui sera repris et modifié par les collaborateurs de Pasteur pour l'expérience très médiatisée mais truquée de Pouilly-le-Fort.

Pasteur n'a donc rien inventé, mais pour les historiens il va unifier par sa théorie microbienne les causes des fermentations et celles des contagions. Pourtant, bien que l'idée ait traversé l'histoire à plusieurs reprises, le dix neuvième siècle ne croit toujours pas à la contagion. Ce débat entre "contagionistes" et "anticontagionistes" rappelle celui sur l'inné et l'acquis qui opposera les darwiniens et les lamarckiens. Or Darwin avait intégré subtilement les théories de Lamarck dans son oeuvre, et nous entrevoyons aujourd'hui que les limites entre inné et acquis sont impossibles à situer, quand bien même elles ne seraient pas totalement illusoires. Pourquoi faut-il que ce soit toujours l'un *ou* l'autre, selon les principes aristotéliciens de contradiction et du tiers exclus, alors que les découvertes ultérieures montrent toujours que la réalité se situe à l'interface, ou plutôt dans l'intégration et la complémentarité de données jugées contradictoires?

L'idée de contagion ne s'oppose pas à celle de l'activation endogène de formes pathogènes par les cellules en souffrance (réactivation de virus lysogéniques, inclus dans les chromosomes), donc à l'apparition d'une maladie infectieuse sans contagion, par "génération spontanée". "Il peut paraître difficile de comprendre aujourd'hui que les médecins aient eu tant de mal à identifier et accepter le rôle pathogène des germes" (7). Peut-être que cette "microbomania", cette interprétation univoque et définitive est-elle irrecevable à toute personne de bon sens, consciente de l'importance du milieu environnant et de l'état du milieu intérieur? De nos jours encore, alors que la majorité des biologistes admettent sans discuter les dogmes pasteuriens, le mécanisme d'action de la pathogénicité des microbes n'est toujours pas explicité! C'est du côté de l'histoire et de la personnalité très particulière de Pasteur qu'il faut une fois de plus chercher des réponses, fournies par ceux-là même qui vénèrent le savant et son oeuvre.

Pasteur va construire le "mythe vaccinal" en créant "un événement considérable qu'il a lui-même orchestré". A l'origine de l'utopie il y a la vaccine utilisée par Jenner pour prémunir contre la variole. Pasteur est "fasciné par cet exemple d'empirisme génial (...) magnifique anticipation de la pratique sur la théorie". Nous avons amplement décrit ce grand bouleversement culturel, la généralisation de ce qui reste aujourd'hui encore une singularité, le *seul* exemple où un virus animal *naturellement* atténué pour l'homme protège celui-ci d'une maladie mortelle. "L'essence prométhéenne de la révolution pastorienne (c'est) la production à volonté de virus atténués", et donc forcément de "chimères", d'hybrides, de mutants, de maladies nouvelles jusqu'aux égarements actuels du génie génétique. Mais comment Pasteur a-t-il pu orchestrer cette utopie, "confisquer le glorieux héritage jennérien", récupérer et imposer des idées qui ne sont pas les siennes? Surtout, comment a-t-il pu faire croire à l'homme qu'il allait dorénavant vivre sans maladies? C'est très simple: en quittant le niveau du savoir profane pour inscrire son discours dans le registre magico-religieux, et occuper ainsi la place laissée vide par "la mort de Dieu". Conquérant cet immense territoire de l'inconscient humain, il peut manipuler à sa guise peurs et culpabilités pour élaborer un "mythe médico-historique", devenir "un thaumaturge d'un type nouveau", déclarer ennemies mortelles la maladie et la mort et désigner le bouc-émissaire de tous les maux.

Le tour est vite joué. Nous sommes dans les années qui suivent la débâcle de 1870. A cette époque il a su acquérir un réel *pouvoir* dans les hautes sphères de la Science, de la Politique et de la Finance. C'est un personnage charismatique, une figure emblématique. Vaincre définitivement la maladie est un programme politique porteur et Pasteur sut flatter tour à tour les souverains émergés au sommet des charniers populaires, fort soucieux d'asseoir leur légitimité sur des promesses de temps meilleurs. Traumatisé par les guerres perdues, les famines et les épidémies, le citoyen privé de tout recours au sacré se retrouve orphelin au coeur d'une mécanique aveugle, entièrement seul face à la souffrance, à la maladie et à la mort. Le sevrage est d'une brutalité inouïe. Le décor et les figurants sont prêts pour l'arrivée d'un nouveau Messie, laïque bien entendu, porteur d'une nouvelle religion sans Dieu sinon sans prêtres: la Science. Hier comme aujourd'hui, la vaccination est avant tout un acte de foi. Est-ce fantasme de notre part? Le très moderne et très officiel ouvrage "L'aventure de la vaccination" (3), préfacé par Charles Mérieux, évoque "la sacralisation de la science moderne et la gravure de l'évangile pastorien". Cet événement ressemble à s'y méprendre à la création d'une secte, au détail près que c'est une Nation entière, et bientôt une planète, qui sont concernés! Le nouveau héros frappe l'imagination en manipulant un monde *invisible*, comme le font prêtres, chamans et sorciers! Il crée l'espoir d'une Rédemption par la Science! Comment résister à l'euphorie d'une telle omnipotence?

Mais le temps presse. La France est exsangue, et Pasteur un homme *malade* dont le caractère difficile ne s'améliore pas avec le temps du fait de cette compétition acharnée qui l'oppose toujours aux savants allemands et anglais. Ce conflit de territoire lui a paralysé les membres mais excite toujours sa "fibre nationaliste et revancharde". A l'intérieur même des frontières il n'admet plus aucune contradiction, ce qui est totalement contraire à l'esprit scientifique. Comme l'admettent ses biographes, "le maître ne supporte pas de perdre", "les adversaires de Pasteur ne sont pas de taille à soutenir la lutte", "quand Pasteur triomphe, il s'acharne sur les vaincus". Enfin "comme à son habitude, Pasteur désire tirer un profit direct, matériel, de ses résultats". Tous les ingrédients pour l'établissement d'un dogme irréductible sont réunis, quelle que soit la valeur des arguments des contradicteurs. Il va donc bâtir sa théorie dans l'urgence, prophétiser l'atténuation de tous les virus, "la certitude du résultat, l'universalité du succès", imposer ses fantasmes sous la forme d'une doctrine intolérante et entraîner toute la biologie, médecine comprise, dans une impasse dont l'aberration des vaccinations généralisées et obligatoires est l'une des conséquences.

Dans cette seconde moitié du dix neuvième siècle, la chasse aux microbes est ouverte et les découvertes vont se succéder à un rythme accéléré: le spirochète en 1873 (Obermeier), le bacille de la lèpre en 1874 (Hansen), l'actinomyces en 1877, le gonocoque en 1879, le bacille typhique en 1880 (Eberth). En 1880 également,

Pasteur met en évidence le streptocoque et le staphylocoque. Puis ce sera le tour du bacille de la diphtérie (Loeffler 1882), de celui de la tuberculose (Koch 1882), du choléra (Koch 1883) et de la peste (Yersin 1894). Nous voyons que "ce n'est pas Pasteur qui va accomplir les plus grandes découvertes (...) mais l'école allemande, entraînée par Koch et ses disciples, qui, par des études systématiques, va découvrir la plupart des agents bactériologiques des infections humaines". Pasteur va par contre développer les méthodes de laboratoire permettant de mettre en évidence, *en-dehors du milieu naturel* (nous disons aujourd'hui: *in vitro*), le micro-organisme jugé responsable de chaque maladie. Ses fameux "bouillons de culture" permettent en effet de les "élever" séparément, d'obtenir des colonies homogènes et vivaces de tel ou tel germe prélevé sur un individu malade. C'est à une véritable **domestication** du microbe que nous assistons.

Mais ceci entraîne au moins deux remarques. Le milieu de culture reproduit le *terrain* le plus propice à chaque forme de micro-organisme, terrain caractérisé par des paramètres physico-chimiques bien particuliers. Ce terrain est identique de ce point de vue à celui d'un individu susceptible de générer ou de recevoir par contagion le germe en question, et n'a rien à voir avec le milieu intérieur d'un individu *sain*. Seconde remarque: comment peut-on affirmer que ce qui se passe *in vitro* est parfaitement semblable à ce qui se passe *in vivo*? De nos jours encore, lorsqu'on effectue un prélèvement en vue d'une recherche bactériologique, le critère essentiel est que le matériel utilisé soit stérile afin d'éviter toute contamination par "l'air ambiant" jusqu'à l'ensemencement. On ne tient aucun compte des modifications bioélectroniques induites par le changement de milieu, notamment la suroxydation par l'oxygène de l'air. Dans la première moitié de notre siècle, le Pr. Jules **Tissot** refait et prolonge les expériences de Béchamp (10). Il démontre qu'il suffit de modifier certains paramètres pour obtenir des transformations réversibles virus-bactérie-champignon. Il démontre aussi que les manipulations *in vitro*, notamment l'ensemble des préparations permettant l'observation microscopique, dénaturent les fragiles structures internes des bactéries ou des cellules. On ne peut dès lors observer que des décombres, des *artefacts* qui n'ont plus rien à voir avec la vie! Cette remarque fut déjà faite à Pasteur, qui n'en tint aucun compte. De nos jours, Gaston **Naessens** (11), biologiste lillois émigré au Québec depuis que la communauté médicale française a censuré ses travaux, visualise grâce à un microscope de son invention (somatoscope) ce qu'il appelle les "somatides", formes de vie ultra-archaïques et *indestructibles*, polymorphiques notamment lors d'agression, et impliquées dans la régulation des mitoses (divisions cellulaires). Les tissus et cellules observés par Naessens sont *vivants*, et les somatides apparaissent comme des particules brillantes très mobiles. Si cela s'avère exact, ce que nous observons classiquement entre lame et lamelle n'a que peu à voir avec le milieu vivant en situation, et dès lors toute la biologie cellulaire est dans l'erreur!

Ce qui est frappant à la lecture de la biographie du Dr Debré, c'est que toutes ces notions, qu'il s'agisse d'endogenèse, de polymorphisme, de prédisposition (terrain) ou de cofacteurs, sont présentes entre les lignes sans jamais s'exprimer réellement. A la page 332 de son livre (7), il nous offre pourtant une démonstration magistrale du polymorphisme et de l'existence des "microzymas/somatides", avec une description de "corpuscules-germes" dans les termes mêmes de Naessens: "amas de points brillants d'une grande ténuité" résultant de l'*oxygénation* du vibrion cholérique réalisée par le physiologiste Paul Bert en 1877! Ceci démontre, soit que ces savants ont vu les mêmes choses mais les ont interprétées différemment, soit qu'ils n'ont pas tous observé les mêmes phénomènes. Cela est-il possible? Les successeurs de Pasteur pressentent à n'en pas douter qu'il y a "autre chose", mais leur esprit parfaitement conditionné ne parvient pas à s'affranchir d'interprétattions incomplètes ou fausses. "Aucun doute non plus que la recherche en science ne fonctionne pas autrement: ce que vous ne cherchez pas, vous ne le trouverez pas (car) c'est la signification donnée a priori à l'ensemble de l'acte qui oriente la recherche et permet de trouver. Autrement dit, les observations prétendument objectives de la science doivent en fait autant à notre esprit qu'au monde lui-même" (15). Nous redécouvrons aujourd'hui ce que Béchamp et d'autres ont tenté de montrer, à savoir que la vie microscopique est essentiellement polymorphe, et réagit instantanément à toute perturbation environnementale, y compris de nature psycho-émotionnelle. La peur et la haine entraînent toujours la destruction. La vie microbienne n'est pas maîtrisable, sinon par la maîtrise de nos états intérieurs et le respect des équilibres naturels.

Pour en revenir à nos bouillons de culture, il est évident qu'un fragment de ce que l'on appelle "matière organique", isolé de son environnement naturel et subissant des manipulations nombreuses, va perdre son *organisation* car celle-ci est étroitement dépendante de son milieu vital. La vie sociale des cellules est impossible à saisir dans un laboratoire, car le tout est à l'évidence supérieur à la somme des parties, et l'analyse détaillée de celles-ci *in vitro* ne permet pas d'appréhender le fonctionnement autorégulé de l'ensemble. Pourrions-nous comprendre la fourmilière en observant *une seule* fourmi, morte, fixée, colorée et placée entre lame et lamelle? Une cellule, un tissu, un organe n'existent qu'en rapport avec tous les autres cellules, tissus et organes de l'être complexe auquel ils appartiennent, au sein duquel ils forment une unité *fonctionnelle* en relation avec l'ensemble des autres êtres vivants qui composent la société, l'espèce, la biosphère, le tout inclus dans et déterminé par un environnement cosmo-tellurique qui va du centre de la planète aux confins les plus reculés de l'Univers! Ceci cst aujourd'hui démontré, et cette vision radicalement différente, actuellement émergente chez les chercheurs de pointe, est la clé de la *vraie* santé.

Les vaccins

Prémices à "l'évangile pasteurien"

Dans les années 1870 se met en place "l'équipe" de collaborateurs qui seront les artisans de la consécration finale de Pasteur. Infirme, celui-ci est incapable de réaliser la moindre "manip". De plus il n'est pas médecin, et ne peut inoculer quoi que ce soit à qui que ce soit. C'est donc à des serviteurs qu'il souhaite dévoués corps et âme que sont confiés les "travaux pratiques", et c'est eux qui aboutiront à la mise au point définitive des premiers vaccins.

L'histoire les a oublié car parait-il "ces disciples ont préféré se fondre dans la gloire pastorienne au nom d'un idéal transcendant"! Gageons plutôt qu'ils n'eurent pas le choix. Ce sont Charles Chamberland, véritable artisan d'un vaccin stable contre le charbon,

Emile Duclaux, discret mais précieux conseiller du "maître", le médecin Emile Roux à qui l'on doit l'atténuation du choléra des poules et de la rage, Adrien Loir neveu de Pasteur qui écrira: "dès le premier jour j'étais devenu sa chose, l'accessoire indispensable dont il userait à sa guise sans trouver ni résistance ni contradiction". Cette attitude explique l'émergence tardive de certains témoignages, qui font exploser "une gangue de pieuses contrevérités" et ternissent quelque peu l'image du "grand savant humaniste". Mais il semblerait que "les temps sont mûrs pour une révision de l'historiographie concernant la science pasteurienne dans son ensemble".

"La vaccine a servi de modèle historique pour le raisonnement médical à partir de 1800" et de fondement à une "révolution médicale" aujourd'hui confondue à la révolution pastorienne. Le modèle est-il valable? Nous savons à présent que la réponse est NON, ce qui constitue la faille majeure du dogme vaccinal. Le contraste n'est-il pas saisissant, entre la variole victorieusement combattue *avant Pasteur* et *avant l'immunologie*, et nos modernes échecs face à de nouvelles infections *malgré* les progrès considérables de l'immunologie? N'aurions-nous pas compris ce qu'est l'immunité? Peut-il y avoir progrès quand les axiomes de base sont faux? Mais qui, en des temps si troublés, aurait pu résister à la tentation de la généralisation, qui aurait douté avoir découvert là une loi naturelle universelle?

Au déclin d'un siècle traumatisé, la vaccination va apparaître comme une pratique authentiquement démocratique, dont la signification sociale sera bien perçue et amplifiée par les opposants aux régimes successifs. Assaillie par le Mal (le microbe, l'Allemand...), la Nation se doit de serrer les coudes et développer une forte éthique de solidarité, laquelle permettra d'imposer ultérieurement la généralisation et l'obligation vaccinale. L'antique variolisation réservée à l'aristocratie sera remplacée par la vaccination populaire, et le citoyen digne de ce nom sera dorénavant "majeur ET vacciné". Pasteur va imposer à tous sa prétention mégalomane à imiter la nature, à reproduire l'immunité durable des infections naturelles par la production industrielle de "virus-vaccins" atténués, à laquelle il va consacrer son laboratoire de la rue d'Ulm. Le premier embryon de multinationale vient de s'implanter vigoureusement dans la matrice d'une toute jeune démocratie.

Il est possible d'assigner une date de naissance au mythe vaccinal et à la légende pasteurienne. Agé de 59 ans, hémiplégique depuis 13 ans, c'est en 1881 que Pasteur crée le néologisme **vaccination** et expose son **principe: provoquer une forme atténuée de la maladie pour prémunir de la forme grave**. "Avec son sens de l'opportunité politique, il a coulé dans ce terme syncrétique un passé qui ne lui devait rien, un présent fort mince et un avenir immense" mais totalement inconnu, lequel avenir pourrait s'avérer être un "no future" pour quelques générations sacrifiées. Que signifie "provoquer une forme atténuée de la maladie"? Eviter la phase aiguë d'une maladie ne signifie absolument pas *ne pas faire de maladie du tout*. Nous prenons conscience aujourd'hui qu'il s'agit de soumettre l'ensemble des populations à un ensemble de maladies chroniques évoluant à bas bruit, sans doute le fondement de nos modernes "maladies de civilisation".

Première atténuation: le choléra des poules

Si Pasteur a montré le rôle des vers de terre dans la propagation du charbon, c'est historiquement le choléra des poules (Pasteurella multocida) qui l'amène à généraliser la "vaccination" de Jenner afin de mettre au point "un mode de protection universelle contre les infections". "Par hasard" son équipe découvre fin 1879 l'atténuation de la virulence du choléra aviaire lors du vieillissement des cultures au contact de l'oxygène. Il s'agit donc d'une modification de l'environnement qui rend le substrat impropre à la vitalité du germe. On pourrait dire aussi que le germe n'a rien à *faire* dans un tel milieu, et qu'il est donc inactivé.

La notion d'*atténuation* n'est pas nouvelle, puisqu'elle fut constatée lors des épidémies où le germe semble perdre progressivement et *naturellement* sa virulence, par passages successifs sur de nombreux individus, c'est-à-dire au fur et à mesure que les populations concernées intègrent l'information microbienne. C'est alors un *phénomène* constaté, sans aucune base scientifique, et donc difficile à générer, contrôler et maintenir. Le fondement de la vaccination pasteurienne est d'obtenir cette diminution de virulence à volonté, d'*empêcher le germe d'agir même si le terrain est réceptif* en faisant "souffrir" les microbes par des moyens physiques (chaleur), chimiques (oxygène, antiseptiques), par passage successif sur des animaux vivants ou de nos jours par mutation génétique. La boîte de Pandore est largement ouverte!

Grâce à une observation d'Emile Roux, qui peaufine la méthode en soumettant les cultures à des courants d'oxygène, Pasteur rend quelques poules *provisoirement* réfractaires au choléra. Il pense alors être "parvenu à substituer une technique rigoureuse à l'empirisme de la vaccine". Il croit détenir une méthode reproductible et universelle, applicable à tous les germes et à toutes les espèces, déduction pour le moins prématurée. Considéré comme "le père de l'immunologie", Pasteur ne s'intéresse pas aux mécanismes de l'immunité - *comment* et *pourquoi* un être supérieur est-il sensible ou réfractaire à une "maladie"? - mais uniquement aux aspects pratiques immédiats: la fabrication de vaccins. En effet, l'immunologie classique ne fit ses grandes découvertes qu'à partir de 1950, et nous verrons que les métaphores guerrières héritées des conflits militaro-scientifiques du siècle passé ne révèlent absolument rien de l'inextricable complexité des relations microbes-système immunitaire. Celles-ci sont réduites au combat manichéen entre de "méchants microbes" et de "gentils anticorps", ce qui est une vision on ne peut plus réductrice. C'est dire que la vaccination fut et demeure un acte totalement *empirique*, basé sur l'illusion de l'efficacité et de l'innocuité, le postulat erroné que tous les individus réagiront de manière identique en acquérant la fameuse "immunité". Nous entrevoyons aujourd'hui que cette immunité artificielle est un leurre dangereux. Toutes les vaccinations induisent des troubles subaigus ou chroniques du système immunitaire, donc de la personnalité biologique, aggravés de rappel en rappel et de génération en génération.

L'arnaque de Pouilly-le-Fort

Revenons à nos moutons, ou plutôt à ceux de Pasteur qui va connaître la gloire avec la célèbre expérience de Pouilly-le-Fort, modèle historique de la magouille politico-scientifique. Le charbon est une maladie très répandue à l'époque chez les ruminants. Se croyant le découvreur d'une méthode universelle et parfaitement fiable, l'atténuation, notre héros va l'appliquer aussitôt à cette pathologie du bétail mais ce sera un échec total: les bactéridies charbonneuses résistent au courant d'oxygène en sporulant (les spores sont une forme de résistance dans un environnement nocif).

Il est alors devancé en 1880 par le médecin et vétérinaire **Toussaint**, lequel déclare officiellement la découverte d'un vaccin dans lequel les bactéridies sont *tuées* par une température de 55°C. Pasteur ne veut pas y croire: d'une part il est une fois de plus devancé, ce qui est inadmissible, d'autre part il ignore la notion d'antigène et ne peut admettre que des germes *tués* ou leurs toxines puissent induire une réaction salutaire. Il pense que l'immunité est due au germe seul, et à la condition qu'il soit bien vivant, ce qui est faux même si l'on sait aujourd'hui que les vaccins les plus "efficaces", mais aussi les plus dangereux, sont en effet les vaccins vivants. Nous constatons aux dépens de notre santé que la fameuse "réaction immunitaire", témoin de "l'efficacité" du vaccin, n'est pas toujours bénéfique au vacciné, comme en témoignent les multiples allergies et maladies auto-immunes qui sont *aussi* des réactions immunitaires. Toutefois la méthode de Toussaint n'est pas plus fiable que celle de son illustre concurrent. Malgré l'action de la température *et d'un adjuvant chimique* (notion essentielle), son vaccin n'est pas stable et redevient virulent en quelques jours. Pour Pasteur la voie est libre, mais il va toutefois "emprunter" à Toussaint l'idée de l'action de la température.

A ce point de ma lecture je suis à nouveau tombé sur quelques perles. Au cours de ses recherches concernant le charbon, Pasteur constate que "l'immunité varie avec l'âge des sujets vaccinés", notamment il y a *augmentation de la virulence* de cultures préalablement *atténuées* lorsqu'elles sont inoculées à de *jeunes* animaux. En d'autres termes, la vaccination est beaucoup plus dangereuse pour les sujets immatures. Mais alors, que deviennent les multiples germes vivants inoculés à nos enfants dès la naissance? Que deviennent le bacille bovin *vivant* de la tuberculose (B.C.G.), les virus *vivants* de la rougeole, des oreillons et de la rubéole (R.O.R.), de la polio ou de la méningite? Ne peuvent-ils eux aussi retrouver une virulence susceptible d'entraîner de graves accidents chez ces *jeunes* (cobayes?) que sont nos enfants? D'autre part la notion de terrain est clairement exposée puisque "des germes inoffensifs (...) peuvent devenir pathogènes quand l'organisme s'affaiblit". Pourquoi alors ne pas renforcer les organismes par l'hygiène de vie au lieu de les affaiblir à coup de vaccins? Enfin nous aboutissons à une récupération pure et simple des théories de Béchamp, lorsque Debré écrit en 1995: "à soixante ans Pasteur se trouve de nouveau devant des faits qui ne sont pas en accord avec ses concepts". Il lui faut revenir sur ses dogmes et *reconnaître le transformisme* alors qu'auparavant "il se refusait à admettre que le germe puisse changer de forme ou de fonction, persuadé que les espèces bactériennes étaient immuables". "Tandis qu'en Allemagne Koch et son école s'acharnent à décrire le monde des bactéries, Pasteur et ses élèves insistent sur ses transformations et son instabilité"! On croit rêver! Ces découvertes attribuées à Pasteur en *1995* par un disciple sans scrupules sont celles de Béchamp, Tissot et Naessens! Attribution tardive et très opportuniste alors que ces travaux sont en passe d'être confirmés par la biologie moderne. Quel plagiat! Et Béchamp n'est même pas cité tout au long de ce qui n'est qu'un publi-reportage habilement ficelé.

Pourtant, la très célèbre expérience de Pouilly-le-Fort va apparemment réussir et consacrer la gloire de Pasteur. C'est une démonstration théâtrale, pour laquelle on a convoqué un public nombreux, des médecins, des vétérinaires, et bien sûr la Presse. Deux lots de moutons et de vaches sont constitués. L'un est vacciné contre le charbon, l'autre non. Puis tous les animaux sont inoculés avec le germe "sauvage". Quelque temps plus tard le premier lot survit malgré quelques animaux mal en point, tandis que le second est décimé. C'est une éclatante victoire. Mais... le vaccin utilisé ne doit rien à Pasteur! C'est celui de Toussaint amélioré par Roux et Chamberland, imposé de justesse par ces fidèles collaborateurs afin que l'expérience ne soit pas un fiasco. Le "grand homme" mentira à l'Académie des sciences, affirmant qu'il a utilisé sa méthode de vieillissement par l'oxygène, et il empochera la légion d'Honneur peu de temps avant que Toussaint ne meure oublié de tous. On admet aujourd'hui que "le comportement de Pasteur est moralement douteux (mais) qu'il lui a permis de sauver la face et en même temps de donner à la vaccination animale ses lettres de noblesse par *une opération publicitaire qui préfigure celles de notre siècle*". Serait-il licite de gagner la confiance par le mensonge et la duplicité?

Nous avons signalé que Toussaint avait utilisé un *adjuvant chimique*. Ces "adjuvants de l'immunité", généralisés par le pastorien

Ramon en 1925, sont considérés aujourd'hui comme "indispensables mais dangereux". Indispensables? Les germes ou toxines inoculés ne suffisent donc pas, sinon lorsqu'ils demeurent vivants, susceptibles d'engendrer des troubles graves chez les sujets réceptifs. Or cela fait désordre quand le vacciné meurt trop vite après le vaccin! Si le germe est rendu inoffensif (atténué ou tué), il faut des adjuvants, redoutables poisons indispensables pour... nous "protéger"! Dangereux? Ce sont des toxiques chimiques (aluminium, formol, acide phénique, saponines...) dont l'action est simple à expliquer: ils modifient le milieu intérieur du vacciné, qui devient réfractaire à *cette* maladie mais... réceptif à beaucoup d'autres! Ainsi le vaccin de Pouilly-le-Fort, secrètement adjuvé au bichromate de potasse et/ou à l'acide phénique, fait passer le terrain réceptif au charbon (réduit et légèrement alcalin) vers un terrain acide et *oxydé* proche de celui induit par la pénicilline! Pas étonnant dès lors que les bacilles charbonneux ne se développent pas... un certain temps. La technique Pasteur appliquée ailleurs dans le monde fut un fiasco total. En effet cela ne dure pas car le terrain déstabilisé recouvre peu à peu ses constantes initiales. "Pour que la démonstration soit efficace, il faut que l'injection de bactéries virulentes soit effectuée peu de temps après la dernière inoculation du vaccin"! D'où les multiples rappels que nous subissons afin de maintenir le terrain biologique bien loin de celui de la santé, dans la zone des dépressions, des cancers, des virus et des maladies dégénératives. Il suffit de regarder autour de soi, pour constater la "santé florissante" de nos contemporains après cent ans de pasteurisme. Belle commémoration!

Attention! chercheurs enragés

Imaginez que la presse soit vraiment libre et les savants vraiment honnêtes, et que vous lisiez ceci dans un journal:

"UN VIEUX CHIMISTE HEMIPLEGIQUE INOCULE LA RAGE A DES ENFANTS".

Quelle serait votre réaction? Ne songeriez-vous pas à une sombre affaire de *serial killer*? Suprême ironie de notre fin de siècle, la prison où sont incarcérés les hauts personnages responsables des grands scandales politiques, économiques ou médicaux s'appelle... La Santé! C'est sans doute là que Pasteur aurait fini ses jours si certains de ses agissements n'étaient restés secrets grâce à la complicité de ses protecteurs.

Mais nous sommes à la fin du dix neuvième siècle, à une époque qui ignore tout des virus mais connaît d'autres prédations. La rage est alors une maladie profondément enracinée dans l'inconscient collectif, en relation avec la morsure redoutée d'un "fauve sanguinaire", ce loup qui hante les campagnes, égorge bergers et troupeaux et vient gratter le soir aux portes des chaumières. L'animal écumant mord, sa salive se mêle au sang de la victime, et la terrible *paralysie* s'installe. Dès le quinzième siècle, Fracastor considérait la rage comme une maladie contagieuse. Est-il étonnant que notre savant vieillissant ait choisi d'étudier et de vaincre la rage? L'homéopathie nous apprend que la rage est une maladie typiquement *luétique**, qui *paralyse* tout comme l'hémiplégie dont Pasteur est affligé depuis bientôt 15 ans. A soixante ans passés, il s'y attelle pour exorciser le souvenir des peurs enfantines et atténuer ses angoisses d'homme parvenu aux portes de la mort. Toujours en bon luétique, il saura se servir des fantasmes et terreurs populaires pour vaincre sa propre peur, asseoir son pouvoir et accéder à l'immortalité. Il prend d'ailleurs place parmi les "immortels", à l'Académie Française, en 1881.

Il n'est pourtant pas le premier à s'intéresser à la rage, ce qui dut justifier à ses yeux la publication prématurée de résultats très incomplets et sans aucun fondement scientifique. A cela nous sommes à présent accoutumés. Ce qui est plus grave, c'est que cette fois-ci Pasteur va jouer avec la vie humaine, notamment celle des enfants.

"Comme à son habitude Pasteur s'appuie sur des travaux antérieurs", ceux du vétérinaire **Galtier** qui dès 1879 a montré que la rage n'est dangereuse que lorsque le virus a pénétré dans les centres nerveux. La période d'incubation peut être très longue car le virus doit parcourir toute la distance entre le lieu de la morsure et le cerveau. Galtier propose donc un traitement curatif par un moyen préventif, ce que l'on nomme l'immunothérapie active, procédé dont le mérite sera bien entendu attribué à Pasteur. Galtier a donc créé le premier vaccin contre la

---

* voir notre Entracte: "Pasteur chez l'homéopathe"

rage, et il est aussi le premier à constater honnêtement les grandes différences existant selon les espèces, tant dans la virulence que dans l'immunité suite à une morsure ou à une vaccination. Et ces différences sont *imprévisibles*. Ainsi son vaccin est efficace chez le mouton et la chèvre, mais pas chez le chien.

Or avant d'inoculer le virus aux humains mordus il faut bien sûr en atténuer la virulence, et être absolument sûr que cette atténuation sera durable. La longueur et la variabilité de l'incubation retardent les expérimentations. Galtier a montré que le passage de lapin à lapin augmente la virulence du virus, tandis que celui de singe à singe la diminue. Qu'en sera-t-il après inoculation à l'homme? Comme toujours, Pasteur est pressé. Il faut raccourcir le temps d'incubation. Sa technique consiste à prélever de la substance nerveuse sur un animal enragé, et à l'inoculer directement dans les centres nerveux d'un autre animal après trépanation. La rage se déclare ainsi plus vite. Le but est dans un premier temps d'augmenter la virulence par passages successifs sur des animaux vivants, afin de réduire et fixer le temps d'incubation, puis dans un deuxième temps atténuer cette virulence par de nouveaux passages, notamment du chien au singe. Mais comment un virus faible, atténué, peut-il gagner de vitesse un virus fort, sauvage, déjà inoculé par morsure? Il suffit de rendre un virus de laboratoire hypervirulent, puis de l'affaiblir dans un second temps, ce qui est très empirique et particulièrement dangereux.

Il faut imaginer les multiples cages pleines d'animaux enragés ou dans l'attente de l'être, les prélèvements héroïques de salive ou de substance nerveuse sur des chiens écumants de bave, les trépanations et inoculations réalisées par le médecin Roux sous la haute surveillance d'un Pasteur glacial! Quel que soit le résultat de ces multiples vivisections (les animaux étaient, dit-on, chloroformés), comment ne pas craindre d'inattendus retours à la virulence des souches prétendument atténuées, "accidents" déjà constatés à l'époque et toujours d'actualité comme en témoignent les multiples maladies vaccinales qui tuent ou rendent infirmes chaque jour dans le monde? D'autant que Pasteur n'a qu'une idée en tête: inoculer à l'homme. En 1885 il écrira: "je n'ai pas encore osé traiter des hommes après morsure par chiens rabiques. Mais ce moment n'est peut-être pas éloigné et j'ai grande envie de commencer par moi, c'est à dire de m'inoculer la rage pour en arrêter ensuite les effets, tant je commence à m'aguerrir et à être sûr de mes résultats". Comportement autodestructeur typique de la maladie luétique décompensée, bien que, contrairement à Jenner pour la vaccine, ou Hahnemann pour ses remèdes homéopathiques, il se garde bien de passer à l'acte!

Mais il ne parvient pas à résoudre le problème de l'atténuation. Le passage sur des animaux vivants reste très aléatoire. Une fois de plus, comme pour le choléra aviaire et le charbon, Pasteur va léser ses prédécesseurs, ici Galtier, mais aussi et surtout ses plus proches disciples. Debré écrit: "Pasteur ne songe qu'à sa renommée dans la postérité. Or, c'est à Roux que Pasteur va devoir, d'une certaine manière, la mise au point définitive du procédé d'atténuation du virus rabique. Il va s'emparer des découvertes de son collaborateur sans l'en avertir ni le faire savoir". Le procédé d'atténuation par vieillissement in vitro était déjà connu. Celui de Roux consiste à laisser vieillir, *en présence de potasse caustique*, des moelles prélevées sur des animaux enragés. Suite à cette atténuation on inocule successivement ces moelles, de la moins virulente (la plus vieille) à la plus virulente (la plus récemment prélevée). Les injections sont suffisamment étalées dans le temps pour qu'une "tolérance" s'installe progressivement. Pasteur parvient ainsi à rendre un chien réfractaire, mais qu'en sera-t-il chez l'homme?

Suite au vol délibéré de sa méthode, Roux s'éloigne temporairement de Pasteur, d'autant qu'il n'est pas d'accord pour une application à l'homme qu'il juge trop précoce, l'innocuité n'étant pas certaine. Il avait raison de s'inquiéter.

Tout d'abord, "l'humaniste" Pasteur propose à l'empereur du Brésil Pedro II de tester son traitement sur des condamnés à mort, en échange de leur grâce s'ils survivent! Et en quels termes! "Si j'étais roi ou empereur ou même président de la République, voici comment j'exercerais le droit de grâce sur les condamnés à mort. J'offrirais à l'avocat du condamné, *la veille de l'exécution de ce dernier*, de choisir entre une mort imminente et une expérience qui consisterait dans des inoculations préventives de la rage pour amener la constitution du sujet à être réfractaire à la rage. Tous les condamnés accepteraient. Le condamné à mort n'appréhende que la mort". L'empereur de ce pays alors peu "civilisé" répondra que la peine de mort est quasiment abolie chez lui, et avec beaucoup d'à-propos: "qui pourrait consentir à un suicide possible, sinon probable". Cette façon de faire, le non respect de la dignité et de la vie humaine, n'est-elle pas précisément ce qui est reproché aux condamnés à mort? Cette proposition n'évoque-t-elle pas certaines expérimentations réalisées un siècle plus tard au nom de la science dans les camps nazis?

C'est donc en France que Pasteur va expérimenter sa méthode. Le 22 juin 1885, il injecte son "vaccin" à une enfant de onze ans qui décède le lendemain. Trop tard. La rage était, dit-on, déjà déclarée. En juillet 1885, après plusieurs décès suite à un traitement jugé "insuffisant", il inocule un enfant de neuf ans, le désormais célèbre Joseph Meister qui sera le "premier miraculé de la nouvelle méthode". Avec la complicité de Vulpian et Granger il injecte des moelles de lapin de plus en plus virulentes, la dernière n'ayant qu'un jour! Premier *miraculé*? A quoi le jeune Meister a-t-il survécu au juste? Rien ne prouve que le chien mordeur était enragé, tandis que Pasteur ose écrire: "Joseph Mcister a échappé non seulement à la rage que ses morsures auraient pu développer, *mais à celle que je lui ai inoculée* pour contrôle de l'immunité due au traitement, rage plus virulente que celle du chien des rues"! Ainsi, Pasteur est si peu sûr que Meister soit atteint de rage sauvage qu'il prend le risque insensé de le contaminer lui-même! Mais est-ce vraiment un "miracle" que ce solide petit alsacien ait survécu? Ne convient-il pas plutôt de se référer au fameux concept de "terrain"? Que prouve cet exemple historique? Certainement pas l'innocuité ou l'efficacité des injections vaccinales, mais plutôt la robuste constitution de ceux qui ont subi les premières. A l'époque, la population à majorité rurale n'a certes pas la vie facile, mais les enfants qui survivent sont robustes et il n'y a ni alimentation industrielle, ni chimiothérapie, ni pollutions de nature physique ou chimique. L'enfant rescapé a neuf ans, et il est fort probable que les maladies infantiles ont achevé la maturation de son système immunitaire. Enfin et surtout, il n'a pas subi l'actuelle survaccination qui détruit définitivement les capacités immunitaires des nouveau-nés. Aucun enfant contemporain ne résisterait aux injections mortelles de Pasteur!

Toutefois, les questions essentielles concernent la valeur scientifique de ces quelques essais qui vont justifier toute la pratique vaccinale ultérieure:

- le chien qui mordit cet enfant était-il enragé? D'autres enfants furent paraît-il mordus le même jour par le même chien sans doute affamé ou battu, et aucun ne contracta la rage.

- on sait depuis longtemps qu'un animal réellement enragé ne transmet la maladie que dans un nombre réduit de cas, entre 5 et 15%. Tout dépend du lieu de la morsure, et bien sûr de l'état des défenses de la personne mordue. Meister fut blessé à la main (5% de risque de contracter la rage) par un chien dont il ne fut jamais prouvé qu'il était enragé. Par contre, "la rage qu'inoculait Pasteur, la rage dite *de laboratoire*, elle, *tuait à coup sûr*"! Si ce jeune berger ne fut certes pas le premier à survivre à la morsure d'un chien enragé, il fut sans conteste le premier à ne pas succomber aux dangereuses injections de Pasteur!

- Pasteur a alors 63 ans. Cherche-t-il à sauver des vies, ou expérimente-t-il sans filet afin de prouver par un "scoop" spectaculaire le bien-fondé de ses fantasmes? Si le fait qu'il inoculait sous la peau explique en partie que Meister ait survécu, est-il recevable au plan de l'éthique qu'il ait pratiqué une *treizième* inoculation avec "la moelle d'un lapin enragé *mort le jour même* et donc un virus d'une virulence maximale"?

En octobre de la même année, un autre enfant survivra aux inoculations de moelles: un jeune berger de quinze ans, Jean-Baptiste Jupille. S'appuyant sur deux cas plus que douteux, Pasteur fait une communication à l'Académie des Sciences le 26 octobre 1885, concernant une "Méthode pour prévenir la rage après morsure". C'est aller un peu vite en besogne! Au cours de cette séance, son complice Vulpian osera dire que Pasteur "n'a eu, dans cette voie, aucun précurseur que lui-même"! Il ose aussi affirmer que la rage a trouvé son remède et que la méthode peut l'empêcher à coup sûr! Pourtant des médecins s'insurgent contre ces déductions trop rapides, notamment le Dr Peter, l'un des plus farouches opposants de Pasteur, aujourd'hui considéré comme un "obscurantiste". Beaucoup d'autres feront référence aux décès suite aux injections de Pasteur, chez des "patients" dont rien ne prouve qu'ils avaient contracté la rage par morsure. En novembre 1886, donc *un an* après ses premières expériences, Pasteur annonce environ 1700 Français traités par vaccination, la plupart depuis très peu de temps, dont certains vont succomber "malgré" les injections. Sait-on combien parmi ces 1700 personnes survivantes ou décédées furent mordues par un chien réellement enragé? Non. Très peu de chiens font l'objet d'un prélèvement avec ensuite inoculation au lapin car alors "les contrôles n'existent pas". En d'autres termes, "seule plaide la bonne foi", et l'affaire Rouyer va nous éclairer sur cette "bonne foi". Statistiquement, si *tous* les chiens avaient été enragés, au maximum 15% des personnes auraient déclaré la rage, soit environ 250. Nous sommes loin de la réalité. En 1886, les statistiques officielles font état de 351 cas de morsure par des animaux *certifiés enragés*. A cette époque on compte en France moins de 30 cas de rage mortelle par an, soit moins de 10% des personnes mordues par des chiens certifiés enragés. A titre de comparaison, à l'hôpital général de Vienne et en 10 ans, sur 116 personnes mordues par des chiens enragés, 7 seulement succombèrent, soit 6%. On estime que Pasteur a traité à peine un tiers des victimes de chiens reconnus enragés, soit environ 117 personnes pour 1886. Le nombre de morts *après traitement* est officiellement de 53, dont 18 Français. En France cette même année, 17 personnes meurent de rage en-dehors de la "clientèle" de Pasteur, donc sans avoir "bénéficié" de la vaccination. En tout 35 décès, chiffre déjà supérieur à la moyenne nationale. Dix-huit décès, cela représente "à peine" 1% des 1700 personnes traitées par Pasteur, mais *15%* des 117 personnes mordues par des chiens réellement enragés. Ce chiffre est supérieur de 5% à celui des décès sans traitement. S'il avait traité toutes les personnes mordues, ou seulement toutes celles mordues par des chiens reconnus enragés, son palmarès aurait pu être au moins trois fois supérieur, plus de 50 morts, un véritable record national!

Après les guérisons "miracle" de Meister et Jupille, et suite à ses échecs, Pasteur est d'ailleurs accusé d'homicide par imprudence, sans pour autant être poursuivi. Trois fidèles collaborateurs acceptent de servir de "cobayes" et se font vacciner pour démontrer l'innocuité des injections. Le neveu de Pasteur, ce "brave" Adrien Loir, se retrouve ainsi temporairement paralysé! Pasteur lui-même ne tente pas l'expérience.

Certains dangers et échecs sont reconnus par les biographes officiels: "il est vrai cependant que l'injection de tissus nerveux d'un lapin à l'homme n'est pas un geste anodin. Non seulement ces injections répétées inoculent la rage, mais, par elles-mêmes, peuvent provoquer des symptômes de paralysie et, même si Pasteur le nie, entraîner des réactions organiques" (7). Plus tard, le pastorien Calmette niera de même les effets secondaires du B.C.G., tout comme nos modernes disciples nient les dangers du Tetracoq, du R.O.R. ou du Genhevac B.

Parmi les nombreuses "bavures" de l'époque il y eut surtout le cas de l'enfant Jules Rouyer, incontournable puisqu'il existe un témoignage écrit d'Adrien Loir. Ce cas est cité par Debré, mais également évoqué longuement dans la récente compilation "L'aventure de la vaccination" (3) et par le Dr Decourt, membre de l'Académie Internationale d'Histoire de la médecine (16). Contrarié par ses échecs, Pasteur a mis au point un "traitement intensif" qui consiste à inoculer très rapidement les moelles les plus virulentes, parfois en 24 heures, sans attendre la mise en place progressive d'une certaine "tolérance". Mordu le 8 octobre 1886, inoculé selon cette technique intensive, un enfant de 12 ans meurt le 26 novembre. Le père porte plainte alors que Pasteur est absent de Paris. L'autopsie est confiée à un médecin légiste, doyen de la Faculté de Médecine de Paris et ami de Pasteur: le Professeur Brouardel. Le bulbe et la moelle de l'enfant, prélevés par Brouardel, sont inoculés par Roux à des lapins qui ne tardent pas à mourir *enragés*. Si l'enfant est bel et bien mort de la rage, le délai est trop court entre la morsure et la mort pour qu'il s'agisse de la rage naturelle dont l'incubation est toujours longue. Par contre, le virus *vaccinal* a acquis artificiellement une durée d'incubation très courte. Enfin, les morts suite à inoculation sont tous atteints d'une forme *paralytique*, caractéristique de la rage du lapin... Il n'y a donc plus aucun doute: l'enfant est décédé suite à la vaccination. Que vont faire nos pastoriens? C'est très simple: *un faux témoignage*, "pour sauver la confiance du public dans la médecine scientifique et la prévention vaccinale. Pieux mensonge, à la mesure des bienfaits immenses que l'oeuvre de Pasteur apporte à l'humanité"! Brouardel, pourtant chargé d'une expertise officielle suite à une plainte, va déclarer que l'enfant est mort d'une crise d'urémie: "si je ne prends pas position en votre faveur, c'est un recul immédiat de cinquante ans dans l'évolution de la science, il faut éviter cela"! "On ne pense guère à Jules Rouyer, c'est tout l'avenir des vaccins qui est en jeu". Le pire c'est que le biographe Debré met tout sur le dos de Roux, pourtant sceptique et réticent, puis tente de le disculper: "ce que Roux a voulu à tout prix éviter, c'est le rejet par la communauté scientifique des principes pastoriens"! Ainsi, quand Roux invente une méthode c'est Pasteur qui en tire gloire et profit, par contre quand Pasteur est au premier chef responsable d'une mort d'enfant et d'un faux témoignage c'est Roux qui est accusé! Pasteur était absent! De toute façon, quelles que soient les circonstances des "bavures", pour Pasteur "il n'est pas question de remettre en cause l'efficacité de son vaccin ou même d'envisager des effets secondaires", effets dont fut victime son propre neveu.

Plus tard la technique de Roux/Pasteur sera pourtant abandonnée car jugée trop dangereuse (nombreux cas d'allergie et d'encéphalite), ce qui n'empêche pas le vaccin antirabique de continuer sa glorieuse carrière. Après avoir été cultivé sur embryons de poulet, le virus fut inactivé chimiquement par la béta propiono-lactone, puis produit sur des cultures de cellules cancéreuses avant de devenir recombinant par insertion de l'un de ses gènes dans le virus de la vaccine pour la vaccination orale des animaux sauvages. Pour finir, il était prévu de nous régaler de tomates transgéniques exprimant les antigènes de la rage! Décidément on n'arrête pas le progrès, puisque après les "vaches folles" nous pouvons nous vanter d'avoir su produire des tomates enragées!

La désinformation a perduré jusqu'à nos jours, malgré les accidents imputables à tous les vaccins ultérieurs, malgré les plaintes et les réticences de cliniciens réputés. Pasteur va en effet imposer ses méthodes, grâce à ses appuis politiques bien sûr, mais aussi grâce à une nouveauté dont il est pour une fois l'inventeur, le "marketing" grand spectacle exploitant à fond toute la gamme des émotions de ceux qui ont besoin de *croire*. Méthode typiquement luétique! "Les images d'Epinal, les illustrations sensationnelles en première page des journaux à un sou (...) achèvent de diffuser la légende dorée de Pasteur (...) Il y a en effet chez le savant et ses proches un inattendu sens du spectacle, qui constitue (...) la meilleure propagande". *Propagande*, quel vilain mot... Cela fait immanquablement songer aux grand-guignolesques campagnes ultérieures pour le B.C.G. ou contre l'hépatite B, avec leurs accidents occultés et leurs statistiques truquées. Mais n'est-ce pas une caractéristique du mensonge de nécessiter une telle mise en scène pour s'imposer? En 1983, la revue Impact Médecin publie un article intitulé **"Un faussaire nommé Pasteur?"** dans lequel justice est rendue aux savants spoliés par Pasteur, et où sont dénoncées les tricheries à propos des vaccins contre le charbon et la rage.

3. APRES PASTEUR
Naissance d'une multinationale ou: "la poule aux oeufs d'or"

"Les convictions sont des ennemis de la vérité plus dangereux que les mensonges" -
Nietzsche

Quelques mois seulement après le cas Jupille, Pasteur songe déjà à un Institut International, un "établissement vaccinal contre la rage". Des souscriptions sont lancées avec la même publicité tapageuse, et en 1886, moins de un an après Meister, des sommes considérables sont déjà réunies. Une partie de l'argent provient de la vente de vaccins animaux commercialisés depuis 1882.

Reconnu d'utilité publique en 1887, le nouvel Institut est mis sous tutelle du ministère... du Commerce et de l'Industrie! Ceci "révèle clairement les espoirs très ambitieux que toute la France place dans l'Institut Pasteur". Louis Pasteur est ainsi" le premier savant au monde qui soit devenu une entreprise". L'Institut sera inauguré le 14 novembre 1888, alors que Pasteur a subi de nouvelles crises qui le rendent incapable de parler. "C'est le point de départ d'une entreprise de dimension industrielle, qui vise à modifier les rythmes naturels de la vie par la vaccination systématique".

Dès 1892 Pasteur ne quitte plus la chambre, et il s'éteindra le 28 septembre 1895. Des funérailles nationales sont célébrées à Notre-Dame de Paris, avant l'inhumation dans une crypte de l'Institut éponyme. A notre saint il ne manque donc pas les reliques, soigneusement conservées dans le temple où chacun peut encore venir se recueillir. Certes l'homme de chair et d'os a disparu, mais "La République a tout fait pour faire de Pasteur un saint laïc, exploitant son image pour glorifier le scientisme patriotique (et) il est devenu un symbole vivant, celui de la science comme celui de la France". Pasteur est mort mais il a créé "un nouveau type de héros: le pastorien". En effet "l'Institut forme des apôtres" et ce sont les disciples qui vont prendre en charge la destinée de la "maison", notamment Roux qui en sera le directeur pendant 30 ans. Parmi ces premiers "apôtres", citons Calmette, Yersin, Nicolle, Bordet, et un certain Marcel Mérieux qui créera sa propre entreprise à Lyon en 1897.

Nous ne rentrerons pas dans le détail de "l'amplification de la métaphore", autrement dit le grand bricolage, la généralisation et l'emballement d'une discipline nouvelle et bientôt autonome: la **vaccinologie**. Le "cas Jenner" a servi de référent à Pasteur pour "oser" la rage, ses risques et ses mensonges. De même aujourd'hui, le "cas Pasteur" sert de référent à ceux qui se permettent les risques et les "pieux mensonges" du premier vaccin recombiné contre une maladie chronique: l'hépatite B.

Les vaccins vont en effet se multiplier durant la période "héroïque" qui précède la naissance d'une véritable immunologie et la mise au point des cultures cellulaires. Ils seront sans cesse modifiés pour pallier les accidents ou l'inefficacité. Après la rage, ce seront

- le **choléra**, "perçu comme la plus importante menace pour la santé publique en Europe", avec les travaux de Haffkine avant la mort du "maître", les difficultés inhérentes à l'absence de modèle animal, et... l'absence persistante d'un vaccin efficace jusqu'à ce jour.

- **la fièvre typhoïde**, avec des questions qui obsédaient déjà Pasteur: "serons-nous capables de faire mieux que la nature?", et la constatation actuelle que ce n'est pas le cas.

- la **tuberculose**, avec le fameux B.C.G. inoculé à un bébé dès 1921, date qui marque le début d'une querelle historique qui n'est pas éteinte aujourd'hui, remarquablement exposée dans le livre du Dr Marcel Ferru: "La faillite du B.C.G." (17). "Les sanatoriums sont désertés? Mais non, ils ont tout simplement changé de pensionnaires: les asthmatiques ou bien les cancéreux du poumon ont pris la relève des phtisiques d'autrefois!" (18). Ici comme ailleurs, la systématisation des vaccinations a simplement déplacé le problème dans le sens d'une aggravation des symptômes et d'une incompétence accrue de l'immunité, ce que les homéopathes appellent "métastases morbides".

- le **typhus**, dont le vaccin expérimenté dans les camps de concentration fut l'enjeu d'une compétition féroce entre les Alliés et les forces de l'Axe durant la deuxième Guerre Mondiale. A ce propos, on s'interroge sur "la démarcation entre héros et criminels de la science".

- les anatoxines contre **diphtérie** et **tétanos**, qui marquent le vrai début de l'utilisation des *adjuvants* tels que l'aluminium, le seul encore autorisé aujourd'hui chez l'homme malgré sa grande toxicité. La vaccination contre ces deux maladies est aujourd'hui obligatoire... et totalement inefficace! Si la diphtérie sous sa forme classique a peu à peu disparu, que dire des angines désespérément chroniques, que dire de l'augmentation considérable des cancers du larynx? Quant aux rares cas de tétanos mortel, outre qu'il existe des traitements alternatifs efficaces, ne doit-on pas s'interroger sur la personnalité biologique des personnes atteintes? QUI aujourd'hui meurt du tétanos? On tait soigneusement le nombre de personnes décédées qui étaient pourtant à jour de leurs vaccinations, tandis que des milliers de personnes non vaccinées continuent à se bien porter en se piquant à leurs rosiers fumés au crottin de cheval! Toutefois, "si l'on doit avoir peur, il vaut mieux être vacciné!" (18), et c'est de ce côté-là que nous chercherons les causes de cette fuite en avant de la vaccinologie.

Chez les pastoriens l'optimisme règne, puisque Debré croit pouvoir affirmer: "en ces jours de 1894 (...) tout ou presque était trouvé sur la vie et la fonction de cet étrange système immunitaire qui protège l'identité et la survie de l'individu"! Une telle démesure dans le propos est-elle due à l'orgueil ou à l'ignorance? Les deux sans doute, car historiquement l'immunologie ne débute vraiment que vers 1950. Quant à notre connaissance de la vie... En 1998, et malgré des recherches acharnées qui engloutissent des milliards, les "apôtres" piétinent face à des maux incurables. Les mauvaises langues affirment même que la survaccination y est pour quelque chose... Les héros seraient-ils fatigués?

Un mot sur les **vaccins antiparasitaires**, dont l'histoire ne commence qu'en 1964, et qui sont à ce jour un fiasco total. L'échec de la prophylaxie médicale dans ce domaine a amené les chercheurs à se pencher enfin sur le concept de "terrain", à considérer l'équilibre hôte/parasite à la lumière d'une écologie plus systémique et replacée dans son contexte évolutif. Ils en déduisent que *le parasite n'est pas forcément pathogène*, et l'on est en droit de se demander pourquoi le pas n'a pas été franchi en microbiologie alors que les virus sont considérés comme des "parasites" obligatoires de la cellule. Si "la pathogénicité du parasite n'est pas un critère déterminant dans la définition du parasitisme", si "infection n'est pas synonyme de maladie", c'est alors le concept même de "parasite" qui devient ambigu, car on débouche très vite sur une idée de *neutralité* (tolérance réciproque) et même de *symbiose*. Les "microbes" seraient-ils des symbiotes, absolument nécessaires à l'évolution des individus, des sociétés, de la biosphère dans son ensemble? Nous reviendrons longuement sur ce point. Retenons pour l'instant que les parasites nous obligent à reconsidérer la notion d'immunité, tour à tour bénéfique, inefficace ou franchement nuisible, alors que seul son aspect bénéfique est reconnu et justifie la vaccinologie. En fait nous commençons à peine à entrevoir la véritable fonction de cet extraordinaire système cognitif qui gère l'ensemble des informations circulant entre le monde extérieur et le milieu intérieur, entre virus et gènes. Tenter une "éradication" de certaines maladies par destruction de microbes ou inoculation de poisons est une erreur dramatique, et les "maladies émergentes" incontrôlables sont là pour le prouver.

Mais le combat continue, avec la **poliomyélite** qui est réellement un cas particulier pour plusieurs raisons. Contrairement à toutes les maladies citées jusqu'ici dans "l'après Pasteur", il s'agit d'une pathologie virale, comme la rage, qui est apparue et s'est développée avec la civilisation occidentale. Elle restera inconnue des cultures traditionnelles jusqu'à l'irruption de la dite civilisation championne du stress et de la chimie lourde.

La "polio" fait partie des vieux épouvantails agités par le pouvoir médical pour maintenir son hégémonie grâce à l'ignorance et à la peur. La vaccination aurait permis la disparition de cette maladie dans les pays développés, ce dont personne ne songerait à se plaindre, et "cependant le nombre des maladies neurologiques paralysantes qui évoluent par poussées et sur le mode chronique ne cesse d'augmenter, la plus connue et aussi la plus répandue étant la sclérose en plaques... et l'on recherche actuellement une cause virale à cette maladie redoutable... dans l'espoir de pouvoir fabriquer un vaccin!" (18). Si le tropisme des trois types connus de virus polio est nerveux, leur lieu de reproduction privilégié est le tractus gastro-intestinal. Il s'agit donc d'un enterovirus polymorphe, et la poliomyélite est avant tout une *infection intestinale* dont la transmission se fera par les matières fécales et sécrétions rhinopharyngées des porteurs sains, des malades et bien sûr des *vaccinés* avec un virus vivant.

Les deux premiers vaccins mis à l'essai en 1935 furent des échecs dramatiques, avec de nombreux cas de poliomyélite authentique et parfois mortelle. En 1950, nouvelle série d'accidents neurologiques postvaccinaux, alors que les biologistes ignorent toujours ce qu'est un virus. Il faudra attendre les années 60 pour que les premières particules virales soient visualisées au microscope électronique, technique qui, soit dit en passant, dénature totalement la chose observée. En savons-nous beaucoup plus aujourd'hui sur les virus? Et que saurons-nous demain? En attendant l'hécatombe vaccinale se poursuit dans le monde entier.

La poliomyélite illustre à merveille les errements de "l'aventure de la vaccination" pastorienne, une histoire soigneusement cachée au public avec de sordides querelles d'hommes en quête de gloire et succombant "aux démons de la compétition", avec ses multiples accidents mortels, avec malgré tout cette confiance inaltérée des "disciples" dont certains n'hésitent pas à inoculer leur femme enceinte et leurs enfants avec des vaccins expérimentaux! La polio illustre le dilemme constant entre vaccins atténués et vaccins inactivés, les premiers très dangereux comme tous les vaccins à virus "vivant", les seconds peu efficaces et nécessitant l'adjonction d'adjuvants d'une redoutable toxicité. La polio illustre aussi l'utilisation des cultures cellulaires qui permirent la production industrielle de vaccins viraux, notamment sur les cellules rénales de singes infectés par des virus inconnus, indétectables et particulièrement virulents. C'est là un fait important: du temps de Pasteur, et jusqu'à la guerre de 39-45, seuls les dangers *individuels* de la vaccination étaient vraiment préoccupants et parfois signalés aux utilisateurs. Avec les grandes campagnes de vaccination antipoliomyélitique apparaît le risque d'une très grave iatrogenèse *collective*, un bouleversement considérable de l'écologie microbienne, puisque ce vaccin est aujourd'hui suspecté d'être l'un des cofacteurs de l'émergence du sida en Afrique. Cette étonnante corrélation révélée par l'enquête épidémiologique mettra aussi en lumière les conséquences désastreuses des campagnes antivarioliques réalisées avec le virus humain et non avec la vaccine de Jenner.

En France, l'obligation vaccinale contre la poliomyélite date de 1964. Le vaccin tué injectable de l'américain Salk est introduit au calendrier vaccinal français en 1958. Son concurrent acharné, le vaccin vivant buvable du français Sabin, est inscrit au calendrier vaccinal en 1962 et sera utilisé massivement dans les années 70, avant d'être supprimé en France en 1982 à cause des multiples accidents paralytiques chez les vaccinés et les gens en contact.

La poliomyélite est actuellement l'objet d'une politique d'éradication mondiale, de même que la rougeole. Malgré ses dangers, formes paralytiques dès la première prise et surtout création d'un énorme réservoir de virus actifs, le vaccin *oral* supprimé en France est toujours en vente et il a été intégré dans les programmes de vaccination des enfants du Tiers-Monde. En effet, la double vaccination est préconisée en cas d'épidémie car seul le vaccin buvable paraît apte à stopper le virus sauvage en stimulant l'immunité des muqueuses au niveau intestinal. Peut-on sérieusement songer à "éradiquer" un virus polymorphe en le faisant absorber *vivant* par 80% des enfants de moins de deux ans sur toute la planète, alors qu'on suspecte des possibilités de mutation et de recombinaison après vaccination? En d'autres termes, par quoi sera, ou par quoi EST déjà remplacée la poliomyélite? Quelle est la relation entre les programmes vaccinaux et les maladies émergentes? Nous avons évoqué la sclérose en plaques, mais il existe bien d'autres maladies neurologiques en continuelle progression, notamment des maladies génétiques parfaitement incurables et dont l'origine est inconnue. Le génome des virus vaccinaux vivants ne peut-il modifier le génome humain?

De 1980 à 1995, environ 65.000 enfants en Inde ont contracté une poliomyélite paralytique à la suite d'une vaccination Diphtérie/Tétanos/Coqueluche. Comment l'injection DTC peut-elle provoquer une forme grave, iatrogène, de poliomyélite? La plupart des enfants du Tiers-Monde sont mal nourris, porteurs latents ou chroniques de nombreux virus, notamment en incubation d'une forme non paralytique de polio. L'O.M.S. recommande que tous les enfants fiévreux amenés dans les hôpitaux et dispensaires soient vaccinés "tant qu'on les a sous la main", alors que la fièvre, la malnutrition et l'existence de maladies infectieuses chroniques constituent une contre-indication majeure à toute vaccination. Dans le but de les "soigner", ces enfants reçoivent dans une seule séance: antibiotique, adrénaline, cortisone et chloroquine avec des aiguilles non stériles. La seule cortisone a pour effet d'effondrer l'immunité et de favoriser le développement viral. Au total, de 1980 à 1995, 1.200.000 enfants ont été atteints d'une paralysie plus grave à cause d'injections inutiles. Toujours en Inde, 20 à 30% des enfants atteints de poliomyélite paralytique étaient à jour de leurs vaccinations. C'est cela que nous appelons "aide humanitaire", alors que la diminution des cas en Occident n'est pas liée à la vaccination mais à l'évolution des conditions sanitaires. De 1977 à 1990, 10% des cas enregistrés en France (11 sur 108) étaient dus au vaccin.

De ce fait la polio est au coeur d'une réflexion sur le bien-fondé des vaccinations de masse, réalisées sans aucune considération pour les conditions socio-économiques et sanitaires locales, sans tenir aucun compte des contre-indications pourtant classiques à toute vaccination. Nous parlons ici de bien-fondé *sanitaire*, car sur le plan *économique* nous ne doutons pas de la rentabilité de ces opérations. Nos chercheurs trouvent et trouveront de nouveaux virus et de nouveaux gènes défectueux "responsables" des maladies nouvelles, qui permettront de concevoir de nouveaux vaccins et de promettre de belles thérapies géniques. Le marché considérable de la biologie moléculaire a de beaux jours devant lui. La polio est donc un exemple-type de l'emballement vaccinologique dans ses multiples aspects socio-économiques et politiques. En Occident cette maladie ancienne fait toujours PEUR, au même titre que le tétanos, sans que cette angoisse soigneusement entretenue par le corps médical soit vraiment motivée. Certes, nous avons tous croisé un certain nombre de victimes fortement handicapées par des atrophies musculaires, et ceci semble justifier a priori toutes les entreprises de prophylaxie médicale. Pourtant, et contrairement à ce que l'on tente de nous faire croire, l'infection naturelle est inapparente ou bénigne dans l'immense majorité des cas. En Inde, ce sont les vaccinations DTC et la chimiothérapie qui ont provoqué des centaines de milliers de paralysies. Dans ses formes graves spontanées, la polio touche principalement de très jeunes enfants dénutris, en particulier non allaités (plus de la moitié des cas surviennent avant un an), car l'incidence de toute maladie infectieuse sévère de l'enfant est toujours étroitement corrélée à un défaut d'allaitement (et d'amour) maternel, plus globalement à la destruction mondiale des structures tribales et familiales traditionnelles, avec malnutrition généralisée des mères du Tiers-Monde et recours à des laits maternisés industriels hautement pathogènes pour les enfants.

Aujourd'hui le virus sauvage semble avoir disparu d'Europe, que la vaccination y soit ou non pour quelque chose. Faut-il dès lors continuer à inoculer aux nouveau-nés une information virale assortie d'adjuvants toxiques? La polio peut-elle réellement disparaître de la planète, ou plus vraisemblablement se transformer en autre chose? En attendant, un enfant sur 500.000 recevant sa première dose de vaccin oral sera paralysé, et *tous* excréteront toute leur vie des virus vivants, dont un certain nombre de mutants, par les voies digestive et respiratoire. Les seuls cas graves aujourd'hui recensés sont dus à une contamination par ces sujets vaccinés, et la fuite en avant consiste à continuer à vacciner pour protéger des effets néfastes de la vaccination.

La prophylaxie vaccinale est-elle la seule solution pour contrer certaines maladies jugées incurables? Sommes-nous bien sûr de cette incurabilité? Avons-nous essayé *tous* les moyens alternatifs? Certains ont essayé, comme Delbet et Neveu qui guérissaient le tétanos avec du chlorure de magnésium en perfusion . "On" a tout fait pour qu'ils ne soient pas entendus. La tuberculose, la diphtérie, le choléra, la variole (utilisation de dilutions infinitésimales par Collet en 1870), toutes les maladies infantiles, et même la terrible polio sont curables avec l'hygiène de vie, l'homéopathie, la phytothérapie et l'aromathérapie. La seule alternative à la vaccination de masse des nouveau-nés est un retour généralisé à l'allaitement maternel, ce qui ne peut se faire sans un profond bouleversement politique et socio-économique. Pour cela il faudrait notamment reconsidérer le rôle de la femme dans les sociétés modernes entièrement dominées par la compétition économique, et cesser le pillage systématique du Tiers-Monde initié il y a cinq siècles. Ce n'est pas une priorité des pouvoirs en place, quand vaccins et laits maternisés rapportent des fortunes colossales aux multinationales impliquées dans les programmes "humanitaires". L'un des aspects cachés des politiques vaccinales est d'empêcher ce type de prise de conscience en entretenant la peur. Ce que nous devons éradiquer, ce ne sont pas des virus mais de mauvaises habitudes, afin d'être à même d'effectuer des choix en conscience. Le tétanos et la poliomyélite sont les deux maladies qui font tout particulièrement peur aux mères du monde entier. Si vous devez vivre une angoisse permanente en ne vaccinant pas, alors ce n'est pas votre solution aujourd'hui. Vaccinez, mais le plus tard possible, après un allaitement maternel prolongé, et sous protection homéopathique. Il existe des remèdes homéopathiques classiquement utilisés lors des vaccinations, comme Thuya ou Silicea. Mais ces remèdes n'évitent que les effets secondaires à court terme, ils tempèrent le choc vaccinal sans réduire le risque de dysimmunité. Au début de cet ouvrage, nous avons exposé les travaux du Dr Jean Elmiger, qui propose une méthode *préventive* de "pervaccination homéopathique", à l'aide de hautes dilutions dynamisées du vaccin administrées avant et après les injections. Attention! Il ne s'agit pas de vacciner avec l'homéopathie mais d'accompagner les inoculations classiques afin d'en atténuer les effets indésirables. Cette méthode est bien expliquée dans son livre (1), mais il est vivement conseillé d'obtenir le concours d'un médecin pour la mettre en oeuvre.

Un mot aussi sur les **cultures cellulaires** plusieurs fois évoquées, avec les espoirs et les dangers qu'elles impliquent. Cette technique date d'après-guerre, donc très peu de temps avant la caractérisation des virus. Ceux-ci ne cultivaient alors que chez l'animal vivant, et l'avènement des cultures cellulaires va permettre d'envisager la production industrielle de vaccins viraux et la mondialisation des campagnes de vaccination, comme dans le cas de la poliomyélite.

Mais il y a certains dangers: d'une part, "en l'absence d'animal modèle sensible à l'infection, il est difficile d'affirmer l'atténuation d'un virus", et d'autre part, elles ouvrent "la boîte de Pandore des contaminants". Ainsi l'hépatite B serait-elle une maladie iatrogène en relation avec la vaccination contre la fièvre jaune. Ainsi le sida pourrait-il avoir émergé suite aux campagnes africaines contre la variole et la poliomyélite.

On va employer successivement des fibroblastes de prépuce humain, de l'embryon de poulet ou de canard, des cellules rénales de chien ou de lapin. C'est à partir de 1961 que sont utilisées les cellules rénales de singe (les singes sont "bon marché"), où l'on découvrit tardivement de multiples "contaminants" viraux: SV 40 cancérogène, Marburg (fièvre hémolytique), Herpès B, largement diffusés sur toute la planète. On revient donc aux cellules humaines déjà exploitées depuis 1961, mais en utilisant dorénavant des foetus issus d'avortement volontaire, "sans contamination aucune". Outre l'éthique douteuse d'une telle pratique, l'absence de contamination est un postulat qui reste à prouver. Le problème des virus est qu'on ne les trouve que si on les cherche, à l'aide de tests difficiles à mettre au point et ne concernant qu'un seul type viral à la fois. Par exemple, on pourrait éventuellement détecter un virus HIV chez un foetus, mais en aucune façon d'éventuels virus inconnus "dormants" dans les chromosomes. Le dilemme s'accentue avec les lignées cellulaires humaines en culture continue. En effet, un problème technique est la faible durée de vie des cultures, car les cellules ne se multiplient qu'un nombre limité de fois. D'où l'idée d'utiliser des *clones cancéreux*, exploitables indéfiniment, avec le danger d'induire une cancérogenèse chez les vaccinés si la purification n'est pas complète au moment de la collecte des antigènes vaccinaux. C'est l'un des aspects du "scandale" actuel du vaccin contre l'hépatite B.

Pasteur aujourd'hui?

Avec la poliomyélite, l'époque "héroïque" semble terminée. Malgré toutes les incertitudes, demeurées intactes jusqu'à nos jours, les disciples n'ont pas failli à leur tâche: "par le culte de Pasteur et de sa doctrine (...) cette famille a assuré la gloire de l'Institut Pasteur; elle a fait fructifier son patrimoine". Les successeurs ont décidé d'ignorer que sur son lit de mort le vieil homme confia à un proche: "le microbe n'est rien, c'est le terrain qui est tout". Claude Bernard et Louis Pasteur se sont rejoints tardivement, quand s'atténuent les petits et grands conflits de l'ego, quand les rivalités dérisoires n'ont plus aucun sens, sur le seuil où l'on se présente seul et nu.

Pasteur aujourd'hui? C'est avant tout cet Institut devenu entre temps un "modèle déposé" et une fabuleuse source de profits. En mars 1995, Sciences et Avenir titre: "Pasteur, l'Institut qui gagne". L'homme dont "la légende inspire les génies de la science et ceux de l'industrie" est devenu un simple "logo", la figure de proue d'un gigantesque empire financier qui exploite industriellement plusieurs dizaines de brevets chèrement défendus grâce notamment à l'argent du contribuable. Deux extraits de cet article sont à méditer: "l'Institut Pasteur se montra d'autant plus opiniâtre à faire reconnaître ses droits que *le marché du sida laissait entrevoir des bénéfices considérables sur les ventes de tests de dépistage et de médicaments*", et "les chercheurs travaillant *sur des sujets prometteurs de retombées commerciales* sont plus que jamais *soumis au secret*". Relisez bien ces lignes, cherchez-y la plus infime parcelle d'humanisme ou de compassion, et demandez-vous si les gens qui raisonnent ainsi peuvent se permettre de laisser divulguer les hypothèses alternatives sur les causes réelles des maladies.

Qu'importe. Les espoirs ambitieux de la République ont été réalisés, l'Institut est au sommet du hit-parade de la haute finance, la maladie est toujours aussi lucrative, les tests de dépistage et les vaccins se vendent comme des petits pains. Les dangers des vaccins atténués et des adjuvants, l'inefficacité des vaccins inactivés, n'empêchent pourtant pas de les utiliser massivement dans le Tiers-Monde car ils sont amortis et leur coût de revient est faible. Pour l'Occident plus riche et confronté à des maladies plus complexes il faut voir au-delà, investir beaucoup, changer de méthode, inventer les "vaccins du futur". Les vieux dinosaures sont optimistes: "penser la médecine en vaccinologie, c'est penser la médecine pasteurienne, c'est évoquer le siècle où la lutte contre les maladies infectieuses a fait plus de progrès qu'en mille ans" (3)... pour aboutir à un échec et mat cent ans plus tard: les maladies infectieuses représentent encore la principale cause de mortalité dans le monde, et, après avoir régressé au cours du vingtième siècle, le taux de la mortalité due à ces maladies augmente à nouveau.

Va-t-on tirer les leçons de cet échec? En aucune façon. "Les vaccins restent aujourd'hui un des piliers de la médecine moderne (et) à l'aube de l'an 2000 ils symbolisent l'objectif de la santé pour tous" (3). "On" continue donc à "manipuler l'invisible", même si cela commence à faire vraiment peur. La vaccinologie cherche son second souffle, et nous entrons dès lors dans l'**ère de la biologie moléculaire** avec son plus beau fleuron qui est **le transgénisme**. La **grippe** fut l'occasion du premier vaccin issu du génie génétique, tout aussi inefficace et dangereux que ses prédécesseurs. Quelle peur sera la plus forte? Celle d'une banale grippe, voire d'une hypothétique "polio", ou celle des biotechnologies? Pour l'instant "on" nous rassure, "on" promet monts et merveilles à une humanité égarée, confrontée à d'innombrables cancers et "maladies géniques", au sida chef de file d'une armée de "nouveaux virus" pour lesquels n'existent ni traitement ni vaccin. Mais les nouveaux traitements et vaccins sont pour DEMAIN! "En retrouvant ce souffle pasteurien, nous avons toutes les chances de mettre au point le futur vaccin HIV dans les cinq ans à venir" déclare Charles Mérieux en 1996. Mensonge! Ignore-t-il que l'origine virale du sida n'est pas démontrée? Ce qu'il ne peut ignorer par contre, ce sont les gigantesques promesses financières du "marché du sida".

Avec les futurs vaccins, les "bons vieux" microbes vont disparaître, pulvérisés, découpés à coup d'enzymes. "On" nous injecte maintenant des fragments d'acides nucléiques de virus et de bactéries recombinés en d'invraisemblables chimères et transportés par d'autres virus, ou bien de l'ADN nu qui ira s'intégrer définitivement n'importe où dans notre génome, ou encore des protéines antigéniques "purifiées" à partir de cultures de clones cancéreux. Bel avenir en vérité! Ce "meilleur des mondes" est celui qui attend nos enfants, confiés ingénument aux techniques très pointues du génie génétique. A quand les "codes barres" ou les "puces électroniques" qui permettront de marquer l'ensemble de l'humanité comme du bétail? Afin que personne n'échappe au Progrès.

Au terme de cette courte biographie, comment pourrions-nous conclure autrement que par un hommage à Antoine Béchamp?

Confronté personnellement, comme tant de thérapeutes, aux multiples déboires subis et à subir du fait des égarements de la médecine, je me suis souvent demandé: **pourquoi Pasteur?** Si l'Histoire fournit des réponses satisfaisantes, il reste incompréhensible que Béchamp soit ignoré au point de n'être cité dans aucune biographie, dans aucune encyclopédie. Bien sûr l'antériorité systématique de Béchamp sur Pasteur est gênante. Mais Pasteur n'a *jamais* été le premier, et ses biographes citent toutefois quelques précurseurs, même s'ils minimisent leurs apports. Alors pourquoi pas Béchamp?

Ne serait-ce pas, tout simplement, parce que Béchamp fait peur? La plupart des prédécesseurs cités ne remettent pas le dogme en question, ils ne mettent pas en danger les aspects pratiques et les applications industrielles qui découlent des théories attribuées à Pasteur. Par contre, Béchamp s'oppose radicalement à l'*interprétation* des découvertes effectuées. Quelle est la vraie nature des microbes? Quelles sont leurs véritables fonctions? D'où viennent-ils? Pourquoi deviennent-ils pathogènes? Comment peut-on s'en prémunir? Les réponses de Béchamp ne sont pas celles de Pasteur. Et la piste qu'il a commencé à tracer était apparemment la bonne.

Si on ignore délibérément Béchamp c'est tout simplement parce qu'il avait raison, qu'il a toujours eu raison avant Pasteur, et surtout qu'il a toujours raison aujourd'hui. Va-t-on citer un personnage à ce point subversif? Va-t-on inclure ses ouvrages dans la bibliographie, en prenant le risque que des lecteurs curieux, des historiens, des biologistes, décident de mieux connaître son oeuvre? Certes non. Béchamp est beaucoup trop dangereux, car si Pasteur s'effondre, l'empire industriel qui a tout misé sur sa légende s'effondrera avec lui.

ENTRACTE
Pasteur chez l'homéopathe
Portrait d'un tyran paranoïaque

"L'erreur sur laquelle repose la philosophie rationaliste réside dans l'idée qu'on peut dissocier les facultés rationnelles du reste de la personnalité. En adoptant cette attitude, le chercheur abaisse son seuil de conscience et devient incapable de maîtriser toutes les énergies qui surgissent de son inconscient. Il transpose alors dans ses travaux toute une gamme de sentiments, d'aspirations et de frustrations sans même s'en rendre compte. Toute théorie ou découverte est ainsi une projection de la personnalité de son inventeur avec ses aspects positifs et négatifs qui deviennent autant de messages inscrits, véhiculés et justifiés rationnellement" - Michel Lechevallier.

La prescription homéopathique s'appuie sur l'interrogatoire et l'examen clinique, afin de relever tous les symptômes et modalités de nature à permettre le choix du remède. L'homéopathe est toujours en quête de symptômes-clés (key-notes), caractéristiques de son patient, permanents au cours de son histoire ou apparus concomitamment aux troubles dont il se plaint. Le *key-note* autorise à lui seul la prescription d'un remède, même s'il demande à être appuyé par au moins deux autres signes bien valorisés (trépied de Hering).

Parmi ceux-ci, les symptômes dits "psychiques" ont une valeur toute particulière. Mis à part dans les milieux ultramatérialistes, il est aujourd'hui admis que les désordres psycho-émotionnels précèdent et déterminent toujours les localisations somatiques. Ces "états d'âme" sont en effet immunomodulateurs, à l'origine de l'ensemble de ces "maladies" infectieuses, auto-immunes ou dégénératives par lesquelles le cerveau biologique tente d'évacuer les conflits. Certains remèdes étant sélectionnés, leur "esprit" décrit dans les Matières Médicales permet en retour de mieux saisir "ce que le mal a dit", c'est à dire le noyau psychique profond du patient, les perturbations psycho-émotionnelles à l'origine des symptômes physiques.

Si la biographie de Pasteur ne nous permet pas de connaître en détail la succession des troubles physiques dont il souffrit au cours de sa vie, nous avons toutefois la description précise d'un caractère très particulier: "un chercheur taciturne, farouchement individualiste, autoritaire jusqu'à l'autocratie, impitoyable avec ses adversaires, voire ses collaborateurs et sa famille, carriériste et même courtisan s'il le faut", ainsi que certains événements majeurs dont l'hémiplégie gauche dont il fut atteint à l'âge de 46 ans. Nous relevons aussi la description d'une "*manie*", une "*obsession* de l'hygiène": "le lavage des mains était fait selon un *rite* (et) *se répétait constamment* dans la journée". Pasteur avait la *phobie* de la poignée de mains. Ces signes sont des *key-notes* de **Luesinum**, le nosode de la diathèse syphilitique ou Luèse.

La Luèse est l'une des quatre diathèses homéopathiques, avec la Psore, le Tuberculinisme et la Sycose. Mais que recouvre ce concept homéopathique, certainement peu familier pour le "profane"? Disons succinctement avec le Petit Robert qu'elle est "la disposition générale d'une personne à être atteinte par un ensemble d'affections de même nature, simultanément ou successivement". Souvent, l'une de ces quatre "façons d'être malade", donc d'exprimer un conflit adaptatif à tel ou tel moment, est prédominante chez un individu. L'homéopathe relève les signes et symptômes caractéristiques, ce qui lui permet d'orienter le choix des remèdes. A la page 1014 du Répertoire de Kent (Edition française traduite par Broussalian), nous trouvons à la rubrique *paralysies - hémiplégie gauche* trois remèdes principaux: Lachesis, Nux vomica et Rhus toxicodendron.

Nux vomica est le premier remède qui s'impose à la lecture de la biographie de Pasteur. C'est un remède psorique. Ce qui domine la Psore c'est l'AVOIR plutôt que l'ETRE, les instincts, l'avidité de la prégénitalité, des stades oral et anal. Nous sommes dans les phénomènes inflammatoires, congestifs ou spastiques réversibles, caractéristiques des premiers temps de la vie, avant toute décompensation diathésique. Voici un premier signe qui n'aurait pu échapper à un homéopathe écoutant Pasteur: "vers sept heures ou sept heures et demi, j'éprouve une lassitude extrême et il me semble que je vais pouvoir dormir pendant douze heures de suite; mais vers minuit, invariablement, je me réveille et ne me rendors que sur le matin pendant une heure ou deux" (7). Nux vomica pointe son nez, un excité qui "pense que tout problème peut être résolu par l'effort et la ténacité", et qui souffre d'une véritable pathologie de l'identification. Il lui faut maîtriser l'événement pour combattre l'angoisse de la mortalité. "Rien ne me résiste!": il ne peut se résoudre à accepter une limite, se résigner à un échec car la finalité de sa vie est la réussite professionnelle. S'il échoue il ne s'en remettra jamais. Sa problématique est donc une ambition maladive: "au lieu d'utiliser ses dons pour travailler de façon équilibrée et harmonieuse, il sera dominé par eux et par son ambition à toute heure du jour et de la nuit; son désir de puissance, son besoin de compétition et de réussite s'accentueront de plus en plus". Nux vomica est un territorial, dominant, ambitieux, intelligent, rapide et compétent dans sa phase équilibrée. C'est le plus compétitif de la Matière Médicale, "possédé" par son travail auquel il s'attelle fanatiquement en acceptant sans hésitations les promotions. Cette scrupulosité maniaque le conduisent à l'excès (de travail, d'excitants: voir Aurum, Lachesis et Luesinum), ce qui le rend colérique, susceptible, agressif, aggravé par toute contrariété, impatient envers lui-même et les autres. Cet hypertendu est hypersensible à la douleur, mais peut être par contre d'une grande cruauté envers les autres. Cet excès conduit inévitablement à une décompensation, l'épuisement ou... un accident vasculaire brutal type hémiplégie. Nous glissons vers les symptômes plus graves de la Luèse, paralysies et scléroses, progressivement irréversibles.

Un mot sur **Lachesis**. Ce qui domine la pathogénésie psychique de ce grand remède, excité mental et physique, c'est surtout *la jalousie*. Et parmi les questions essentielles posées par l'homéopathe, figure le "depuis quand?" qui permet de comprendre le facteur déclenchant du mal actuel. Or Pasteur subit son attaque au déclin de son conflit territorial avec Béchamp, lorsqu'il s'aperçut que ce savant qu'il s'acharnait à ridiculiser avait trouvé bien avant lui la cause des maladies des vers à soie. Il eut dès lors bien du mal à imposer son antériorité.

Mais Pasteur est avant tout un luétique. A-t-il pu subir une imprégnation syphilitique? C'est tout à fait possible par les ascendants, cette affection étant alors très courante. Il y a d'ailleurs un important point commun aux deux diathèses, le besoin d'exister avant tout par rapport à *soi-même*, tout le contraire de l'humanisme! Leur lien s'établit par le luétique **Aurum metallicum** (l'or), maître-remède de Pasteur à l'âge mûr, congestif et suicidaire, avec son complexe de supériorité et sa très haute opinion de lui-même. Lorsque le prince de Siam visite l'Institut en 1891, à peine quatre ans avant la mort de Pasteur, il dit à celui-ci: "Si vous découvrez un remède contre le choléra, le Siam vous érigera une statue". Et Pasteur ajoute aussitôt: "en or".

Chez Aurum on retrouve la même quête du pouvoir, la même scrupulosité maladive, celle d'un anxieux qui par son sens du devoir (national) compense un affectif très fragile. La compagne d'un Aurum doit être digne d'avoir été choisie, en sacrifiant tout à la haute mission de son mari. Effacée mais efficace et protectrice, telle fut Marie Pasteur.

Plus colérique encore que Nux vomica, sa crainte (justifiée) des maladies de coeur est le reflet de sa vulnérabilité émotionnelle.

Déjà perceptible chez l'enfant prématurément mûri, c'est à 32 ans que la Luèse fait surface chez Pasteur. Ayant connu un premier succès avec les cristaux, il s'épuise au travail pour atteindre au plus vite le sommet de la gloire: une élection à l'Académie des sciences. Il sombre alors dans la dépression nerveuse, et se pensant atteint d'une affection cardiaque cesse plusieurs mois sa quête obsessionnelle du pouvoir. Car pour cet idéaliste désespéré le travail est un exutoire, une vraie *drogue*, le bouclier d'une affectivité immature, d'une vie émotionnelle de plus en plus aride. L'accident vasculaire viendra tôt, mais il y survivra presque 30 ans grâce à cette ambition dévorante par laquelle un luétique remplace volontiers l'espérance.

Avec **Luesinum**, complémentaire d'Aurum et nosode de la diathèse, nous avons le portrait-robot du luétique.

Luesinum c'est "le prix de tous les excès". C'est le pouvoir, les excès de "l'avoir" dans le temps, la folie contrôlée. Jeune, il a cherché un "étendard", un sens à sa vie. Adulte, grâce à son intelligence vive, il a repoussé toutes les limites, jusqu'à en perdre les repères affectifs. Il est devenu un infirme de l'émotivité. Luesinum se moque de l'avis des autres, ce qui compte c'est l'idée qu'il se fait de lui-même. La fin ultime de l'homme est constituée par les grandes réussites terrestres.

"Tout est possible chez le luétique, le meilleur et le pire, et souvent le meilleur et le pire se succèdent chez le même individu à peu de temps d'intervalle". Il est exigeant, impatient, susceptible et irritable, difficile à vivre car son caractère est dominé par le contentement de soi. Il aime avant tout lui-même et ne supporte ni contrainte ni contradiction. Il désire avant tout exercer son contrôle sur tous et tout, être vu, entouré, admiré, et pour cela il cherchera de façon obsessionnelle à approcher les personnages renommés, ceux qui détiennent cette influence et ce prestige dont il est avide. Mais il a l'impression d'être agressé par son entourage, et préférera recourir aux solutions extrêmes plutôt que de céder la place ou de ne pas être reconnu à sa juste valeur. Transposée en avidité, l'hostilité va se manifester par une tendance à dépouiller les autres, à envier ce qu'ils possèdent.

Il n'est pas difficile de reconnaître ici une constitution névrotique. Or la compétition est une source intarissable de conflits de névrose! Cette quête maladive du pouvoir a pour fondement l'angoisse et un profond sentiment d'infériorité, dont nous devrons chercher les racines dans l'enfance, et même auparavant, dans le projet parental inconscient ayant abouti à la conception. L'être le plus orgueilleux est toujours le plus dévalorisé. Sans amour de soi, il est impossible d'aimer les autres. C'est pourquoi le névrotique assoiffé de puissance est constamment préoccupé à "enfler" son moi afin de se protéger lui-même de ses intolérables sentiments d'infériorité et d'impuissance.

Parmi les risques luétiques on trouve la grande pathologie cardio-vasculaire et nerveuse, notamment les crises convulsives et les affections dégénératives du système nerveux. Et aussi "la grande pathologie psychique: au-delà de la jalousie morbide pouvant aller jusqu'au crime ou au suicide, il peut y avoir évolution vers le délire de persécution, les idées fixes, la mégalomanie, les névroses d'excitation".

Dès le départ on peut déceler l'influence de la Luèse chez Pasteur: l'ambition, l'orgueil, la précipitation et le *désir d'avoir* tout tout de suite, le goût des honneurs, le fanatisme doctrinaire. Egalement cette insécurité et cette instabilité qui le font sauter d'un sujet à l'autre, ou poursuivre plusieurs recherches de concert s'il sent qu'un autre pourrait en retirer de la gloire.

Plus tard viendra **la peur**, grande caractéristique de la diathèse: peur de la maladie et de la mort, du microbe et de la contagion qui vont exalter ses tendances luétiques. N'oublions pas que l'angoisse fondamentale enracinée dans l'enfance est inséparable d'une hostilité foncière. L'une et l'autre seront projetées sur le monde extérieur perçu comme dangereux et effrayant. Certains seront ainsi terrorisés par les animaux, l'obscurité ou l'orage, d'autres par les microbes, d'autres encore par... les vaccins!

Précocement handicapé, Pasteur perdit trois de ses cinq enfants, dont deux de typhoïde, et fut confronté aux épidémies, notamment lors du conflit de 1870. La peur, faiblesse mais aussi arme du luétique, joue un grand rôle dans la maladie, sa genèse, son entretien, son évolution. Les chroniqueurs historiques des grandes épidémies prétendent que beaucoup de gens sont morts... de peur! En fait la peur ouvre la porte à la maladie en effondrant l'immunité. La terreur du fléau, consciemment ou inconsciemment vécu comme un châtiment, répand tout autant la mort que les "miasmes".

Un contre-exemple me parait particulièrement parlant. Les médecins du dix neuvième siècle ne croyaient pas à la contagion. Le docteur Desgenettes, médecin en chef, s'inocula du pus de bubon pesteux pour prouver que la peste n'est pas contagieuse! "Par chance", nous dit-on, il ne mourut pas. Ce ne fut pas de la chance. Le docteur "ignorant" *n'avait pas peur* car *il ne croyait pas* que ce pus puisse lui faire le moindre mal!

A l'époque où son biographe décrit son obsession de la propreté, Pasteur est hémiplégique depuis plusieurs années, ce qui l'épuise tant physiquement que psychiquement. C'est un homme solitaire, dépressif, diminué, aigri. Un homme souffrant qui passe des heures rivé à son microscope, à observer ce "grouillement" microbien qui peu à peu devient pour lui la cause unique de toute maladie et de toute souffrance. Il est *obsédé* par le microbe, avec ce comportement compulsif de lavage des mains qui est le *key-note* de Luesinum, décrit dans toutes les matières médicales.

Terrorisé par le pressentiment de sa propre fin, il affirme sa condition d'être vivant dans **l'hyperfonction de son pouvoir**. Avec un regard perçant et une émotivité nulle, il tente de repousser toutes les limites par l'exercice tyrannique du pouvoir et de *ses déviances*. Les "rituels obsessionnels" sont utilisés au départ comme des "garde-fous" avant l'emballement de la machine mentale: tendance vraiment pathologique à se laver les mains à tout instant, à laver plusieurs fois son verre avant de l'utiliser...

Sous cet éclairage, **les dogmes pasteuriens concernant le microbisme apparaissent comme le fruit des obsessions d'un cerveau malade, dévoré par l'ambition et la peur.**

Cette peur maladive doit absolument être exorcisée, rejetée hors de soi, focalisée de manière obsessionnelle sur l'ennemi *extérieur*, l'Allemand, le microbe... Pasteur n'aura aucun mal à imposer ses fantasmes aux autorités et aux peuples en quête de bouc émissaires.

Le slogan pasteurien, d'hier à nos jours, c'est: "un microbe, une maladie", et "une maladie, un vaccin".

Détruire le microbe, tous les microbes, c'est vaincre (la peur de) la maladie et (la peur de) la mort, c'est accéder à l'immortalité. Ne plus être malade. Ne pas mourir. Cette victoire totale de la Matière sur l'Esprit doit apporter de plus les autres bienfaits dont le luétique est avide: les honneurs et l'argent.

Le luétique finissant est irritable et déprimé. Sa rigidité affective a fait le désert autour de lui.

Pasteur va imposer ses idées en se servant de tous les moyens que sont les grandes déviances luétiques: en premier lieu *la peur* - il terrorise ses assistants qui mettront des années à transmettre le témoignage de ce qu'ils ont vécu - mais aussi *le mensonge, la duplicité*, avec un aspect destructeur très marqué - depuis ses opposants ou contradicteurs qu'il vole ou ridiculise sans vergogne, jusqu'aux enfants que le vieux luétique déteste, et auxquels il inoculera sans frémir la rage, maladie typiquement... luétique!

En 1888 sera créé l'Institut chargé de diffuser dans le monde entier la gloire de Pasteur, et d'en tirer le maximum de bénéfices. Diffuser et imposer par une propagande mensongère basée sur *la peur*, du microbe d'abord, du gendarme ensuite (obligations vaccinales), en truquant ou en camouflant les statistiques démontrant l'inefficacité et le danger des vaccins, en empêchant tout détracteur de s'exprimer librement, voilà l'héritage luétique de Pasteur.

Sources utilisées:

Françoise et Jean-Yves Henry - Vade-Mecum d'Homéopathie - Matière Médicale - SHB 1995

Dr J. Michaud - Enseignement supérieur d'Homéopathie - Tome 2: Homéopathie diathésique

Pierre Darmon - "Pasteur" - Editions Fayard 1995

P. Mullahy - "Oedipe, du mythe au complexe" - Bibliothèque scientifique - Payot 1951

III
BACTÉRIOLOGIE MÉCONNUE
ET VACCINOLOGIE SUSPECTE

"Une nouvelle vérité scientifique ne triomphe jamais en convainquant les opposants et en faisant voir la lumière, mais plutôt parce que ses opposants finissent par mourir, et qu'il naît une nouvelle génération à qui cette vérité est familière" - Max Planck

Au siècle dernier, la Science se construit dans un contexte de guerres civiles et coloniales, de lutte des classes et de grands conflits nationalistes, sur la base d'un matérialisme qui fragmente, oppose, sépare l'homme à la fois de la Nature et de Dieu.

En Angleterre, le naturaliste **Charles Darwin** observe la sélection artificielle réalisée par les éleveurs dans le but d'améliorer les "races". Seuls les meilleurs sujets sont conservés pour le renouvellement des cheptels. Il lit l'économiste anglais Thomas Robert **Malthus** (1766-1834) qui démontre que la natalité suit une progression géométrique, tandis que les ressources économiques suivent une progression arithmétique. Il s'agirait d'une "loi naturelle", qui signifie en clair: "il n'y en aura pas pour tout le monde". Darwin assiste aussi à la naissance de l'économie libérale, avec ses inévitables conséquences comme le chômage. Attirés par les promesses de l'industrialisation, les nouveaux prolétaires s'entassent en marge des cités surpeuplées, ce que l'on nomme ici "banlieue" (le lieu au ban de la société), ailleurs "bidonville" ou "favela". Comme la production paraît un acte moins naturel que la procréation, il devient urgent de songer à limiter la naissance des "plus faibles". Le physiologiste britannique **Francis Galton** (1822-1911), cousin de Darwin, sera historiquement l'inventeur de l'eugénisme "scientifique", lequel prendra moins d'un siècle plus tard le visage effrayant de la "purification ethnique". C'est dans cette conjoncture que le *gentleman* Darwin va grandir, s'instruire, puis voyager afin d'étudier la Nature. A partir d'observations superficielles il va élaborer un système grandiose, décrire le monde tel qu'il le voit, dominé par une concurrence acharnée entre les espèces soumises à une lutte sans merci pour la survie, la sélection du plus fort, du plus performant. Mais ce qu'il décrit n'existe pas forcément dans la Nature. Ce qu'il décrit est une *interprétation* qui découle en grande partie de ses conditionnements culturels. Seul un nanti pouvait élaborer une telle théorie, érigée en loi universelle afin de justifier le despotisme social et l'exploitation, et déculpabiliser les prédateurs bien pensants de la néoféodalité moderne. N'est-il pas lui-même un "dominant", membre de l'aristocratie conquérante d'un pays farouchement colonialiste et lancé sur la voie du Progrès industriel?

En France, le chimiste **Louis Pasteur** a donné la même vision du monde: le combat acharné de l'humanité contre les microbes. Il désigne le responsable des maladies infectieuses dans un contexte darwinien de lutte des classes (des règnes, des embranchements, des ordres...) et de survie du plus apte. Dès lors, toute la recherche scientifique va se cloisonner en disciplines, et s'engouffrer dans la voie martiale du "chacun pour soi". Après trois guerres, dans le contexte d'une difficile restructuration, ce sera la grande euphorie pasteurienne, la découverte des antibiotiques, la modélisation de l'ADN et la description de mécanismes immunologiques qui viennent conforter les modèles théoriques.

Moins de cinquante ans après la généralisation des vaccins, où en sommes-nous?

La paléontologie, l'embryologie, la biologie moléculaire révèlent peu à peu les paradoxes de la théorie néodarwinienne de l'évolution. Les mutations ne sont certainement pas aléatoires, et la sélection naturelle n'est qu'une vue de l'esprit. Que signifie "la sélection du plus apte"? La prédation animale, modèle idéalisé du "combat pour la vie", s'inscrit en fait à l'intérieur d'un contexte beaucoup plus large de co-évolution, de co-création de la biosphère. Il n'y a pas de "plus aptes" et de "moins aptes", mais une biodiversité dont l'équilibre dépend des relations harmonieuses d'espèces complémentaires, sans notion de Bien et de Mal, sans ségrégation, sans haine et sans privilèges. En bref, il apparaît aujourd'hui que la Terre est un superorganisme où l'entraide et la symbiose dominent largement sur la concurrence. Avec ce nouveau regard, de nouvelles disciplines émergent, telles que la géophysiologie et l'écopsychologie, qui considèrent l'Unité du monde au-delà de l'apparence trompeuse des divisions. Sauront-elles trouver une place à l'Homme, qui ne soit plus celle d'un prédateur avide et sans scrupules? A l'opposé de cette vision holistique, le dogme darwinien rénové, nommé "théorie synthétique de l'évolution", débouche forcément sur le "darwinisme social" qui n'est qu'une impasse, le fantasme d'un modernisme libéral qui justifie le pillage et le gaspillage des ressources naturelles, l'égoïsme et l'injustice de systèmes socio-économiques irrecevables sur le plan de l'éthique.

Dans le même temps, l'immunologie, la microbiologie, la génétique détruisent un à un les fondements de la théorie pasteurienne, construite elle aussi sur des rapports de force morbides. Ni l'ADN, ni le système immunitaire, ni les microbes ne correspondent aux modèles théoriques annoncés. Peu à peu, timidement, les revues scientifiques osent le doute et font le bilan de l'application généralisée des conceptions "modernes" de la biologie. Le verdict est impitoyable: il faut déchanter. La vaccinologie n'a enregistré aucun progrès significatif ces dix dernières années, tandis que dans le même temps plus de vingt maladies nouvelles sont apparues, telles que le sida, la maladie de Lyme, les maladies à prions, les fièvres hémorragiques, les hépatites B et C, une nouvelle forme de choléra. Le Dr Hiroshi Nakajima, Directeur de l'O.M.S., déclare: "nous sommes au bord d'une crise mondiale due aux maladies infectieuses. Aucun pays n'est vraiment en sécurité, aucun ne peut ignorer la menace". D'autre part "on comprend mal que le paludisme, la tuberculose, la dengue hémorragique, le choléra, la peste ne soient pas jugulées et, pire, *qu'elles reviennent en force*". Beaucoup continuent néanmoins de croire au Progrès, mais sans l'attribuer forcément à la médecine: "les progrès de la santé dans les pays riches et industrialisés, notamment l'augmentation de la durée de vie, ne seraient, affirment certains hygiénistes, pas tant dus aux médicaments développés à grands frais qu'à une meilleure hygiène".

Passons donc en revue ces "progrès de la santé" dans les sociétés industrialisées, où la violence et l'insécurité sont devenues telles que l'on parle aujourd'hui de "néobarbarie".

L'immense majorité des enfants occidentaux naissent dans les services surmédicalisés de la technobstétrique, et l'on est en droit de se demander ce que sera "l'avenir d'une civilisation née sous anesthésie" (Michel Odent).

L'alcoolisme et la consommation de drogues diverses se généralisent et commencent dès le collège. Les suicides d'adolescents se multiplient. Beaucoup d'enfants et de jeunes adultes sont dépressifs et suivent des psychothérapies.

Les hôpitaux sont pleins, y compris les services de pédiatrie et les instituts pour handicapés physiques et mentaux. Les services d'urgence fonctionnent à plein rendement, tandis que la mortalité infantile redevient un problème majeur des sociétés industrialisées.

Les chirurgiens ont du mal à assurer la demande en prothèses diverses, matériaux "high tech", organes prélevés sur des animaux transgéniques ou des enfants du Tiers-Monde, peut-être bientôt sur des clones maintenus en état de mort cérébrale.

Le grand privilège concédé aux citoyens des pays industrialisés est de permettre la consommation de médicaments de synthèse à pleine bouche dès le plus jeune âge et jusqu'à la mort, laquelle est rarement naturelle mais plutôt l'aboutissement de plus en plus précoce d'une longue infirmité liée à des processus dégénératifs totalement incurables.

Qu'adviendrait-il si on supprimait *du jour au lendemain* antibiotiques, anti-inflammatoires, hormones, neuroleptiques, anxiolytiques, hypotenseurs, hypoglycémiques, antimitotiques? Si on supprimait aussi tous les animaux de compagnie qui épongent quotidiennement l'incommensurable détresse affective de l'homme moderne?

Alors **qu'est-ce que la santé?**

Aux mandarins qui ressassent: "nous avons vaincu les grandes épidémies du passé", répond la *vox populi* relayée de plus en plus par les médias: mais alors Docteur, *pourquoi* le Sida, les hépatites, les fièvres hémorragiques...? Qu'en est-il des cancers, des allergies, des "maladies géniques", des pathologies cardio-vasculaires, des affections auto-immunes? Et la dépression, le stress, l'asthénie, l'insomnie, la spasmophilie? Et surtout, *pourquoi* sommes-nous si mal dans notre peau?

Qu'est au juste l'hygiène? Entretenir la peur et l'utopie névrotique d'un monde sans microbes? Anesthésier l'angoisse avec des neuroleptiques et consommer tous les jours des aliments transgéniques? L'hygiène ne concerne-t-elle que le corps physique?

Nous devons plus que jamais nous poser les questions pertinentes: "de deux choses l'une: ou bien les problèmes auxquels est confrontée aujourd'hui la médecine de pointe sont plus difficiles à résoudre qu'auparavant, ou bien les voies dans lesquelles la recherche se trouve engagée conduisent à une impasse" (Science et Vie). En d'autres termes: "Quelle est la signification des maladies infectieuses en regard de l'Evolution", si reconsidérant les microbes nous admettons enfin que "leur finalité n'est pas de nous rendre malades"?

Alors, en avons-nous fini avec Pasteur? Pas tout à fait.

Dire que certains dogmes sont erronés, que les pratiques qui en découlent sont dangereuses, est une chose. Le démontrer en est une autre, et une autre encore de proposer un autre modèle ou paradigme viable et porteur d'un avenir pour tous. Si les microbes, les maladies et les vaccins ne sont pas ce que l'on croie communément, alors que sont-ils? Nous proposons ici un certain nombre d'hypothèses, appuyées par des informations jusqu'alors interdites ou radicalement nouvelles. Chacun pourra dès lors faire appel à son *bon sens* et choisir en connaissance de cause.

Nos propositions sont les suivantes:

- la **santé** n'est pas l'absence de maladie, mais une façon de venir puis d'être au monde qui intègre la maladie dans la biographie humaine et la dynamique générale de l'évolution.

- la **maladie** a donc un sens, une signification évolutive sur les plans individuel et collectif, qu'il nous faut réapprendre à connaître, apprendre à reconnaître.

- la **guérison** n'est pas la victoire sur une maladie, mais la résolution d'un conflit et l'accès à un nouvel équilibre où chacun est à sa juste place.

- quant aux **microbes,** il est grand temps de reconsidérer notre point de vue car l'épreuve de force morbide engagée par Pasteur ne tourne pas à notre avantage. Fondateurs de la vie sur Terre, ils sont aussi les agents de guérison indispensables à sa pérennité. Ils ne sont pas la cause des maladies dites "infectieuses", mais la conséquence de désordres antérieurs qui induisent leur activation. Ce qui ne signifie en aucun cas qu'ils ne puissent jamais être *dangereux* si leur travail n'est pas contrôlé par le système immunitaire, lequel acquiert sa compétence durant la période périnatale s'il n'est pas agressé par des manoeuvres médicales intempestives.

- les **vaccins** sont tous potentiellement dangereux, totalement contre-indiqués avant l'âge de deux ans et fortement déconseillés avant l'âge de sept ans. Ils devraient être utilisés très parcimonieusement, dans des situations exceptionnelles, en tout dernier recours, lorsque toutes les solutions alternatives ont été épuisées, et en oeuvrant à leur abolition définitive.

1.   Les microbes font-ils l'amour ou la guerre?

"On" croyait que...

Le contexte historique, depuis l'Antiquité jusqu'au siècle dernier, nous a permis de comprendre en partie l'extraordinaire succès de Pasteur. Soudain on pense découvrir les responsables de millions de morts imparables au cours des siècles! Soudain on pense pouvoir les vaincre définitivement! Et le découvreur est français! Quelle euphorie, et quelle gloire pour ce "porteur de lumière"!

Pasteur a raison sur un point: les microbes sont bel et bien impliqués dans ces "fléaux" que sont les maladies infectieuses. Mais de quelle manière? Sont-ils une cause ou un effet? Des maîtres d'oeuvre ou de simples exécutants? Qui ou quoi commande leur activation ou leur répression, et dans quelles situations peuvent-ils devenir incontrôlables? Décelés dans le corps malade, sont-ils en train de détruire ou de reconstruire? Participent-ils à un processus entropique de destruction ou bien à un processus néguentropique de régulation, de nettoyage, de métamorphose par la maladie? S'ils sont "foncièrement mauvais", obligatoirement pathogènes, la cause unique d'un holocauste gratuit, alors pourquoi frappent-ils celui-ci plutôt que celui-là, ici plutôt qu'ailleurs, aujourd'hui plutôt que demain? Ou ne sont-ils qu'une conséquence de perturbations antérieures au processus infectieux, liées aux grands cycles évolutifs de la vie sur Terre et plus tard aux activités humaines basées sur la loi du plus fort, l'inégalité érigée en vertu suprême? Sont-ils dès lors *utiles* à une évolution dont le sens nous échappe encore, nécessaires à l'homéostasie planétaire, à la croissance de l'homme et des sociétés humaines? Se pourraient-ils qu'ils soient, en définitive, des agents de guérison? Des hommes ont posé ces questions, certains même ont proposé des réponses. Mais les avons-nous écouté?

Que peut-il advenir lorsque tout le savoir acquis dans les disciplines majeures de la biologie est fondé sur des bases erronées, des vérités fragmentaires, des lambeaux de réalité? "On" fait fausse route. Mais qu'importe. Ce "on" qui nous gouverne ne cherche que ce qu'il espère trouver, et ne trouve donc que ce qu'il cherche, par exemple le "virus de la dépression" ou le "gène de la délinquance", qui lui permettront d'affermir son pouvoir, de produire et vendre des tests de dépistage, de nouveaux vaccins, des outils biomoléculaires, des méthodes de transgenèse... Qu'importe que les théories soient incomplètes, l'important est que *ça marche*, autrement dit que ce soit rentable à court terme. Chaque nouvelle découverte est interprétée de manière à conforter les théories existantes, ces mythes des temps modernes créés et entretenus par les multinationales qui détiennent le monopole de l'alimentation et de la santé humaine et animale.

Le temps passant le désordre s'amplifie, l'accumulation des erreurs devient dramatique, jusqu'à l'exacerbation de la névrose sécuritaire, jusqu'à l'aberration d'une perpétuelle fuite en avant dont l'emballement de la vaccinologie et des manipulations génétiques sont le plus bel exemple. Nous aurions pu changer de cap depuis longtemps, mais tous les chercheurs dissidents ont été systématiquement ridiculisés, harcelés, éliminés.

Quels furent les dogmes fondateurs de cette folie suicidaire?

L'homme est un animal confronté aux violences aveugles de la sélection naturelle, et le principal responsable de ses souffrances est le microbe. Aujourd'hui toutes les maladies non infectieuses, dont la majeure partie découlent directement de nos erreurs, sont peu à peu attribuées à des microbes. C'est le cas du diabète, de l'ulcère d'estomac et de la dépression. Les vaccins du futur, administrés toute la vie à tous les citoyens, permettront de prévenir et même de guérir des affections comme le sida, les cancers, l'ensemble des maladies chroniques et auto-immunes. Ne parle-t-on pas aujourd'hui de "vaccin contre les enfants" à propos d'une nouvelle méthode contraceptive?

Parallèlement va se mettre en place un autre dogme, centré sur le mythe de l'ADN arbitrairement déclaré support unique d'un "programme" qui détermine la moindre de nos pensées. "On" nous terrorise en annonçant que la mystérieuse spirale subit des mutations aléatoires "responsables" de milliers de maladies géniques inévitables et incurables. Puis "on" nous rassure: la thérapie génique parviendra à guérir toutes ces mutations dues au "hasard" et qui génèrent tant de souffrance.

Il existe un point commun à ces deux façons de concevoir la maladie. Que la cause soit extérieure - le microbe - ou qu'elle soit intérieure - le gène - *nous sommes irresponsables et impuissants*. Victimes maintenues de force dans l'infantilisme, nous n'avons absolument aucune prise sur notre vie soumise à la virulence permanente des microbes ou aux défectuosités aléatoires de nos gènes. La "foi qui sauve" a été mise au rancard avec l'ensemble des superstitions "primitives". Que nous reste-t-il, sinon les yeux pour pleurer? Que nous reste-t-il, sinon nous soumettre au pouvoir de la technoscience, et verser notre obole aux grands prêtres du pasteurisme et du Téléthon?

Or TOUT CECI EST FAUX!

"On" croyait que... mais "on" se trompait!

Il est urgent que chacun d'entre nous en prenne conscience *aujourd'hui*, alors que se précise le déclin rapide d'un "modernisme" étouffé par ses propres paradoxes. Il est urgent de sortir au plus vite de cette ornière où nous piétinons dans l'angoisse et qui sera la tombe du matérialisme. Il suffit d'ouvrir les yeux, d'accepter de changer notre regard sur le monde, pour que tout le savoir acquis s'éclaire d'un jour entièrement nouveau et permette enfin l'éclosion de ce germe présent au fond de notre conscience, celui d'une logique entièrement nouvelle, fondée sur l'unité, l'interaction, l'échange, l'alliance et la complémentarité, et non plus sur la dialectique morbide de l'opposition du Soi et de l'Autre qui engendre la violence totalitaire, l'égoïsme conquérant, la compétition à outrance et... la maladie.

Notre défi est de proposer une autre vision du monde, plus cohérente que la précédente (car nous sommes tous, ensemble, *co-errants* en ce monde), une vision tenant compte de l'ensemble du potentiel cognitif humain constitué par la physique et la métaphysique, l'objectif et le subjectif, le réel et le surréel, le conscient et l'inconscient, l'équilibre enfin réalisé de nos deux hémisphères cérébraux. Mise à l'épreuve de l'Histoire et des faits, cette vision nouvelle s'avère la seule habilitée à nous sortir du marasme.

A tout seigneur tout honneur, nous commencerons par le dogme le plus ancien et le plus tenace:

LE MICROBE N'EST PAS UN ENNEMI!

Ce sera sans doute le plus difficile à ébranler et le dernier à tomber, et pourtant seule cette remise en cause peut nous permettre de comprendre l'état déplorable de la santé mondiale.

Ensuite nous nous intéresserons à l'ADN, considéré à tort comme immuable et seul support de la mémoire transmise au fil des générations. Là aussi tout est faux. Les mutations ne sont pas aléatoires et le rôle épigénétique des ARN et des protéines est beaucoup plus fondamental que le "programme" contenu dans l'ADN.

Nous découvrirons alors l'identité absolue du virus et du gène, l'intensité et l'importance de leurs dialogues ininterrompus, et nous pourrons enfin comprendre le véritable rôle des virus dans l'homéostasie planétaire.

Nous conclurons en montrant que le système immunitaire n'est pas un système de défense mais un système de communication et d'information essentiel pour l'évolution humaine.

Ce faisant nous pourrons intégrer dans un ensemble harmonieux les données de la Tradition et celles de la vraie Science. Certaines découvertes de la biologie y trouveront naturellement leur place, alors qu'il est de plus en plus difficile de les faire cadrer avec le dogme officiel. Il apparaîtra alors évident que le fantasme du contrôle des maladies par la vaccination de masse peut nous conduire à "la plus grande catastrophe écologique de l'histoire de l'humanité" (1).

A l'aube de la vie: concurrence ou symbiose?

Parlant de l'apparition et du développement de la vie sur Terre, la description succincte que nous allons faire pourra paraître très "matérialiste", celle d'un "hasard" heureux laissant apparemment peu de place à l'intervention d'un déterminisme de nature plus subtile. Nous ne pensons pas que ce soit le cas. Pour les rationalistes, la conscience chez les êtres supérieurs, la pensée et l'esprit chez l'humain, sont la conséquence de la rencontre aléatoire et du fonctionnement aveugle de molécules devenues mystérieusement "organiques", et dès lors avides de s'organiser. L'Esprit ne serait qu'une conséquence de cette auto-organisation de la Matière.

Or, avant l'avènement de la science positiviste tout le monde était convaincu du contraire. Depuis, et malgré le développement de cette vision mécaniste de l'Univers, la plupart des humains continuent à considérer que l'Esprit - l'Energie, ce qui met en mouvement - précède et anime la Matière. Ce que la Science a redécouvert au début de ce siècle, grâce aux physiciens quantiques, le médecin le refuse encore: "c'est qu'à tant se vouloir scientifique, il finit par n'être plus que scientiste. D'un scientisme matérialiste désuet qui oppose encore matière et énergie, alors que la recherche de pointe démontre que tout l'univers connu n'est fait que d'états différents d'énergie. Energie plus ou moins liée, plus ou moins structurée" (19).

Quelle que soit la sensibilité du lecteur, et quelles que soient l'origine et la nature des forces en jeu dans "l'évolution créatrice" (Bergson), un fait est acquis: un jour la vie est apparue sur cette planète, la matière s'est structurée et organisée pour former une multitude d'êtres sensibles dont l'Homme est considéré comme le plus accompli. Qui que soit l'architecte, et quels que soient les plans suivis, il apparaît que les **microbes** ont été et sont toujours la matière première, les maîtres d'oeuvre et les artisans de cette création.

Les êtres vivants que nous nommons "microbes" sont invisibles à l'oeil nu, constitués d'une seule cellule sans noyau, des *procaryotes* par opposition aux *eucaryotes* unicellulaires (protistes) ou pluricellulaires, constitués de cellules à noyaux, dont nous faisons partie. Leur importance est telle que la division fondamentale ne se situe plus entre règne végétal et règne animal, mais bien entre eucaryotes et procaryotes. C'est ce que nous expose la microbiologiste américaine Lynn Margulis (20) en nous ouvrant les yeux sur un monde fabuleux, omniprésent autour de nous et en nous, sans lequel aucune vie ne serait apparue et ne se maintiendrait sur Terre. Nous sommes infiniment loin du "microbe-ennemi" de Pasteur, vision réductrice et simpliste qui a totalement faussé notre appréhension de l'écologie planétaire, donc de l'équilibre des êtres qui peuplent la biosphère. Et nous sommes aujourd'hui conviés à redécouvrir un univers vivant dont tous les éléments sont étroitement interconnectés, indispensables les uns aux autres.

Les microbes sont apparus sur Terre 3,5 milliards d'années avant l'homme, et leur histoire présumée a donné lieu à l'un des plus grands mythes scientifiques de notre époque, celui des Origines de la Vie. Dans ces temps lointains, à peine un milliard d'années après la formation de la planète, les premières molécules organiques seraient apparues dans une "soupe prébiotique", les mers chaudes et riches en minéraux dissous qui recouvraient toute la surface du globe. Cette "soupe" était peut-être un gel de silice, constituant de cette argile qui est la matière première de la Création, mais à ce niveau nous ne pouvons formuler que des hypothèses à jamais invérifiables. L'une d'entre elles avance que ces premiers acides nucléiques et acides aminés seraient nés spontanément de l'eau bombardée par les rayonnements issus du cosmos, alors non filtrés par l'atmosphère que nous connaissons aujourd'hui. Tout ceci tient déjà du miracle, si l'on considère que ces fragiles molécules nues auraient dû être instantanément détruites par les dits rayonnements!

Au cours de processus autocatalytiques, ces molécules se seraient répliquées, associées, puis entourées de membranes semi-perméables, filtres sélectifs tempérant quelque peu les influences néfastes du milieu extérieur. La création de ces interfaces participe donc à la première ébauche d'un *milieu intérieur* constant, d'un minuscule "soi" individualisé face à l'immensité du "non-soi" extérieur. Les premiers procaryotes viennent de voir le jour, des bactéries anaérobies qui vont régner seules pendant près de deux milliards d'années! Comment ces premiers habitants vont-ils survivre, et surtout cohabiter?

Trois événements considérables se préparent.

- tout d'abord l'**oxygène** va apparaître et diffuser peu à peu dans l'atmosphère, vulgaire déchet du métabolisme de ces procaryotes primitifs, mais déchet très toxique qui va engendrer un holocauste massif des anaérobies exposés. Ce sera la première grande extinction de l'histoire de la vie. Cette pollution mortelle de l'atmosphère va par contre favoriser certains micro-organismes capables d'utiliser ce déchet dans leurs réactions biochimiques. Ce qui survient alors semble bien constituer une "sélection naturelle" du plus apte, à ceci près que les "moins aptes" ne vont pas disparaître mais participer à un équilibre nouveau qui permettra la complexification de la vie et donc l'apparition de l'Homme. Ces "moins aptes" sont les fermentaires constituant les flores symbiotes des êtres supérieurs, impliqués dans la fabrication des alcools, les premiers micro-organismes révélés par Antoine Béchamp au siècle dernier. Les "mutants" utilisateurs d'oxygène vont alors recouvrir toute la planète, et entièrement la remodeler. La régulation du climat, la création et l'entretien d'une atmosphère composée de 21% d'oxygène est leur fait: à 22% d'oxygène tout flamberait à la moindre étincelle (éclair), y compris les forêts tropicales très humides, et à 20% d'oxygène... nous ne serions pas là pour raconter cette histoire! Si l'oxygène est toujours un poison pour les immortels que sont les anaérobies responsables des fermentations, il a toutefois permis de très grandes innovations comme l'apparition de l'ADN et la constitution de la couche d'ozone qui protège dorénavant *l'ensemble* des êtres vivants, "forts" ou "faibles", des rayons cosmiques très énergétiques.

- le second bouleversement est l'apparition des premières cellules dites **eucaryotes**, dotées de nombreux compartiments internes (division du travail) et notamment d'un *noyau* qui isole l'ADN du cytoplasme. Ce sont nos plus lointains ancêtres sur le plan biologique. Tout va dès lors aller beaucoup plus vite, grâce à un phénomène déconcertant pour les partisans de la concurrence acharnée: pour survivre à l'aube du monde, procaryotes et eucaryotes vont s'associer et inventer la **symbiose**. Certains eucaryotes primitifs vont inclure à leur cytoplasme des cyanobactéries, lesquelles vont dès lors se simplifier, perdre peu à peu des gènes et donc leur autonomie, se spécialiser *à l'intérieur* de leur hôte et permettre à des êtres plus complets, mieux armés, de voir le jour. Ce sont les premières algues photosynthétiques, à l'origine de toutes les plantes terrestres, et dont la photosynthèse a permis l'émergence du règne animal gros consommateur d'oxygène et d'énergie pour assurer sa mobilité. Mais d'où viennent-ils ces animaux? De nouvelles symbioses. Quelques centaines de millions d'années après les premières (endo)symbioses, des eucaryotes plus évolués vont à leur tour intégrer des algues, évoluer et se diversifier, ce qui donnera naissance beaucoup plus tard à tous les animaux. Si "les nouvelles cellules semblent avoir été des confédérations de bactéries" (20), une déduction s'impose immédiatement: **nous sommes constitués de bactéries**!

- c'est alors que se produit un troisième événement tout à fait extraordinaire et difficilement explicable par le "hasard". Alors que l'oxygène atmosphérique a atteint les 21% optimum, les êtres unicellulaires vont s'associer pour former des organismes pluricellulaires, c'est-à-dire inventer les principes du progrès social. Les cellules regroupées vont se spécialiser, former des tissus, jusqu'à l'explosion vitale du Cambrien, il y a environ 500 millions d'années, qui fait apparaître tous les embranchements encore présents aujourd'hui. Les tissus vont former des organes de plus en plus complexes, isolés entre eux et du monde extérieur par des interfaces que sont les diverses peaux, écorces et muqueuses. Mais attention! Interface ne signifie en aucune manière isolement. Il y a certes des systèmes très sophistiqués de filtration, de contrôle des entrées et des sorties, mais les échanges se poursuivent en permanence entre tous les êtres, des informations circulent de génome à génome, notamment grâce aux procaryotes restés libres. Le système immunitaire fait partie de ces systèmes ultraperfectionnés de communication.

Ainsi, considérer la cellule à noyau des eucaryotes comme l'unité de base des êtres vivants est réducteur. Comme des poupées russes, notre matière vivante est constituée d'emboîtements successifs d'unités fonctionnelles, dont les micro-organismes sont le fondement depuis le tout début. Ces êtres seraient eux-mêmes des formes évoluées, différenciées, des particules découvertes par Béchamp, étudiées et photographiées par Tissot, visualisées et filmées de nos jours par Gaston Naessens. *Microzyma* ou *somatide*, ces particules sont le fondement même de la vie, à la frontière de deux mondes, la toute première manifestation/matérialisation de l'Energie accessible à nos sens.

L'endosymbiose a donc profondément influé sur l'évolution des eucaryotes, en leur permettant d'acquérir des potentialités métaboliques de procaryotes, en fait le "génie enzymatique" de ces infatigables constructeurs. Devenus organites, les procaryotes sont toujours présents dans chaque cellule animale ou végétale, comme en témoignent les mitochondries et les chloroplastes de la biologie cellulaire classique. La preuve de leur ancien statut d'êtres autonomes et libres est la présence d'un ADN propre à l'intérieur de leurs propres membranes. De même, les cellules de notre rétine seraient d'anciennes algues rouges!

Dès ces temps reculés, l'éveil de la vie n'est donc pas lié à la lutte acharnée chère aux darwinistes, mais à l'entraide, à la coopération considérée aujourd'hui comme "l'un des moteurs les plus puissants de l'évolution du monde vivant". Ces associations sont devenues absolument obligatoires, car les premières cellules n'auraient pu survivre autrement. Est-ce différent aujourd'hui?

L'avènement des mammifères puis de l'homme n'a naturellement éliminé aucun embranchement, aucune classe, aucun ordre, aucune famille. Et surtout aucun microbe. Tous sont nécessaires à l'équilibre de la biosphère, et seul l'homme moderne se permet l'inconséquence de détruire des centaines d'espèces chaque année, ou de poursuivre à outrance une guerre perdue d'avance contre les procaryotes. Or nous disparaîtrons forcément avant eux - l'éradiqueur éradiqué - puisque nous n'existons que grâce à eux. Darwin et Pasteur dans tout ça? Que signifie la "survie du plus apte"? Apte à quoi, et pour combien de temps? Un écosystème est d'autant plus stable que le nombre d'espèces y est plus grand. Une espèce est d'autant plus stable que le nombre d'individus *différents* est important. Le darwinisme classique aboutit ainsi fatalement à une tautologie: seul celui qui est apte survit, donc les survivants sont tous aptes, donc seuls "les survivants survivent"! Contrairement à ce que l'on croit, l'évolution ne consiste pas à remplacer des "faibles" par des "forts", ou des "simples" par des "complexes". Il y a et il y aura toujours des proies et des prédateurs, des petits et des grands, des très simples et des très compliqués, tous interconnectés et constitutifs de l'organisme géant qu'est cette planète, elle-même constitutive de cet infini qu'est notre Univers.

Les exemples de coopération et d'entraide foisonnent dans la nature, intraspécifiques mais aussi interspécifiques. Les microbes symbiotes des plantes et des animaux supérieurs en sont un exemple. Les légumineuses ne sauraient exister sans les bactéries qui vivent sur leurs racines et leur permettent de fixer l'azote atmosphérique. Aucun mammifère herbivore n'existerait sans les bactéries intestinales qui digèrent la cellulose des plantes. Et "l'homme lui-même peut être envisagé comme une communauté symbiotique extrêmement intégrée" dont les briques de base sont les procaryotes, autrement dit des microbes. Loin d'avoir laissé derrière nous ces "ancêtres" au cours de l'évolution, il apparaît qu'ils forment toujours la plus grande partie de la biomasse. Ceux qui sont restés libres nous entourent, échangeant en permanence de l'information avec ceux qui vivent en nous et/ou constituent notre structure biologique. Les flores symbiotes qui occupent nos cavités creuses (tube digestif, bronches, vessie, vagin...) sont une interface fondamentale, une membrane vivante qui assure la communication entre l'environnement et les organites intracellulaires. Ces flores collaborent avec notre système immunitaire, et nous verrons que le fondement de l'immunité se situe justement au niveau des muqueuses, ce qui fut toujours négligé des vaccinologistes obsédés par les anticorps.

Les êtres supérieurs hébergent donc des milliards de microbes "domestiqués" et inoffensifs... tant que nous demeurons en équilibre symbiotique avec l'ensemble de ce qui vit, humains, animaux, plantes et procaryotes. Quand l'équilibre est rompu nous "tombons malades". Chaque type de perturbation peut engendrer un type de maladie bien particulier, manifestation de notre effort adaptatif. Nous entreverrons un peu plus loin l'importance des transferts de gènes entre bactéries, mais aussi des bactéries aux eucaryotes et des eucaryotes aux bactéries. Ces transferts constituent le principe même de la sexualité et... de l'infection! Les bactéries échangent ces boucles d'ADN nommées *plasmides* pour augmenter leurs chances de survie dans des conditions défavorables. *Qui* donc génèrent ces "conditions défavorables" à la vie? Nous! En effet, ces gènes "salvateurs" permettent aux bactéries "d'inactiver les antibiotiques, de dégrader des composés toxiques, tels les diphényles polychlorés (les PCB) ou de former des complexes avec le mercure ou d'autres métaux lourds" (Pour la Science n°245 - mars 1998). Quelles sont les bactéries concernées? Nous en citerons deux, *Escherichia coli*, hôte habituel de l'intestin, et *Pseudomonas aeruginosa*, "responsable" d'infections respiratoires et urinaires. Leur multiplication intensive, qui peut se traduire par une "maladie infectieuse" intestinale, respiratoire ou urinaire, n'a-t-elle pas pour but de **détoxifier** nos organismes préalablement encrassés par toutes les pollutions des sociétés industrielles? Les coliformes et les pseudomonas, devenus aptes à recycler antibiotiques et métaux lourds, "infectent" *comme par hasard* les cavités creuses tapissées de muqueuses et ouvertes vers l'extérieur, intestin, poumon et vessie, organes émonctoriels par excellence. Ces microbes symbiotes sont les **nettoyeurs** de nos milieux intérieurs encombrés des multiples poisons chimiques dont *nous* arrosons copieusement la planète! Et nous ne trouvons rien de mieux à faire que de les combattre avec de nouveaux poisons!

Ainsi les êtres complexes ont peu à peu intériorisé le berceau originel de la vie: la mer, pour créer un milieu intérieur stable composé en moyenne de 70% d'eau salée, présente sous deux formes: eau libre (sang, lymphe, liquide céphalo-rachidien) et eau liée aux cellules (matrice extracellulaire, cytoplasme). L'utérus de la mère et l'oeuf qu'il abrite perpétuent ce milieu océanique primordial. Le foetus est avant tout un animal aquatique. De la même façon nous avons aussi intériorisé des micro-organismes, qui assurent le fonctionnement des milliards de cellules composant notre corps et peuplent nos cavités intérieures en contact avec le monde extérieur. Ceci permet de mieux saisir les deux aspects de la vie: **conservation** d'un milieu intérieur à peu près stable (homéostasie), et **évolution** vers des formes de plus en plus complexes jusqu'à l'émergence de l'homme dont la particularité est d'être parvenu à la conscience de tout cela.

Mais alors, si tout n'est qu'entraide et coopération, que signifient les "maladies infectieuses"? Et surtout, que penser des épidémies? Au début de notre chapitre historique, nous avons posé un certain nombre de questions, et exposé le point de vue des historiens, lequel laisse entrevoir une responsabilité humaine dans l'épidémie. Toutefois, si l'injustice, la famine et la guerre sont déterminants dans la morbidité infectieuse, l'Histoire nous a aussi transmis le témoignage d'un mystérieux cycle épidémique non corrélé aux activités humaines. Souvenez-vous: la peste surgit, tue un certain nombre d'individus particulièrement fragiles, puis recule bien que les gens continuent de s'entretuer et de crever de faim, pour resurgir à nouveau *dix ou onze ans* plus tard. Pourquoi dix ou onze ans? On dit alors qu'il s'agit de la durée de l'immunité des survivants, sans aucune idée de ce que recouvre le terme "immunité". Or nous savons aujourd'hui que ce cycle est précisément celui de l'activité magnétique du soleil, objectivée par les fluctuations des fameuses "taches solaires", et il existe donc des corrélations très nettes entre la maladie, l'immunité et certains bouleversements de l'environnement au sens le plus large, ce que le Dr Jeanne Rousseau nomme des "résonances cosmiques". Ecoutons à présent les biophysiciens.

Les épidémies et donc la *virulence* des germes impliqués dépendent aussi de facteurs "extraterrestres", dont l'alternance des jours et des nuits et celle des saisons constituent les aspects les plus perceptibles à nos sens et à notre intellect. La physique a montré que tous les êtres vivants sont étroitement connectés, par l'intermédiaire de champs énergétiques, à ces multiples rythmes et cycles cosmiques qui modifient le champ magnétique terrestre, les courants électrotelluriques qui parcourent le magma et corrélativement les paramètres biophysiques et biochimiques qui caractérisent le "terrain biologique", paramètres décrits et mesurés par Louis-Claude Vincent (12). L'Univers est donc vecteur de multiples informations qu'il nous est impossible d'éviter, et qui sont probablement l'un des moteurs de l'évolution. Périodiquement donc, selon des cycles complexes, des bouleversements cosmiques et telluriques tendent à modifier les valeurs d'équilibre du milieu intérieur. Les êtres vivants y font face avec plus ou moins de bonheur selon la qualité de ce milieu intérieur qui conditionne l'expression des programmes génétiques et ce que nous nommons "immunité". Selon les capacités de régulation et d'adaptation propres à chacun, *nous* allons permettre *ou non* l'émergence, l'activation et la transmission de "microbes" à un moment donné. Il y a donc une concordance précise et rigoureuse entre l'environnement électromagnétique de la planète, les données culturelles propres à un lieu et à une époque, l'état du milieu intérieur des individus et l'activation microbienne au sein des populations.

Le sens des épidémies? Hier comme aujourd'hui, ici comme ailleurs, les grands conflits humains, l'inégalité sociale, la détresse affective, les guerres territoriales, la promiscuité, la malnutrition, l'absence d'eau potable et le défaut d'assainissement jouent un rôle essentiel dans le déclenchement cyclique de certains mécanismes régulateurs, assimilables à une véritable "sélection naturelle". Considérées sans anthropocentrisme, en prenant un peu de distance par rapport aux peurs multiples qui altèrent notre jugement et déterminent chacun de nos actes, envisagées du point de vue d'une biosphère parfaitement intégrée et douée d'autorégulation, les épidémies peuvent en effet apparaître comme un mécanisme régulateur permettant de tempérer un peu les ravages liés à notre prolifération. Ne sommes-nous pas, et de plus en plus, en conflit sévère avec notre planète?

Avec le darwinisme inspiré de Malthus, nous avons cru à l'évidence de notre victoire dans cette "sélection naturelle". En entrant dans l'ère pasteurienne nous sommes entrés en guerre ouverte contre les microbes, contre la planète entière, contre la Vie, et il est temps aujourd'hui d'en mesurer les conséquences. Certes l'Occident parut un temps à l'abri; ses enfants bien nourris et calfeutrés dans des environnements aseptisés, largement vaccinés contre un ensemble impressionnant d'ennemis potentiels. Les épidémies ont en effet peu à peu reculé, du fait de l'amélioration progressive des conditions de vie, et pour certaines sans immunisation artificielle des populations (peste, choléra). Mais ce fut un bien court sursis, car les grandes faucheuses d'antan menacent de nouveau, vieilles dames ou jeunes premières "émergées" pour venir à pas de loup "au chevet d'une civilisation qui se meurt des sévices de l'intellectualisme et de l'irréalisme" (2). Et ce n'est pas tout. De nouvelles pathologies apparaissent, qui ne sont plus ni infectieuses ni contagieuses. On cherche fébrilement le microbe ou le gène responsable, mais il est clair que ce n'est pas d'une agression extérieure dont nous sommes victimes, pas plus que d'une fatalité génétique, mais d'*un processus morbide généré en chacun de nous* par altération profonde de notre personnalité biologique. La maladie infectieuse, la mutation du gène, ne sont pas la cause mais la conséquence de cette altération.

Il nous faut garder à l'esprit que la maladie n'est pas inéluctable, que la capacité à préserver la santé ou à guérir est en nous et non pas hors de nous, même si l'intérêt de certains est de nous convaincre de notre impuissance et de notre vulnérabilité. Pour cela nous devons aller de l'avant, et continuer à dénoncer tous les dogmes qui altèrent notre jugement. L'un des plus puissants est le mythe de l'ADN.

L'ADN et l'ARN, supports d'information

Les acides nucléiques, ARN et ADN, seraient les premières molécules organiques apparues sur Terre, pour certains d'origine extraterrestre. Ils sont la langue maternelle de Gaïa, qui permet à chacun de communiquer avec tous, et tous avec chacun, donc à l'information de circuler librement dans toute la biosphère pour maintenir la vie et permettre son évolution. Tous les êtres vivants, des virus à l'homme, contiennent des acides nucléiques et fonctionnent selon le même principe. Et tous ces êtres vivants *communiquent* grâce à ces molécules librement échangées pour "augmenter les chances de survie dans des conditions défavorables". Oui mais... L'ADN est-il bien le coeur du système?

Il semble que non, puisque les premiers acides nucléiques étaient vraisemblablement des ARN liés à des protéines, ce que l'on nomme *ribozymes*. Ceci a des conséquences énormes, notamment en ce qui concerne notre dangereuse prétention à modifier ou transférer des segments d'ADN par génie génétique. Depuis sa découverte, cette molécule est l'idole des biologistes. Sa modélisation sous l'aspect symbolique d'une double spirale a permis de créer, fixer et pérenniser le mythe de son omnipotence, car cette forme est un archétype qui touche profondément l'inconscient humain et "dépasse de beaucoup la représentation graphique d'une molécule chimique". Ceux qui prétendent en détenir la clé, les généticiens devenus grands prêtres de la nouvelle idole, ont donc un pouvoir absolu puisqu'ils peuvent à leur gré modifier le "programme" pour façonner la vie selon leurs fantasmes. Impuissantes et terrorisées, les foules écoutent les devins promettre des jours meilleurs grâce à la thérapie génique et aux futurs vaccins à "ADN nu", si toutefois les offrandes sont suffisantes. A date fixe le troupeau va donc en masse verser son obole lors de la grand-messe du Téléthon, sans songer que cet argent alimente grassement les recherches sur le transgénisme et le clonage.

Faisons à nouveau un peu d'histoire. En 1865, le moine jardinier Gregor Mendel met en évidence la transmission verticale des caractères en hybridant des petits pois. Mais il ignore le support de ces caractères et parle alors de "réalités idéelles". Le rôle des chromosomes dans cette transmission sera suggéré en 1910. Dès lors, les biologistes jugent inutile de chercher plus loin, et en 1944 il est décidé que l'ADN est effectivement l'unique support moléculaire de la transmission de l'hérédité. Il n'est tenu aucun compte de l'eau, des protéines, et encore moins de supports purement vibratoires comme les biophotons. La cause est entendue, c'est la consécration de l'*homme-machine* de Descartes, la porte ouverte à l'eugénisme génétique né des fantasmes de Darwin et de son cousin Galton. Le rationalisme triomphe: le destin biologique de l'Homme est inscrit dans la matière, réductible à des processus physico-chimiques, accessible à la technologie et susceptible d'être modifié selon notre bon plaisir.

L'acide désoxyribonucléique, ou ADN, va être modélisé par la fameuse double spirale en 1953. Dans les années 60 le "code génétique universel" est découvert, tandis que Jacob, Monod et Lwoff élucident le rôle des ARN messagers. Pour eux le code ne fonctionne que dans un seul sens, de l'ADN, principe masculin, conservateur, totipotent, autoritaire et fécondateur, vers l'ARN, principe féminin soumis aux diktats et chargé d'engendrer les protéines. Très vite ces connaissances vont se figer pour devenir LA Vérité, conquise une fois pour toutes. On dit alors "un gène, une enzyme" ou "un gène, un caractère", sur le modèle du vieux refrain "un microbe, une maladie", "une maladie, un vaccin".

En 1973 c'est la naissance du génie génétique et de la biologie moléculaire, qui débouche très vite sur la *faisabilité* des biotechnologies. Qu'importe que les théories soient fausses ou encore incomplètes, l'important est d'*agir* sur la réalité, de créer des techniques rentables qui à défaut de conduire à la guérison entretiennent la très lucrative maladie. Dès lors, l'extraordinaire diversité du monde vivant, la richesse infinie de ses interactions, est réduite à l'analyse moléculaire de séquences de gènes taillables et corvéables à souhait.

Cependant, tandis qu'on nous promet le séquençage complet des 100.000 gènes humains peu après l'an 2000, le brillant édifice trop vite construit se lézarde de toutes parts...

"On" croyait que... mais "on" se trompait!

L'ADN est la macromolécule complexe qui constitue la base de nos **chromosomes**, au nombre de 23 paires chez l'homme, logés dans le noyau de chacune de nos 10.000 milliards de cellules. Le code numérique de l'ADN est un double langage binaire. Toute la mémoire de la vie est écrite à partir de quatre lettres seulement, les bases ou nucléotides A, T, C et G. Le génome humain est constitué de trois milliards et demi de ces bases.

Les chromosomes baignent et ondulent dans l'eau salée du noyau, lequel n'est pas plus gros que les deux millionièmes du volume d'une tête d'épingle. Et pourtant, chaque cellule contient environ deux mètres d'ADN, ce qui fait que chacun d'entre nous contient deux cent milliards de kilomètres d'ADN, de quoi embobiner la Terre cinq millions de fois (21)! Une cellule à noyau contient cinq cent fois plus d'ADN qu'une bactérie, ce qui rend le passage historique des procaryotes aux eucaryotes, il y a deux milliards d'années, encore plus énigmatique. Quelles furent les causes et les modalités de cet extraordinaire événement biologique? Quant aux non moins mystérieux virus, leur génome est beaucoup plus simple que celui des bactéries, et composé d'un seul acide nucléique, le plus souvent de l'ARN.

A quoi tout cela peut-il bien servir?

Les chromosomes sont le support de l'hérédité, donc de la transmission verticale des caractères biologiques de l'espèce d'une génération à l'autre. Ce n'est pas faux, si l'on accepte que l'ADN n'est pas un support *unique*, que d'autres mémoires sont transmises par des voies plus subtiles, et surtout que cette mémoire est modifiée à chaque instant par les événements biographiques. Actuellement, l'hérédité génétique est la seule à être admise, enseignée et vulgarisée par la biologie officielle.

Les chromosomes sont composés d'une succession de **gènes**, unités fonctionnelles sans limites précises mais qui contiennent le fameux "programme" utilisé pour fabriquer les **protéines** propres à chaque individu, nécessaires (mais pas suffisantes) à l'expression des caractères et au fonctionnement des cellules, selon le schéma classique:

ADN (dans le noyau)————►ARN (dans le cytoplasme)————►protéines (partout dans l'organisme)

transcription   traduction

La première étape, de l'ADN vers l'ARN, s'appelle *transcription*. La seconde étape, de l'ARN vers les protéines, s'appelle *traduction*. Ceci constitue le code génétique, identique du virus à l'homme. Cette universalité semble justifier pour certains ce que l'on nomme aujourd'hui *transgénisme*, des transferts aberrants de gènes d'un organisme à l'autre, d'une espèce à l'autre, d'un règne à l'autre, sans considération pour les inévitables déséquilibres que cela va engendrer.

Jean-Claude Perez, chercheur pluridisciplinaire, a en effet découvert un ordre numérique dans l'ADN, fondé sur des suites mathématiques comme celle de Fibonacci, et révélant l'omniprésence du Nombre d'Or (*phi* = 1,618) dans l'agencement des nucléotides (22). Si cet ordre traduit la néguentropie, la stabilité et la cohésion de l'ADN acquises au cours de millions d'années d'évolution depuis les premiers procaryotes jusqu'aux mammifères supérieurs, quel peut être l'effet d'un *transgène* introduit "au hasard" grâce aux techniques du génie génétique? Dans le meilleur des cas, l'organisme receveur peut détruire ou rejeter cette "greffe" qui n'a aucun sens homéostatique ou évolutif. Toutefois il existe d'autres scénarios possibles. Du fait des échanges de gènes entre tous les êtres vivants interconnectés, le risque de contamination de l'environnement par les organismes génétiquement modifiés est énorme. Une rupture brutale des myriades de résonances numériques de l'ADN d'une plante ou d'un animal peut engendrer instantanément des mutations multiples et désordonnées, totalement incontrôlables, un véritable *chaos* biologique. Il ne s'agit pas ici d'un danger à long terme, mais d'une catastrophe possible à très court terme, qui peut signifier la destruction de toute la biosphère.

Si personne aujourd'hui ne peut ignorer l'ADN, seuls les spécialistes connaissent les ARN, ces acides nucléiques peu médiatisés dont le rôle est de transférer l'information des chromosomes jusqu'aux usines d'assemblage des protéines situées dans le cytoplasme. Pourtant ces molécules "discrètes" sont apparues *avant* l'ADN, et lui ont ultérieurement donné naissance, sans doute pour mémoriser et protéger les quantités phénoménales d'information captées dans l'environnement. Bien plus, les ARN ne sont pas de simples intermédiaires passifs puisqu'ils détiennent le pouvoir de modifier le message initial et donc la nature des protéines. Ce phénomène, nommé *épigenèse*, signifie qu'à chaque étape de la transcription et de la traduction les ARN (et probablement certaines protéines) peuvent effectuer des *choix* selon des déterminismes que nous ignorons encore, et un même gène peut ainsi aboutir à de nombreux types protéiques différents selon les besoins cellulaires et les paramètres environnementaux. L'ARN, acide nucléique de la majorité des virus, est en quelque sorte "conscient", informé en permanence de tout ce qui se passe dans et hors les 10.000 milliards de cellules qui le contiennent! "L'ADN propose, l'ARN dispose" (J.C.Perez). Dès lors, ses fonctions sont infiniment plus importantes que celles de l'ADN, découverte qui anéantit en un instant toute prétention à modifier à coup sûr le génome dans un but eugénique ou thérapeutique. Inclure ou modifier un gène est non seulement dangereux, mais de plus inutile si les ARN et le cytoplasme "décident", en fonction des informations antérieurement mémorisées ou reçues de l'environnement actuel, de ne pas exprimer la protéine attendue. Car détenir la clé de la synthèse protéique c'est détenir la clé de la vie. Autrement dit, nous ne guérirons aucune maladie génique en bricolant le génome, mais seulement en reprogrammant nous-mêmes nos acides nucléiques par la prise de conscience des agressions qui les ont altérés. C'est la seule voie possible vers la santé. Tout le reste n'est qu'un leurre.

A quoi servent les protéines synthétisées dans le cytoplasme?

Il existe des protéines de *structure*, constituantes des tissus (os, muscle), des matrices extracellulaires et des membranes cellulaires (récepteurs), et des protéines de *fonction* comme les **enzymes** qui déterminent toutes les réactions métaboliques par catalyse, les **protéines du sérum** impliquées dans les transferts d'information, les **anticorps** et un certain nombre d'**hormones**. Toutes les protéines sont fabriquées à partir d'une vingtaine d'acides aminés différents, dont le nombre et l'ordre sont fonction de la séquence d'ADN exprimée et des remaniements effectués par les ARN. Les acides nucléiques des virus et bactéries participent certainement aux orientations données à ces synthèses.

Le premier assemblage d'acides aminés mis bout à bout constitue la structure primaire de la protéine, inactive et non fonctionnelle. Le simple décodage de l'ADN ne sert donc à rien. C'est dans le cytoplasme que la protéine va être mise en *forme*, modelée en spirale et acquérir ainsi sa structure secondaire. Puis cette spirale va se replier encore, se lover sur elle-même et se mettre en boule pour acquérir la forme active de la structure tertiaire. Nous voyons qu'une molécule ne devient fonctionnelle qu'après acquisition d'une information vibratoire incluse dans sa forme, information qui n'est pas inscrite dans l'ADN. C'est en perdant leur structure stéréochimique que les protéines nommées prions deviennent pathogènes. Reste à savoir qui ou quoi les déforme...

Ainsi nos connaissances sur l'ADN et le code génétique évoluent très vite. Certaines "vérités définitives" récompensées par des Prix Nobel n'auront tenu que quelques années. C'est la même ritournelle depuis Galilée: "on" croyait que... mais "on" se trompait, et les découvertes récentes confirment le génie de grands précurseurs comme Béchamp, Tissot, Vincent, Beljanski, Moirot, Hamer... tandis qu'elles réduisent à néant les fantasmes éculés d'un Darwin ou d'un Pasteur.

"On" croyait que l'ADN était isolé dans le noyau, immuable si l'on excepte les "mutations aléatoires" dont les néodarwinistes font l'un des deux moteurs de l'évolution. En d'autres termes l'ADN ne pouvait recevoir aucune information extérieure susceptible de modifier l'expression des gènes et donc le codage des protéines. Or c'est FAUX.

Selon les auteurs, de 2 à 20% de l'ADN est opérationnel, c'est-à-dire codant pour des protéines.

A quoi peuvent donc servir les autres 80 à 98%? Certains considèrent que tout le génome est fonctionnel à un moment ou à un autre, dans tel ou tel type cellulaire. Mais la majorité est toujours considérée comme non-codant, "inutile", et on parle d'ADN-poubelle, ce qui est un bon moyen de masquer notre ignorance. Mais comme il faut bien en faire quelque chose, ces longues chaînes répétitives seront plus tard considérées comme les régulateurs de la synthèse protéique, induisant la répression et la dérépression des gènes codants. Le but est de réaffirmer le dogme réductionniste en faisant du "programme génétique" le moteur de toute l'évolution et donc le créateur de la conscience et de la pensée par protéines interposées. Au-dessus des régulateurs se trouvent donc des "super-régulateurs" qui régulent les régulateurs, et ainsi de suite, dans une fuite en avant qui repousse le moment où il faudra bien s'interroger sur ce qui commande aux "super-super-super-super... régulateurs"!

Emettons à nouveau quelques hypothèses... Ces séquences "inutiles", aussi uniques chez chaque individu que les empreintes digitales, ces longues chaînes d'ADN provisoirement silencieux pourraient être des acides nucléiques *microbiens* en endosymbiose, notamment des virus ayant peu à peu constitués les chromosomes des êtres supérieurs. A quoi servent ces endovirus non codant? A "rien" peut-être aujourd'hui, mais hier, mais *demain*? Il pourrait s'agir de séquences de *réception* et de *mémorisation*, car la forme spiralée est une extraordinaire antenne à l'écoute de toutes les informations telluriques et cosmiques qui constituent peu à peu la plus gigantesque banque de données qui se puisse concevoir. Toute la mémoire de l'espèce y est probablement contenue, et sans doute toute l'histoire de la vie depuis son apparition. En effet, il existe de très nombreuses pages vierges dans le grand livre de l'ADN, où nous inscrivons au fur et à mesure notre propre biographie, où nous engrammons de la naissance à la mort, sans en avoir conscience et sans utilité immédiate, absolument toutes les données concernant notre environnement, y compris des virus. Ces microbes sédentarisés et *personnalisés*, confédérés depuis l'aube du monde, traduisent les engrammes en programmes, expriment ce que nous sommes, ce que JE fut, est et peut devenir dans sa course vers l'avenir. En nous sommeillent une infinité de futurs possibles, un extraordinaire potentiel évolutif, et ce processus se poursuit encore de nos jours par l'intermédiaire des transferts de gènes, au cours des "infections" et des épidémies, indispensables à la résolution des conflits en période de crise, à la poursuite de l'évolution tant que nous n'aurons pas acquis le niveau de conscience nécessaire pour choisir librement notre destin.

Au-delà des acides nucléiques, à un niveau d'intégration supérieur, les cellules confédérées à leur tour en organismes complexes ont une réelle autonomie métabolique grâce à une autre mémoire, localisée dans le *cytoplasme* et transmise de proche en proche depuis les toutes premières cellules germinales éveillées dès la vie foetale. Ce n'est donc pas l'ADN qui impose un "programme" aux cellules, mais les cellules qui utilisent l'ADN et peuvent modifier l'expression des gènes en fonction des paramètres de leur environnement. Le mystère de la morphogenèse embryonnaire s'en trouve quelque peu éclairci. C'est un nouveau "on croyait que..." qui s'effondre: le noyau cellulaire n'est pas isolé, et il y a une communication permanente entre les milieux extérieur et intérieur, entre l'Univers et l'ADN, et, nous allons le voir, entre les virus et l'ADN.

"On" croyait que le code génétique ne fonctionnait que dans un seul sens:

$$\text{ADN} \longrightarrow \text{ARN} \longrightarrow \text{protéines}$$

mais encore une fois "on" se trompait, ce qui bouleverse totalement nos conceptions déjà fragiles de l'inné et de l'acquis. Les mandarins s'énervent et la répression commence aussitôt. Le prix Nobel Jacques Monod nous donne un bel exemple d'objectivité scientifique lorsqu'il congédie son élève Beljanski qui démontre avec une grande rigueur scientifique que le "maître" s'est lourdement trompé. Il est possible de passer de l'ARN à l'ADN! Et mieux, d'obtenir des acides nucléiques à partir de protéines!

En 1972, le Professeur Mirko Beljanski découvre l'existence d'une enzyme qu'il nomme **transcriptase inverse**, laquelle permet d'obtenir de l'ADN à partir d'ARN. Découverte dans une bactérie, cette enzyme est présente chez tous les êtres vivants. C'est un argument majeur en faveur de la primauté de l'ARN, dont l'ADN ne serait qu'une "invention" tardive sur le plan évolutif. Beljanski va beaucoup plus loin lorsqu'il étudie le mode d'action d'une autre enzyme, la **PNPase** (polynucléotide phosphorylase), capable de polymériser des nucléotides, donc de synthétiser de l'ARN et plus tard de l'ADN! Découverte dès 1956 par Severo Ochoa, l'enzyme PNPase fut à l'époque négligée au profit de l'ARN polymérase qui elle dépend de l'ADN et intervient dans la synthèse des différents ARN selon le code classique à sens unique. Beljanski démontre que c'est l'apparition de l'oxygène dans l'atmosphère qui va initier une nouvelle phase de la vie sur Terre. En effet, en présence de magnésium (Mg^{++}) les PNPases synthétisent de l'ARN, mais en présence de fer *ferrique* (Fe^{+++}, la "rouille" issue de l'action de l'oxygène sur le fer *ferreux*, Fe^{++}) les PNPases peuvent synthétiser de l'ADN. L'acide nucléique synthétisé dépend de la bactérie d'origine, ce qui signifie que la PNPase est capable d'opérer un *choix* et donc de transmettre une information génétique, rôle jusque-là réservé à l'ADN! Dès lors, il n'est pas aberrant que notre organisme, sous action enzymatique, puisse remodeler son génome. Ou que notre génome puisse être remodelé par des enzymes *extérieures*, par exemple d'origine microbienne.

En récompense pour ses découvertes majeures, Beljanski sera répudié par ses maîtres nobélisés et privé de tout subside, même après confirmation que la transcriptase inverse est une constante biologique dans les règnes animal, végétal et microbien. Nous avons vu que le cerveau de la cellule est en effet l'ARN, acide nucléique le plus fréquent chez les virus. Loin d'être l'exécutant docile d'un "programme" immuable inscrit dans l'ADN, il est le puissant maître d'oeuvre de l'ensemble du métabolisme cellulaire. Une protéine ou un ARN viral peut dès lors orienter les synthèses protéiques d'un être supérieur, donc modifier le métabolisme de la cellule-hôte comme c'est le cas au cours d'une "maladie infectieuse". Mais surtout il peut, grâce à la transcriptase inverse, intégrer le génome et le *reprogrammer*, le faire évoluer en créant de nouvelles résonances, ce qui fait des virus les vecteurs privilégiés du dialogue ininterrompu de la cellule avec l'ensemble des êtres vivants sur Terre.

Les **rétrovirus**, comme celui que l'on accuse arbitrairement d'être la *cause* du sida, élaborent cette transcriptase inverse qui permet le passage de l'ARN à un ADN proviral capable de s'intégrer dans l'ADN de l'hôte et d'y demeurer "endormi" (non codant) pendant des décennies, voire des générations entières, pour "un jour" être de nouveau activé, coder pour des protéines, provoquer une évolution du métabolisme cellulaire pouvant se traduire par une "maladie", voire une épidémie nécessaire à l'homéostasie biosphérique. Quels sont ici les déterminismes en jeu? L'activation du virus est-il la cause de la maladie, ou la conséquence voire la guérison de la maladie? Nous reviendrons sur ces rétrovirus *tolérés et accueillis par le système immunitaire*, et qui sont probablement des agents reprogrammants en réponse aux pollutions et stress majeurs auxquels nous sommes confrontés individuellement et collectivement. Le sida existerait-il, ou en d'autres termes serait-il *nécessaire* sans ces agressions dont nous sommes en grande partie responsables?

En attendant, voici le nouveau schéma du code génétique:

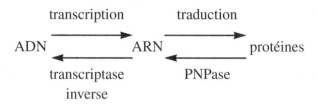

Si Beljanski anéantit le dogme preuves à l'appui, déjà dans les années 40 - avant la découverte du code génétique! - l'existence de **"gènes sauteurs"** avait fait l'effet d'une bombe. Lisez bien, car ceci est tout à fait fondamental pour la suite de notre propos.

Ces gènes "vagabonds" sont des fragments d'ADN qui se déplacent *spontanément* dans le noyau cellulaire, d'un chromosome à l'autre, voire *d'une espèce à une autre* comme le font les virus, "par leurs propres moyens" et chacun "selon ses propres règles", ce qui bien sûr met à mal la notion de "barrière d'espèces" et le dogme d'un génome fondamentalement stable. D'autant que, découverts initialement sur le maïs par l'américaine Barbara McClintock, il s'avère aujourd'hui que ces "gènes sauteurs" appelés aussi "transposons" existent en grand nombre dans le génome de tous les organismes, homme compris (10 à 50% du génome des êtres vivants, 30% chez l'homme). Ils sont "responsables d'un nombre toujours plus grand de mutations et l'on s'interroge sur leur rôle dans l'évolution du monde vivant". Ils "colonisent les espèces" et seraient à l'origine "de certains phénomènes d'adaptation rapide à des modifications du milieu comme la résistance aux antibiotiques", mais aussi de "l'apparition de maladies: hémophilie, dystrophie de Duchesne et certains cancers car ils peuvent activer des oncogènes" (La Recherche, n°287 de mai 1996 et n°307 de mars 1998). C'est déjà énorme, proprement révolutionnaire: ils peuvent générer une adaptation *ou* une maladie. A moins que la maladie soit elle-même une adaptation, comme dans le cas précédemment cité des coliformes et des pseudomonas? Mais que signifie "spontanément"? Quels sont ici les déterminismes en jeu? La Science est muette.

Pourtant il y a mieux. Certains, nommés *"rétro*transposons", utilisent les enzymes "transcriptase inverse" et "intégrase" qui permettent, après transcription en ARN, de reconstituer un ADN et de l'intégrer ailleurs dans le génome. Si la découverte du Pr. Beljanski est donc ainsi amplement confirmée, le plus étonnant est que les "gènes sauteurs" établissent "la **parenté des rétrotransposons avec les rétrovirus**", avec cette hypothèse "que **les rétrovirus ont pu dériver des rétrotransposons**", et vice versa, ce qui appuie ce que nous exposerons ci-dessous, l'évidence non pas de la parenté mais de l'**identité du virus et du gène**. Identité confirmée par le fait que les rétrotransposons contiennent des gènes pouvant coder pour... une capside virale!

Pourquoi tous les virus, apparus plus tardivement dans l'évolution, ne dériveraient-ils pas de gènes vagabonds impliqués dans les transferts horizontaux d'information entre toutes les espèces? Selon Jean-Claude Perez, les virus les plus anciens et les plus inoffensifs (ils sont devenus inutiles) sont ceux qui ont l'ordre numérique le plus élaboré. Dans un tel contexte, on peut s'interroger une fois de plus sur le devenir des acides nucléiques inoculés par transgenèse ou par vaccination, artificiellement modifiés, recombinés, mélangés, susceptibles de subir et de générer des mutations imprévisibles. Que sont devenus les acides nucléiques de la variole, de la poliomyélite, de l'hépatite A ou de la rage, injectés à des millions d'individus? Si ces informations trafiquées sont intégrées au génome, quel sera l'avenir des porteurs de ces nouveaux gènes, selon leur localisation sur tel ou tel chromosome, et selon leur capacité à produire de nouvelles protéines, à réprimer ou déréprimer des gènes voisins? Nul ne le sait.

Concernant l'instabilité du génome et les échanges biosphériques d'acides nucléiques, voire de protéines, nous pouvons amener un complément d'information. Il y a à peine quelques mois "on" croyait que les vecteurs des maladies infectieuses incluaient *forcément* un acide nucléique, ADN ou ARN. La majorité des biologistes le croient toujours, car c'est le fondement de toutes leurs croyances concernant les maladies infectieuses. Or "l'affaire des **prions**" nous confronte à l'existence de certains "agents infectieux non conventionnels", en l'occurrence des protéines *déformées*, découverte pour laquelle Stanley Prusiner a reçu le prix Nobel 97 de physiologie et de médecine. L'un des problèmes majeurs posés par la transmission des **prions** est qu'il y a alors rupture de la fameuse *barrière d'espèces*. Nous nous laissons envahir et détruire par une protéine issue d'une autre espèce, ce qui était a priori impossible. Or nous avons vu que certains assemblages de gènes nommés "transposons" peuvent effectivement rompre cette barrière et participer à des échanges interspécifiques d'acides nucléiques. Si on ignore encore les déterminismes en jeu, on connaît par contre deux ensembles de gènes impliqués dans la stabilité du génome.

Quand tout va bien, un groupe de gènes nommé SRM s'emploie à *conserver* l'intégrité du génome, à maintenir le statu quo. Il y a peu, "on" croyait que les systèmes réparateurs de l'ADN n'avaient que cette unique fonction: préserver le génome de toute altération. Or nous avons vu que c'est FAUX, et il existe effectivement des mécanismes accélérant le taux de mutation et donc favorisant le changement et l'évolution. Un autre ensemble de gènes nommé SOS est activé "en cas d'événement menaçant la survie du génome", c'est-à-dire en situation de stress, d'agression. Il permet l'expression d'un grand nombre de mutations, ce qui augmente la variabilité génétique et "ouvre le champ des possibles": réarrangements chromosomiques, activation de transposons (virus), augmentation du taux de combinaison et *"intégration éventuelle de fragments d'ADN issus d'une autre espèce"* (La Recherche n°291). Donc la rupture de la barrière d'espèces ne semble possible que chez des organismes en souffrance, victimes d'une agression, comme c'est le cas lors de détresse psycho-émotionnelle mais aussi lors de transgenèse et de vaccination. Les maladies dites "à prions", comme toutes les dégénérescences actuelles, sont le signe d'une difficulté adaptative dans une situation de conflit intense générée par une civilisation fourvoyée. La maladie a donc bien un *sens* (direction et signification), mais toujours ignoré d'une médecine résolument conservatrice... de ses privilèges. Beaucoup de mutations étant mortelles, il est à parier que les survivants seront justement les moins conservateurs, les moins rigides, les moins pétrifiés dans les dogmes, autrement dits les plus ouverts, les plus fluides, les plus tolérants, ceux qui ont vivifié leur esprit avec du toujours neuf en évitant au mieux les multiples agressions qui enclenchent l'autodestruction.

Une sexualité planétaire

Chez les êtres pluricellulaires évolués, et donc très complexes comme le sont les mammifères, il n'existe qu'un seul moyen de faire circuler l'ADN, par transmission des chromosomes à la descendance grâce à la sexualité biparentale (transfert vertical). Au sens biologique, la sexualité signifie échange et union d'informations portées par des gènes issus de deux sources différentes. C'est un facteur fondamental d'adaptation et d'évolution, car cela permet de créer de la *nouveauté*.

Si "l'adaptation, en termes d'évolution, est synonyme de fécondité" (20), alors les procaryotes sont dans ce domaine les champions incontestés! Chez les cellules et les microbes, la reproduction se fait par bourgeonnement ou simple division, avec toutefois des possibilités multiples d'échanger des gènes par transfert horizontal (transduction, conjugaison ou transformation). Nous savons à présent que ces échanges se produisent aussi entre procaryotes et eucaryotes, et nous avons pu apprécier l'importance de ces mécanismes pour l'adaptation à des conditions difficiles.

Une bactérie rapide se divise environ toutes les vingt minutes, ce qui donne en quatre jours un nombre infiniment supérieur à celui estimé de protons dans l'univers (le proton est l'un des constituants du noyau atomique)! Une division sur un million donne un mutant, ce qui nous permet d'entrevoir la rapidité adaptative de ces êtres comparée à notre pénible sélection naturelle ou artificielle. Comment prétendre *éradiquer* de tels êtres? Quant aux virus, ils ont besoin de pénétrer dans une cellule pour répliquer leur acide nucléique, aussi sont-ils considérés comme des "parasites" absolus, indésirables car forcément nuisibles. Or si la fusion de gènes issus de deux sources différentes est un facteur d'adaptation et d'évolution, qu'advient-il d'autre lorsqu'un microscopique messager du monde extérieur pénètre une cellule pour y transmettre une information nouvelle? Le passage de l'ARN à l'ADN est un processus centripète, une inversion du code génétique, un retour aux sources qui aboutit à l'inclusion de l'ADN viral dans le noyau cellulaire, processus qui ressemble à s'y méprendre à une *fécondation*.

Alors, sur le plan biologique, les microbes font-ils l'amour ou la guerre?

Si les "microbes" échangent librement leur matériel génétique sans dépendre de la sexualité très complexe qui caractérise les êtres supérieurs, il ne peut donc exister d'espèces au sens strict dans le monde bactérien, ce qui rend caduque le premier dogme de Pasteur: le monomorphisme, et éclaire très bien le polymorphisme de Béchamp. Si un éléphant ne peut effectivement se transformer en girafe, dans le monde microbien *tout est possible* et tous les procaryotes "libres" forment une entité unique délocalisée, une immense confédération mondiale en coévolution depuis des éons, dont chaque membre a accès à un capital génétique commun réparti sur toute la surface du globe, à l'intérieur comme à l'extérieur de tous les êtres complexes.

Les bactéries ont inventé le génie génétique et la transgenèse depuis des milliards d'années! Elles savent utiliser les gènes de cette formidable "infothèque" planétaire, en particulier lors de changements physico-chimiques de leur environnement, sous forme de particules librement échangées que l'on nomme *plasmides, réplicons, transposons* ou.... *virus* lorsque ce matériel génétique s'entoure d'un "scaphandre" pour affronter le milieu extérieur. C'est pour cette raison que les antibiotiques, après avoir "surpris" le microcosme, ont favorisé l'émergence de formes résistantes contre lesquelles nous sommes totalement désarmés. La présence d'antibiotiques dope les microbes et multiplie par cent la vitesse de transmission horizontale de gènes! L'épidémie de choléra en Inde en 1992 correspond à l'activation d'une souche microbienne inédite, issue de telles recombinaisons. Enfin, une enquête a montré que 20% des stéthoscopes médicaux abritent des staphylocoques résistants à tous les antibiotiques!

Certains membres de cette communauté ont perdu leur autonomie à l'aube du monde, ils se sont associés pour former d'abord des cellules puis des êtres de plus en plus complexes par endosymbioses successives. Leurs acides nucléiques *sont devenus nos gènes*. Les êtres supérieurs sont des confédérations puissamment intégrées, après intériorisation des trois grands règnes naturels (minéral, végétal et animal) et des quatre éléments: eau (la "mer intérieure"), chaleur (homéothermie), air (respiration cellulaire) et terre (sels minéraux et oligo-éléments). La vie n'est possible que grâce à une circulation permanente de matière, d'énergie et d'information entre la biosphère et le milieu intérieur, un échange d'eau, d'air et de minéraux mais aussi un transfert d'acides nucléiques et de protéines qui s'effectue grâce aux bactéries et virus. Les cellules ou organismes en souffrance participent à ce ballet en activant des formes microbiennes multiples selon des cycles précis, ce qui est à la base de l'*endogenèse* et du *transformisme* d'Antoine Béchamp.

Les changements environnementaux sont le fait des activités humaines, mais aussi des grands cycles cosmotelluriques qui modifient les paramètres électromagnétiques autour de la planète. A tout moment l'ADN capte, mémorise et actualise des informations qui sont à la base de l'évolution de la vie. De multiples rythmes coexistent et interfèrent, dont l'une des résultantes est le parcours de la vie sur Terre. Chacune de nos émotions, chacune de nos pensées, chacun de nos actes et tout particulièrement les "bricolages" du gène ou de l'atome, peut induire des phénomènes chaotiques, des dérives incontrôlables dans le cours de l'évolution.

Les procaryotes changent ainsi constamment de forme et de fonction, et si le milieu ou "terrain" s'y prête nous verrons apparaître des formes dites "pathogènes", agents de reprogrammation des organismes "malades", en déséquilibre avec leur environnement. Les virus sont les plus performants dans la variation, avec apparition incessante de nombreux types du même virus (grippe, hépatites, sida...) qui font faire des cheveux blancs aux chercheurs de vaccins "éradicateurs". En fait on s'aperçoit aujourd'hui que *chaque individu a ses propres virus*, ce qui explique en partie l'inefficacité des vaccins, mais aussi leur danger par inoculation standardisée d'une information génétique trafiquée, un *leurre* qui trompe le système immunitaire et peut modifier irréversiblement le génome de l'hôte. Lorsque des germes sont présents dans l'environnement de l'homme, la majorité des individus touchés intègrent l'information sans symptômes, ou après un épisode fébrile sans gravité: une nouvelle alliance est formée, et l'information génétique reçue du microcosme constitue alors un facteur d'évolution pour les individus et les sociétés humaines. Les maladies infectieuses collectives pourraient être des tentatives d'endosymbiose évolutive, par acquisition d'informations nouvelles en période de crise. Selon le Dr Kempenich "les maladies correspondent toujours exactement à ce qu'est l'humanité", ou plus précisément aux conflits de l'humanité. Les biologistes n'ignorent pas ces endosymbioses "épidémiques" qui marquent les grandes étapes de l'évolution humaine, puisqu'ils nous disent que le mode de vie intracellulaire est *actuellement* celui de bactéries comme celles de la listériose ou de la typhoïde. Ces nouveaux symbiotes ont-ils un *intérêt* quelconque à détruire l'organisme qui les héberge?

S'il n'est plus possible de considérer les microbes comme des ennemis systématiques, si nous sommes responsables des maladies qui nous affligent, il devient urgent de considérer les conséquences de cette guerre interminable que nous menons à coups d'antibiotiques et de vaccins, contre des êtres innombrables et indestructibles qui sont les bâtisseurs de notre environnement et les constituants de nos cellules. Sous bien des aspects il s'agit d'une guerre *fratricide*, qui ne peut mener qu'à une autodestruction. L'ancienneté, l'omniprésence, la complexité des relations et l'invulnérabilité des micro-organismes, nous obligent à reconsidérer les causes et le sens de leur pathogénicité, donc de la "maladie infectieuse", ainsi que la nature et la fonction des très nombreux phénomènes regroupés sous le vocable "immunité". Nous avons constaté "la ténuité de la ligne qui sépare la compétition de la coopération dans l'évolution". L'essentiel est alors de bien saisir ce qui fait la différence entre un microbe qui apparemment "donne la mort" et un microbe qui pérennise la vie, donc entre la destruction et l'entraide.

Le polymorphisme nous suggère qu'il s'agit d'une même entité susceptible d'adopter des formes variées en fonction des situations générées par nos pensées, nos émotions et nos actes. Si les microbes sont les gardiens de l'homéostasie planétaire depuis plusieurs milliards d'années, l'élimination d'un individu au cours d'une "maladie infectieuse" pourrait correspondre à une inaptitude fondamentale de cet être à participer harmonieusement à l'équilibre global de la vie sur Terre. Qu'ils soient bactéries, virus ou champignons, les microbes ne peuvent engendrer une pathologie que chez un être *préalablement* confronté à un stress intense, sur un terrain *préalablement* pollué, altéré, qui nécessite d'être *ré-informé*, reprogrammé pour s'intégrer harmonieusement à la dynamique générale. *Alors seulement* s'effectue la transformation des symbiotes en pathogènes (ou la contagion extérieure), lesquels déclenchent les processus de nettoyage et donc de guérison que sont la fièvre, l'inflammation et les éliminations catarrhales au niveau des muqueuses. En d'autres termes, les microbes n'interviennent que durant la phase de résolution du conflit individuel ou collectif (épidémie).

Si la souffrance physique ou émotionnelle est une fausse note, un désaccord entre le Soi et l'Autre, c'est à nous qu'il appartient de ré-accorder cet instrument qu'est notre corps physique. A nous et aux microbes activés durant les phases de rémission des multiples tensions et affrontements qui émaillent une vie humaine. Les bactéries et les virus n'ont aucun état d'âme: si le déséquilibre est irréversible, si le corps physique, notre véhicule ici-bas, a dépassé le point de non-retour, alors il devient inutilisable et doit disparaître. La forme pathogène élimine celui qui ne sait plus la contrôler par son immunité, celui qui ne peut plus être reprogrammé, celui qui ne résonne plus avec l'ensemble ou peut-être qui... *raisonne* de travers? Qui est responsable?

Sans doute demain pourrons-nous enfin dire, écrire, diffuser le plus largement possible à tous les humains: "on" croyait que les virus n'étaient là que pour nous rendre malades et nous détruire, or il semblerait qu'il s'agisse d'une messagerie ultraperfectionnée dont le rôle est capital dans les processus de guérison, par reprogrammation des acides nucléiques au cours de la biographie humaine. Seule cette vision des choses permet d'éclairer ce que l'on nomme "tolérance immunitaire", d'expliquer pourquoi le système immunitaire *facilite* certaines infections et pourquoi les virus peuvent manipuler un génome prétendument inexpugnable, voire "embarquer" certains gènes de nos chromosomes quand ils quittent les cellules. Tout ceci reste à démontrer, ou plutôt à imposer car les preuves existent. Pour l'instant, et depuis plus de cent ans, nous vivons quotidiennement en situation de guerre totale, une guerre épuisante et ruineuse dont nous sommes de moins en moins sûrs de sortir vainqueurs.

"Une guerre sans merci et sans fin"

Que sont donc ces virus, et tout particulièrement ces "nouveaux virus" dont on parle beaucoup aujourd'hui, responsables de pathologies foudroyantes, de multiples "maladies émergentes" inconnues il y a seulement dix ans, de nouvelles épidémies qui nous guettent et du retour des grandes épidémies de jadis? La réponse officielle est simple: ils sont les *ennemis publics numéro un* de l'humanité.

Certains films et romans qualifiés de "thrillers scientifiques", mais surtout les revues de "vulgarisation" sont un bon révélateur des fantasmes contemporains, des ??????? de cherchéurs anxieux de faire bonne figure (demain ça ira mieux) après la douche glaciale du sida, face au retour inattendu de la tuberculose, à l'échec total de la lutte contre le cancer et à l'apparition de virus incontrôlables. Ces titres d'articles récents se passent de commentaires: "Il faut déchanter!"... "Voici le temps des supermicrobes"... "La médecine face à ses limites"... "La médecine demeure impuissante"... "Et si la recherche médicale faisait fausse route?"... Malgré les revers successifs, la déconfiture de l'antibiothérapie et le fiasco complet de la prévention vaccinale, les solutions envisagées sont toujours pitoyablement les mêmes, "combat contre", "compétition avec" ces micro-organismes omniprésents et au bout du compte toujours vainqueurs.

N'est-il pas temps d'être non plus en compétition mais en co-évolution, dans l'harmonie des complémentaires plutôt que dans l'antagonisme des contraires? Surtout, n'est-il pas hasardeux d'appliquer au non-humain des notions morales qui ne sont "opérationnelles" qu'à l'intérieur des cultures humaines? Le Bien et le Mal existent-ils dans la Nature, ou seulement dans les *représentations* que l'homme s'en fait? L'étude du contexte historique très particulier dans lequel Pasteur et Darwin sont nés, et dont ils ont subi les conditionnements, nous a éclairé sur l'origine de ces conceptualisations fondées sur la peur, la cupidité et l'ignorance, et qui aboutissent à l'élaboration d'un "discours sur le Mal" entièrement subjectif et profondément névrotique.

"La première perception du microcosme fut l'hostilité" affirme la microbiologiste Lynn Margulis (20). "Pasteur et Koch ont contribué significativement à nous entraîner sur la pente idéologique de la guerre des micro-organismes" confirme le sociologue et anthropoloque Daniel Napier (3), et il s'agit bien en effet d'une pure *idéologie*, autrement dit une "conception du monde" qui ne correspond pas forcément à la *réalité* de ce monde. Pourquoi de telles chimères demeurent-elles aussi prégnantes *aujourd'hui*, alors même que chez les immunologistes "l'idée se répand que le concept d'une bataille à l'intérieur du corps est par trop simpliste"? Pourquoi le langage médical reste-t-il totalement dominé par les métaphores guerrières décrivant un éternel affrontement entre le "bon" système immunitaire et les "mauvais" microbes? Qui a *intérêt* à maintenir une doctrine dont la date de péremption est depuis longtemps dépassée?

Voici l'introduction de "La Lettre de l'Institut Pasteur" de décembre 1995, publication destinée aux chercheurs engagés dans la lutte anti-infectieuse. L'article intitulé "Une guerre sans merci... et sans fin" est proposé dans la rubrique "Regards sur la recherche". "S'il fallait choisir une image se rapportant à la lutte contre les maladies infectieuses, ce serait à coup sûr celle de la guerre. Dans ce combat, on se trouve confronté à différents types d'armées ennemies, virus, bactéries et parasites pathogènes pour l'homme, c'est-à-dire responsables de maladies. Pour simplifier, mieux vaut évoquer ici les combattants viraux et bactériens. Des armées redoutables car souvent inépuisables et aux facultés de dissémination considérables. Et si certaines batailles ont été gagnées, particulièrement contre le virus de la variole, d'autres sont pour l'heure d'issue incertaine, contre le SIDA, le paludisme, la tuberculose et contre certains virus particulièrement dangereux comme le virus Ebola".

Voir des ennemis partout, cela porte un nom: paranoïa. Il est affligeant qu'un tel discours parfaitement infantile soit écrit par des scientifiques pour des scientifiques, chargés en premier lieu de "l'identification de plus en plus précise des bataillons agresseurs, à savoir les souches de bactéries ou de virus". Quant on lit que "d'un régiment viral à l'autre, par exemple, les uniformes changent (et) au sein d'un même régiment, ce sont les insignes qui distinguent les troupes", on pourrait penser qu'il s'agit d'un jeu de société dans un Institut pour débiles mentaux. Les protagonistes sont personnalisés et mis en scène avec des mots qui semblent indiquer une conscience, une volonté de faire tantôt le Bien tantôt le Mal. Et le terrain de bataille c'est nous!

"Si ces métaphores étaient adéquates d'un point de vue théorique et clinique, il y aurait peu de raisons de s'inquiéter. Mais ce n'est pas le cas: la découverte que nos modèles militaires ne sont pas pertinents en vaccinologie, immunologie et virologie, n'a pas abouti seulement à un sentiment de victimes insatisfaites chez les malades à l'égard de la "bataille du corps" qu'ils ont à endosser, mais à la remise en question de ces modèles par les scientifiques à la paillasse" (Daniel Napier). Ce jeu de rôles où l'Autre est toujours Mauvais est un exutoire aux tensions sociales nées des *vrais* problèmes, d'ordre politique, économique et social. C'est la fonction même du bouc-émissaire. Or là se situe aujourd'hui *le* problème central de la science, le fait que ces métaphores soient incapables de *décrire ce que les microbes font en réalité*. Si rien ne semble bouger dans les mentalités et dans la pratique médicale, c'est que la métaphore guerrière est très puissante et détermine depuis cent ans notre façon de regarder le microcosme et le macrocosme, le monde naturel et le monde culturel. Sa permanence est soigneusement entretenue, car elle est un moteur puissant de l'économie libérale. De même que les marchands d'armes ne peuvent s'enrichir que s'il y a des guerres, les marchands de médicaments et de vaccins ne peuvent survivre que s'il y a des maladies.

Profondément conditionnés, les chercheurs décrivent ce qu'ils observent en fonction d'une triple attente:

• la leur propre, forgée par l'apprentissage précoce des règles immuables qui délimitent le territoire à investir et interdisent toute réflexion individuelle et toute créativité.

• celle des oligarchies qui récompensent les chercheurs avec du picotin pour leur conformisme et leurs trouvailles techniques les plus lucratives.

• celle du public avide de réponses à ses multiples angoisses, maintenu dans l'ignorance et l'irresponsabilité, rendu dépendant d'un hypothétique remède-miracle qui viendra dissoudre sans effort le noeud compact de ses angoisses.

Comme au cours du dressage d'un animal domestique ou de l'éducation d'un enfant, il s'agit d'obéir aux Lois qui fondent la culture dominante et garantissent les privilèges de ses leaders. L'obéissance aux doctrines institutionnelles est récompensée par les diplômes et subventions qui permettent de trouver sa place dans le territoire et de faire carrière. A l'inverse bien sûr, la désobéissance est sévèrement sanctionnée par le bannissement et l'exclusion de la communauté scientifique. Depuis le siècle dernier, le "bon savant" est un être qui laisse au vestiaire du laboratoire la moitié de son cerveau, avec à l'intérieur ses émotions, son inconscient, sa subjectivité. Cette hémiplégie fonctionnelle, héritage du saint fondateur, lui permet de croire qu'il n'a plus ni préjugés ni fantasmes, qu'il ne peut interférer avec l'objet de sa recherche. Dès lors il se considère *forcément objectif*, et ce qu'il observe est *forcément la réalité*. Confronté à la souffrance humaine, à une "maladie" quelconque, le biologiste n'a qu'*une seule chose* à découvrir: le microbe correspondant. Tout le monde est enrôlé de force dans cette "guerre sans merci et sans fin", derrière les étendards de l'Institut Pasteur "présent sur quasiment tous ces fronts (...) en première ligne dans cette lutte à l'échelle planétaire". La propagande nous assène quotidiennement que "le combat est permanent et impose une mobilisation sans faille des chercheurs et des moyens logistiques appropriés". Il est hors de question de se réconcilier, de lâcher prise afin d'accéder enfin à la paix intérieure car "de nombreuses batailles restent à livrer (et) les combats des pasteuriens sont aussi les vôtres". En effet "les enjeux sont importants, avant tout pour la Santé publique, mais aussi pour l'industrie". Ou serait-ce *avant tout pour l'industrie*?

Un proverbe chinois dit: "quand les tigres se battent, c'est la pelouse qui trinque". Qui, dans ces batailles, fait office de "pelouse"?

Portrait-robot du virus, "ennemi public n°1"

Le mot **virus** signifie "poison", ce qui ne laisse planer aucun doute sur notre attitude à leur égard. Le poison détruit la vie, et il est dès lors justifié de lui opposer des contrepoisons qui évitent l'intimité des virus et de la cellule. Infiniment petits, quelques milliardièmes de mètre, ils sont considérés comme des *parasites absolus* car ils ne peuvent se reproduire qu'en utilisant l'appareil enzymatique d'une cellule vivante. A ce jour environ deux mille d'entre eux auraient été identifiés, ce qui revient à dire que nous connaissons deux mille gouttes d'eau dans l'océan!

Les virus sont-ils eux-mêmes des "êtres vivants"? Beaucoup en doutent, car contrairement aux bactéries ou aux cellules ils n'ont ni cytoplasme, ni noyau, ni métabolisme propre. Il est dès lors justifié d'assimiler leur "reproduction" à la simple amplification d'une information morbide dénuée de sens. Un "parasite absolu" est un être qui vit aux dépens d'un autre sans rien donner en échange de ce qu'il prélève. Appliquée aux virus jugés "responsables" de 60% des maladies infectieuses, nous sommes bien dans la logique d'une doctrine qui ne peut accorder aucun sens à la maladie. Or ce point de vue révèle bien des incohérences. Si l'on considère cet extraordinaire système intégré et autorégulé qu'est notre planète, il parait déraisonnable de considérer les virus comme d'impitoyables prédateurs dont l'unique fonction serait de nuire. Cette "gratuité" de l'acte destructeur est difficile à admettre si l'on considère que les virus sont omniprésents mais la plupart du temps *silencieux*, ou si l'on préfère *occasionnellement pathogènes*. A partir du moment où l'on peut situer des *conditions* d'apparition de la pathogénicité, la question du sens s'impose et ne peut plus être éludée.

Pour approcher ce sens nous devons repartir de l'hypothèse alternative selon laquelle **virus et gène sont identiques**, formes extra et intracellulaire d'un matériel génétique susceptible de circuler dans l'ensemble de la biosphère selon des déterminismes complexes. La différence entre gène et virus ne réside pas essentiellement dans la *structure*, mais dans la *mobilité* et donc dans la *fonction*. Nous dirons que les gènes sont sédentaires et les virus nomades, les premiers plutôt *conservateurs* quand tout se passe bien, les seconds assurant la partie *adaptative* et *évolutive* dans toutes les situations conflictuelles. Les virus seraient donc parfaitement programmés pour une efficacité maximale dans la fonction qui leur est dévolue, et il nous reste la lourde tâche de définir cette fonction après avoir évoqué leur structure.

La **structure** du virus est composée de molécules organiques, mais elle évoque plutôt le cristal. Elle est par ailleurs d'une simplicité absolue: une *information* très concise protégée par une enveloppe, exactement comme une lettre ou mieux un télégramme. Selon les virologistes Peter et Jane Madewar, "le virus est un paquet de mauvaises nouvelles entourées de protéines". Mais pourquoi *mauvaises*? L'information est constituée d'un seul acide nucléique, le plus souvent un ARN.

L'enveloppe est une capside protéique qui adopte une symétrie hélicoïdale ou icosaédrique. Le tout a l'allure d'un cristal et forme un *virion*, qui dans certains cas s'entoure d'une seconde enveloppe lipoprotéique, un fragment de biomembrane appartenant à la cellule réceptrice. Cela ressemble à s'y méprendre à des gènes "en costume de voyage", ou si l'on préfère dotés d'un scaphandre bardé de capteurs afin de circuler et de s'orienter à coup sûr dans le milieu extracellulaire. Les "gènes sauteurs" ou transposons sont des virus nus, qui n'ont pas besoin de scaphandre tant qu'ils ne quittent pas le cytoplasme. Rappelons que certains de ces gènes possèdent ou peuvent acquérir l'information nécessaire à la synthèse d'une capside protéique, qui sera élaborée s'ils doivent quitter la cellule pour devenir de "vrais" virus. C'est donc la capside qui donne au virus sa *forme*, son allure cristalline. Toute *forme* naît à l'interface de deux systèmes ou milieux dynamiques et devient à son tour le support d'une information énergétique. Ce que l'on nomme "émissions dues aux formes" n'est qu'une déformation du champ électromagnétique ambiant par l'objet qui s'y trouve, de la même façon qu'une pierre dans un cours d'eau induit des tourbillons. La forme des virus n'est-elle pas remarquable? Ceux de la grippe et du sida sont des sphères hérissées d'antennes pointées dans toutes les directions, tandis que les adénovirus apparaissent comme des cristaux icosaédriques aux multiples facettes (500 pour les adénovirus). Observez des flocons de neige: ils forment des cristaux hexagonaux très réguliers dont l'aspect change selon le champ électromagnétique propre au lieu de chute. De même, les microbes sont polymorphiques en fonction des coordonnées biophysiques du milieu, et les virus ne sont dès lors qu'une réponse bioénergétique de ce milieu. A quoi sert la forme? Elle est informée et informante. Pense-t-on parfois à la différence de taille entre le virus et son hôte? A titre de comparaison, on peut imaginer un homme pénétrant une sphère de cent millions de kilomètres de diamètre pour y trouver une cible d'un ou deux kilomètres de diamètre (la cellule)! Ce n'est possible que s'il existe une "liaison radio", autrement dit un guidage électromagnétique entre la cible et le projectile. Qui active puis guide le virus? La réponse est très simple: la forme des virus fonctionne comme une antenne qui permet à chaque espèce, individu, tissu, cellule d'*attirer* les informations nécessaires à sa survie ou à son évolution. Hérésie?

N'oublions pas que les procaryotes ont créé et animent des circuits d'information biosphériques beaucoup plus performants que tous nos réseaux informatiques, et qui fonctionnent à plein rendement au moment où vous lisez ces lignes!

Voyons à présent la **fonction** des virus. Ces étranges structures cristallines, porteuses d'une information, deviennent actives après avoir pénétré dans une cellule. Notez bien: *tous* les êtres vivants, des plus simples aux plus complexes, accueillent des virus: mammifères, oiseaux, reptiles, poissons, mollusques, insectes, plantes, champignons, bactéries... dans l'unique but de mourir en les répliquant! Changez d'optique: *tous* les êtres vivants, des plus simples aux plus complexes, accueillent des virus pour communiquer les uns avec les autres, échanger les nouvelles et coordonner leur effort évolutif. Pour effectuer sa mission, le virus doit pénétrer à l'intérieur d'un organisme infiniment plus complexe, a priori défendu par un système immunitaire très élaboré, franchir de multiples barrières comme la peau et les muqueuses où s'activent des millions de bactéries associées à des millions de cellules "de défense", emprunter les trajets nerveux, sanguins ou lymphatiques, parfois à l'intérieur de cellules mobiles qui lui servent de taxi, tout ça dans un but unique: *trouver sa cible*, l'organe, le tissu, la cellule auquel son information est *destinée*, où il pourra la reproduire pour ensuite la transmettre à d'autres cellules, tissus, organes appartenant à d'autres êtres vivants. Il y faut un certain... courage, et une volonté à toute épreuve! A moins bien sûr que le virus ne soit guidé. Comment expliquer qu'au cours de l'évolution, confrontées à des "parasites absolus" qui pillent leur cytoplasme, les cellules aient développé des *récepteurs* membranaires très sophistiqués qui permettent l'adhésion puis la pénétration d'un certain type de virus? Si celui-ci n'est qu'un tueur aveugle, violeur de membranes et pilleur de cytoplasme (projection dans le microcosme d'un fantasme "barbare" profondément incrusté dans l'inconscient collectif humain), comment se fait-il que le système immunitaire le véhicule jusqu'aux cellules? Comment se fait-il que le virus possède les clés ou codes parfaitement adaptés aux très complexes serrures cellulaires? Ainsi, il y a au moins *quatre* récepteurs coordonnés pour favoriser la pénétration du HIV dans les lymphocytes T4, lesquels sont pourtant la tête, le pôle de conscience du système immunitaire. Et pourquoi cette fusion ne se produit-elle que dans certaines conditions psychophysiologiques?

Une fois arrimé à la membrane le virus va ôter son scaphandre lipoprotéique et injecter son acide nucléique dans le cytoplasme de la cellule ou de la bactérie. Que se passe-t-il alors? Plusieurs scénarios sont possibles mais pour la plupart d'entre nous il n'existe qu'une seule version, type "Alien": le virus utilise l'appareil enzymatique cellulaire pour répliquer son acide nucléique et ses protéines à des milliers d'exemplaires. Comme un vampire il ponctionne toute l'énergie et les nutriments jusqu'à laisser la cellule exsangue. Parfois la réplication est telle que la cellule se désintègre quand les nouveaux virions sont libérés pour aller détruire d'autres cellules. Quand des milliers de cellules sont touchées, l'hôte est malade et il peut même en mourir. Dans ce scénario cauchemardesque, qui justifie à lui seul la frénésie vaccinale, le virus a une seule fonction: se multiplier à l'infini et tuer, tuer en se multipliant. Nous émettons quelques doutes. La Nature envisagée dans son extraordinaire intelligence intégrative ne nous a pas habitués à une telle frénésie meurtrière, un tel gaspillage de vies patiemment élaborées et détruites en un instant. S'agirait-il alors d'une erreur, d'une bavure évolutive, d'un "hasard" malheureux? Ou bien le "parasitisme" n'est-il, comme le "hasard", qu'un des fourre-tout de notre ignorance? Si l'on étudie de prêt l'infection d'une bactérie par le virus dit "bactériophage", que constatons-nous? Ce "mangeur de bactéries" prélève du matériel génétique de sa "victime", plasmide ou fragment de chromosome, et le transmet ultérieurement à une autre bactérie. Cette *transduction* est l'un des mécanismes courants d'échanges de gènes entre procaryotes, et cette "infection virale" ressemble à s'y méprendre à une messagerie très perfectionnée activée pour répondre à une agression, par exemple "résister aux antibiotiques". Pourquoi ne serait-ce pas le cas chez les êtres supérieurs? Nous sommes à chaque seconde en contact avec des milliards de virus sans même nous en apercevoir, et beaucoup ont pourtant un tropisme pour notre espèce, nos organes, nos cellules. Nous croisons quotidiennement des "malades", des porteurs sains, latents ou chroniques de virus prétendument "mortels". Si nous sommes en bon équilibre, sans stress ni conflit majeur, et si nous n'avons pas PEUR, il n'y a aucune raison d'activer un programme de survie se traduisant par une "maladie". Il n'y aura pas contagion, ni par la salive, ni par le sperme, ni par le sang, car ces informations virales ne nous concernent pas. Peut-être les avons-nous déjà intégrées, suite par exemple à une maladie infantile, et dans ce cas notre système immunitaire les refuse. Chez ceux qui manifestent des troubles visibles, nous observons que très peu de cellules sont concernées par l'activité virale, et ce n'est en aucun cas cela qui peut provoquer la mort d'un mammifère supérieur. Ainsi, un certain pourcentage de l'humanité a besoin de l'information "hépatite" pour induire un certain type de reprogrammation. Aux divers types d'hépatites virales correspondent des rancoeurs différentes dont nous n'avons pu nous défaire. S'il s'agit d'un petit conflit, l'intégration se fait sans souffrance. Par contre si le conflit est sévère il y aura hépatite clinique, la plupart du temps spontanément réversible. En cas de stress majeur longtemps ressassé et non solutionné, cela peut effectivement finir par un cancer du foie. La mort signe l'échec, parfois même le refus inconscient de recouvrer la santé malgré l'activation par le virus d'un programme de survie. Parfois aussi, la mort d'un certain nombre d'individus peut s'avérer utile pour la survie de l'espèce et l'équilibre des écosystèmes.

Nous avons donc affaire à un "système expert" d'une remarquable efficacité, dont les informations de base peuvent franchir nos "défenses" pour si nécessaire reprogrammer notre ADN. Les virus ont les codes et les clés et nous avons les récepteurs prêts à les accueillir pour un usage immédat ou pour un futur encore indéterminé. Quand un virus intègre une cellule sans déclencher de maladie, les biologistes parlent de **cycle lysogénique**. Ils ont du mal à saisir pourquoi le virus ne se réplique pas à tous les coups puisque dans leur fantasme "il n'est là que pour ça"! Pour eux le cycle réplicatif inducteur de maladies est forcément le cycle normal! Ils ne peuvent ou ne veulent pas voir autre chose. Pourtant les virus à ADN (herpès, variole, varicelle...), ou les virus à ARN possédant la transcriptase inverse (rétrovirus), peuvent intégrer le génome de l'hôte et y demeurer silencieux pendant des années, des décennies, voire des générations lorsqu'ils sont transmis par les cellules sexuelles, spermatozoïdes et ovules. Ils deviennent des gènes non codants, jusqu'à ce qu'une rupture d'équilibre déclenche leur réactivation. Alors ils fournissent une réponse protéique à l'agression, des enzymes qui peuvent permettre à l'hôte de passer l'épreuve. Ils peuvent aussi déclencher un cancer s'ils ont la capacité de modifier les régulations des sociétés cellulaires, mais nous verrons qu'ils ne font alors qu'obéir aux ordres du cerveau, qu'il s'agisse du cerveau individuel ou du cerveau "social", ce que l'on nomme "inconscient collectif". Ils peuvent enfin quitter leur chromosome-hôte sous forme de transposons qui iront se positionner ailleurs dans le génome, ou quitter celui-ci pour devenir ou redevenir des "informations libres", des virus.

Le virus peut aussi demeurer présent dans certains organes sans s'intégrer au génome et sans provoquer de symptômes ni de réaction immunitaire. Les biologistes disent alors que "le virus se cache" en "déjouant les défenses immunitaires", et on va parler de "maladies virales persistantes", latentes ou chroniques selon que l'hôte est ou non "contagieux". On parle de "maladie" même si l'hôte demeure en bonne santé toute sa vie, même si la réplication du génome viral est assurée par une *coopération* entre protéines virales et protéines cellulaires. Nous pourrions appliquer à ces scientifiques la sentence biblique: "ils ont des yeux et ils ne voient pas"! Prenons ici comme exemple le virus Epstein-Barr, de la famille Herpès, qui a paraît-il un "comportement paradoxal": il est présent chez plus de 90% des adultes sans entraîner de signes cliniques, mais il peut aussi participer à la genèse de certains cancers (en cas d'antibiothérapie ou de vaccination intempestive notamment), ou encore déclencher une mononucléose infectieuse chez l'adolescent ou chez l'adulte. "Il peut", mais il ne le fait pas toujours. Pourquoi? Notre réponse est la suivante: il ne s'activera qu'en réponse à un stress de l'hôte, pour *solutionner* le conflit. Autre mystère: sa circulation dans l'organisme est assurée par... les lymphocytes B, globules blancs producteurs d'anticorps dont il active la division! Ainsi, tout comme le HIV du sida, il *utilise* le système immunitaire pour se propager. Comment ceci est-il possible? Il ne peut y avoir de réponse satisfaisante tant que le système immunitaire est perçu *uniquement* comme un dispositif *défensif*. Par contre, tout s'éclaire si on le considère *avant tout* comme un système *cognitif*.

Tous les virus ne s'intègrent pas au génome car tous n'ont pas la même fonction. Les virus à ARN dépourvus de transcriptase inverse soutiennent probablement l'intendance cellulaire en induisant la production de protéines-outils utilisables à court terme. Par contre, l'émergence et la propagation de **rétrovirus** dotés de propriétés remarquables (pouvoir *fécondant*) dénotent la nécessité d'une profonde reprogrammation de l'ADN, et donc l'existence de conflits majeurs chez ceux qui les expriment. Ces virus sont si bien adaptés à pénétrer *naturellement* les cellules en voie de division, qu'ils sont les vecteurs les plus utilisés en thérapie génique. Capables de s'approprier des gènes cellulaires par recombinaison, puis de les transporter d'une cellule à l'autre, d'un organisme à l'autre, voire d'une espèce à l'autre, ils apparaissent bien comme des "échangeurs d'informations" à la base de la gigantesque circulation planétaire dont nous avons fait l'hypothèse.

Nous devons donc considérer le cycle lysogénique comme la règle, et l'amplification massive du virus comme une réponse à une situation d'urgence. Dans la plus grave des épidémies, la mortalité n'a que très rarement atteint 100% du groupe considéré. Bien que le virus soit partout, à peine 10% de la population française ont intégré le virus de l'hépatite B (ou plutôt: 10% ont fabriqué quelques anticorps suite à l'intégration du virus), et seulement 1% ont présenté des signes cliniques. La maladie est donc bien au départ un phénomène *exceptionnel* destiné à résoudre un conflit *exceptionnel*. Si de nos jours la santé devient un mythe et la maladie une règle, c'est que dans nos sociétés la détresse humaine est la règle. A chacun d'en tirer les conclusions qui s'imposent.

2. L'immunité: les gardiens du seuil

"Le système immunitaire au sens où on l'entendait jusqu'ici n'existe pas!" - Dr R.G. Hamer

A quoi vous fait songer le mot **immunité**?

Etymologiquement, *immunis* signifie "exempt de charges". Et en effet, nous espérons tous bénéficier du privilège d'être dispensés de maladies par inviolabilité du milieu intérieur. Ce privilège, autrefois acquis progressivement par l'expérience individuelle au contact du monde, est devenu un droit et même un devoir collectif, conféré par l'artifice de la vaccination qui garantit la sécurité sans effort et sans contrepartie. Nous avons perdu confiance dans nos propres facultés d'apprentissage et de discrimination, et peu à peu être immunisé est devenu synonyme de être vacciné.

Etre immunisé, c'est aussi être imperméable aux microbes puisqu'ils sont seuls responsables des maladies. Face à ces tueurs il était logique de concevoir un système de défense très élaboré, une armée toujours sur le pied de guerre, un ensemble de barrières infranchissables entre nous et le monde. Malheureusement ce système est souvent "déficient" puisqu'il tolère et même favorise la circulation des informations microbiennes. A moins que cette ouverture au monde ne soit en fait la fonction centrale de l'immunité?

La Science est toujours une construction théorique que nous plaquons sur le monde, et non une description de ce monde tel qu'il est *en réalité.* Concernant le véritable rôle de l'immunité dans la dynamique vitale, les avis divergent bien que les phénomènes observés soient identiques. Ce qui diffère c'est l'*interprétation* des observations, étroitement liée aux présupposés culturels qui orientent la perception pour qu'elle soit en accord avec les actions que nous désirons accomplir dans le monde. Désirons-nous combattre ou partager, rejeter ou assimiler? L'immunité est-elle un système de défense ou un système de communication?

Eliminer: un système de défense...

Sur les plans sociologique et anthropologique, Daniel Napier nous propose une analyse lucide et pertinente, dont nous avons déjà cités quelques extraits en étudiant cette "guerre sans fin et sans merci" livrée au microcosme. "Dans ce qui suit, je propose l'idée que nos présupposés culturels sur ce qui se passe dans la nature - le langage utilisé pour décrire le monde des microbes, ainsi que les modèles sociaux militaristes omniprésents dans l'histoire de la microbiologie - ont eu un effet négatif sur l'histoire de la vaccinologie. Cette idée permet de mieux comprendre l'histoire et l'état actuel de cette discipline. La quasi-absence en vaccinologie de *la métaphore de l'assimilation* dans la description des activités microbiennes est surprenante quand on considère l'importance et la nouveauté des découvertes de Pasteur. Elle est encore plus surprenante quand on prend conscience, d'un point de vue anthropologique, que *l'incorporation de quelque chose d'étranger est rendue avec beaucoup plus d'exactitude comme assimilation que comme élimination d'un agresseur*" (3).

Pourquoi avons-nous choisi l'éradication et non l'assimilation? N'est-il pas frappant que le premier de ces deux termes soit le fondement de tous les racismes, ces véritables cancers de l'âme nés de la peur et qui génèrent violence et intolérance? Si la vie est perçue comme un combat perpétuel, alors le système immunitaire sera perçu comme une armée destinée à nous protéger d'une multitude d'ennemis qui sans cesse assaillent notre territoire. A quoi est confronté Pasteur au cours du dix neuvième siècle? A la peur de l'Autre, à la guerre perdue, à l'épidémie qui tue, à la nécessité impérative de réaffirmer la légitimité nationale et l'intégrité du Soi fortement ébranlées par la menace étrangère. Menace permanente, séculaire, obsédante, juste au-delà de ces frontières qui sont comme la peau d'un pays. Il faut donc ériger de solides remparts, opposer à l'ennemi un puissant dispositif défensif. Penchés sur leurs microscopes, l'allemand Koch et le français Pasteur vont incarner les héros d'un jeu de rôles qui est avant tout un exutoire aux tensions sociales de leur temps, et où le microbe tient la place centrale du bouc-émissaire. Face à l'ennemi désigné va se construire peu à peu la ligne Maginot d'un système immunitaire fantasmé, ce qui favorisera l'avènement d'une médecine déshumanisée, totalement incapable de saisir "la face humaine, cachée, de la maladie et de la souffrance" (23).

La littérature immunologique n'a jamais pu se débarrasser des métaphores guerrières qui ont imprégnés les débuts de la microbiologie. Les exposés de vulgarisation se lisent toujours comme le récit des batailles successives d'une "guerre sans merci et sans fin" entre les Bons Anticorps et les Mauvais Microbes. Enfermé dans son laboratoire, rivé à ses instruments de mesure, l'immunologiste est comparable à un enfant devant sa console de jeux. Et que proposent ces jeux à nos enfants, sinon la destruction sans cesse réitérée d'ennemis virtuels? Comme l'enfant, l'immunologiste est mis en présence d'un nombre considérable de "personnages", ici des cellules spécialisées qui communiquent en permanence par le biais de "mots chimiques" nommés cytokines. Il a bien du mal à s'y retrouver, semblable à un spectateur débarqué dans un théâtre au beau milieu d'une représentation, et mis en demeure de dénouer une intrigue dont le début remonte à plusieurs milliards d'années. Sur scène, des millions d'acteurs se déplacent en tous sens en échangeant paroles et messages codés: ce sont les cellules immunitaires assimilées à des guerriers en armes. Bien pire, non contents de communiquer entre eux, les acteurs sur la scène immunologique (seule visible à ce spécialiste qu'est l'immunologiste) envoient et reçoivent des informations vers et en provenance de destinations "hors champ", dans les coulisses et au-delà. Ces lieux concrets ou virtuels, invisibles au regard et à la pensée de notre "spécialiste" égaré, sont le système nerveux, le système endocrinien, le système bactérien, la vie spirituelle, psychique et émotionnelle de l'individu concerné, au-delà tous les êtres qui forment la grande société planétaire, et au-delà encore tout l'Univers visible et invisible!

Que va faire notre immunologiste? Ce pour quoi il a été programmé et ce pour quoi il est honoré et rémunéré: se conformer aux dogmes et *interpréter*, interpréter coûte que coûte ce qu'il voit se dérouler sous ses yeux. A aucun moment il ne doutera de son objectivité, à aucun moment il ne percevra que son interprétation est le fruit d'un conditionnement issu des fantasmes d'un siècle révolu, entretenu par la cupidité de ce siècle finissant dont nous sommes tous les acteurs. Il ne pourra concevoir que l'immunité de l'individu va bien au-delà de cette scène délimitée arbitrairement par l'oeil analytique du chercheur penché sur ses consoles, qu'elle dépend étroitement de l'environnement psycho-émotionnel et social, de l'intensité et du nombre de stress subis, de la qualité des enveloppes énergétiques, de l'équilibre des systèmes nerveux et endocrinien. Il ne verra qu'un combat mortel entre l'individu et le monde, système immunitaire contre microbes. La moindre intuition, la moindre idée ou pensée "hérétique" sera immédiatement refoulée dans les profondeurs insondables de son inconscient.

Cette vision des choses débouche sur une fermeture définitive du système, l'érection de forteresses organiques et mentales étouffées par le siège permanent d'ennemis imaginaires, la névrose sécuritaire et ses conséquences inéluctables que sont la paranoïa, une tendance à l'autisme et à la schizophrénie par incommunicabilité totale entre deux mondes, entre Moi et l'Autre. Le drame de l'immunologie est de s'être mise en place *après* la vaccinologie. Dès lors, son erreur fondamentale est d'avoir ignoré qu'il pouvait se passer *autre chose* avant ou corrélativement à la phase de rejet, de destruction, qui n'est qu'un acte final et surtout facultatif du processus immunitaire. La phase cognitive, la plus importante, n'a pas été perçue ou a été occultée.

... ou assimiler: un hymne à l'unité?

Il existe pourtant une autre lecture possible du phénomène, moins *psychotique* et régressive, beaucoup plus en accord avec cette perception fine et sans préjugés de la dynamique vitale et de l'évolution qui caractérise la nouvelle conscience en cours d'émergence.

Dans son dialogue ininterrompu avec l'environnement, l'être individualisé réalise en permanence d'innombrables ajustements afin d'assurer sa pérennité. Ces ajustements sont la plupart du temps insensibles et non conscients, mais ils peuvent aussi se manifester par ce que nous nommons "maladie". Echapper à ces mécanismes régulateurs est aussi illusoire que vivre sans respirer, sans manger ou sans dormir, car cela constitue le fondement de "être vivant".

A l'opposé des systèmes fermés de la thermodynamique qui évoluent toujours vers l'entropie, un désordre croissant, **l'être vivant est**

un système ouvert, par essence néguentropique, avide d'informations, créateur d'ordre et doté de mémoires multiples, qui se construit et se déconstruit sans cesse, renouvelle ses éléments constitutifs afin de maintenir sa forme et développer sa conscience. L'être vivant EST une mémoire qui communique. Porteur d'informations innées et inhérentes à sa lignée, il reçoit et intègre les énergies environnantes telles que les émotions et les vibrations quantiques, la chaleur, la lumière et les sons, les mouvements de l'air et de l'eau, les substances nutritives, les bactéries et les virus. Il les transforme et les fait siennes avant de les transmettre à son tour. Dans cet ensemble, **le système immunitaire garantit la progressivité du processus d'individualisation**, qui consiste à faire du Soi à partir du Non-Soi par épigenèse, apparition d'éléments qui n'existaient pas en germe dans l'oeuf initial. Certes, si les messages reçus sont inutiles ou menacent l'être en perpétuel devenir, celui-ci est capable, par le jeu de ses mémoires innées et acquises, d'opposer à l'agression une riposte: il s'adapte, transforme, élimine, refoule grâce à la mise en jeu de filtres complexes dont l'ensemble constitue l'immunité. Mais celle-ci reste *avant tout* un système ultraperfectionné de communication biosphérique, dont les microbes sont les vecteurs privilégiés. L'antigène n'est plus un "ennemi" mais un message à décoder, et il est fort probable que les microbes "pathogènes" n'interviennent que durant la phase de guérison pour restaurer les structures lésées, soit par "infection" à partir des muqueuses, soit par activation de virus-gènes.

Mais pourquoi ces interprétations non orthodoxes seraient-elles plus cohérentes, plus *vraies* que la version officielle. Ne répondent-elles pas à d'autres croyances tout aussi fantasmatiques? Sans insister sur les colossaux enjeux sociopolitiques du siècle dernier, sans même évoquer les enjeux financiers qui sous-tendent actuellement la vaccination de masse, nous voyons à ces interprétations plusieurs avantages. D'une part, celui de sortir l'esprit d'un carcan socioculturel qui étouffe toute réflexion, toute intuition, toute créativité, qui interdit le choix d'un mode de vie et d'évolution personnel. Le carcan brisé, on s'aperçoit avec stupéfaction que le contact puis l'incorporation de quelque chose d'étranger sont beaucoup plus compréhensibles en terme de digestion et d'assimilation d'une information qu'en terme d'élimination d'un agresseur. Le système immunitaire ne se bat pas, il s'instruit! D'autre part, l'avantage d'apporter quelque lumière sur notre situation sanitaire déplorable. Seule une manière différente, élargie, de concevoir le sens de la maladie peut actuellement remédier à cette dégénérescence très rapide de la santé des hommes et des animaux.

Nous proposons donc une autre version, où IMMUNITE s'entend comme HYMNE A L'UNITE, ce qui nous permettra peut-être de saisir le sens de cet autre mot-clé qui est celui de **tolérance**.

Que fait l'enfant depuis la conception jusqu'à l'âge de sept ans? Il construit son individualité, et en premier lieu ce corps physique qui sera le véhicule de sa vie émotionnelle, mentale et spirituelle. Au départ le Moi de l'enfant n'est pas différencié, mais fusionnel à l'Univers, fusionnel à la Mère. Il ne se perçoit donc pas distinct, et encore moins opposé à l'Autre. Pour devenir un individu à part entière, avec cette autonomie qui est le fondement même de la liberté, il doit concevoir des limites entre lui et le reste de l'Univers progressivement perçu par la peau et l'activation successive des organes des sens durant la vie foetale. Cette interface n'est pas, ne sera jamais un mur hérissé de défenses infranchissables, mais plutôt une zone de rencontre et d'échange: celui qui n'est pas encore ne peut se construire qu'à partir de ce qui est déjà, le Non-Soi.

Concevoir des limites implique de vivre la **séparation**, qui est LA souffrance primale, inévitable contrepartie du **désir** d'être et cause première de la **peur**. Devenir un individu autonome c'est affronter la peur et faire du Soi à partir du Non-Soi, en quelque sorte "digérer" l'Univers. La première fonction du système immunitaire est de permettre que s'accomplisse cette différenciation, et sa maturation suit les grandes phases du développement de l'enfant.

Nous percevons donc deux étapes dans l'individualisation (24):

- la première consiste à **différencier**, c'est-à-dire établir une frontière entre milieu intérieur et milieu extérieur. Si l'on veut **percevoir** le monde alentour, il faut prendre du recul et donc s'en séparer. Perception et séparation sont intimement liées, et il y a là à n'en pas douter un geste d'*antipathie* qui est le fondement du dualisme. Que fait un petit enfant ou un jeune animal confronté à un inconnu? Sa première réaction est souvent la méfiance, une réserve qui peut fort bien se traduire par un rejet: il se réfugie "dans les jupes de sa mère", il cherche à téter. Cela signifie-t-il que l'inconnu en question est dangereux pour lui? En aucune manière. Ce n'est qu'une étape, et nous allons voir que le système immunitaire réagit de la même manière.

• la seconde phase consiste à **assimiler**, c'est-à-dire métamorphoser une partie du Non-Soi pour en faire du Soi. Pour cela il faut s'ouvrir, accepter la rencontre, le dialogue et l'échange, ce qui constitue un geste de *sympathie*, fondement de l'unité dans la complémentarité. Le petit enfant et le jeune animal sont curieux *de nature*. Si l'inconnu n'a aucune tendance agressive, et si la mère sait discriminer et ne voit pas des ennemis partout, le jeune va peu à peu reprendre confiance, chercher le contact, muer sa répulsion en attirance, car seules ses rencontres et les échanges qui s'ensuivent peuvent enrichir son monde intérieur. Le système immunitaire fait de même, sans quoi il n'y aurait aucune possibilité d'évolution. Ce qui n'est pas "digéré", non dit et non géré physiquement ou psychiquement, générera tôt ou tard une pathologie.

Ces deux phases sont complémentaires, manifestation unifiée de deux activités polaires. L'âme humaine est toujours partagée entre le désir de se confondre avec ce qui l'entoure (fusion, sympathie) et celui de se replier sur elle-même (séparation, rejet, antipathie). Il est fort probable que le rôle du système immunitaire est justement d'équilibrer ces deux tendances au cours de la biographie individuelle. JE deviens entre séparation et identification. "L'activité du système immunitaire est cognitive (...) la perception de l'étranger et de moi-même est un unique processus: lorsque je perçois l'étranger au-dehors, se déroule au-dedans de moi l'activité qui recherche l'autre partie de lui en moi. Cet autre se cherche en moi et m'éveille à la connaissance de moi-même" (24). A chaque fois que je rencontre l'Autre, un aspect de moi est identifié, reconnu. A chaque rencontre avec le monde microbien, le système immunitaire déclenche l'éveil et l'apprentissage d'une faculté nouvelle. C'est la fonction même des maladies infantiles. Ainsi mon système immunitaire est à chaque instant le reflet parfait de ce que je suis, de la manière que j'ai d'être au monde. Il manifeste ma présence. Si je refuse de percevoir et d'intégrer l'Autre, je ne peux me reconnaître et me différencier moi-même. Le vaccin empêche d'établir cette relation. Dès lors le monde demeuré inconnu me surprend et m'irrite (allergies) et m'ignorant moi-même je risque fort de m'autodétruire (auto-immunité).

Il semblerait que dans son processus collectif de maturation l'humanité n'ait pas encore su franchir la première étape, l'antipathie, ce qui débouche sur la lutte d'opposés inconciliables car non perçus comme complémentaires. En ce sens le domaine médical est un reflet fidèle du domaine social.

Dynamique de l'immunité

"Les microbes ne se mettent au travail que lorsque notre organisme leur en donne expressément l'ordre, à partir du cerveau" - Dr R.G. Hamer.

Tout le monde s'accorde à considérer l'immunité comme un extraordinaire système de coopération cellulaire. Des cellules, tissus et organes qui communiquent entre eux pour accueillir, filtrer, trier, engrammer ou éliminer une multitude d'informations issues du milieu extérieur. Les cellules impliquées sont les macrophages, les lymphocytes T et les lymphocytes B activés au contact d'un antigène qui est le plus souvent une protéine codée par un ADN étranger. La protéine agit comme un signal, elle témoigne de l'existence d'un message inédit qu'il va falloir décoder.

Les cellules immunitaires sont mobiles, engendrées, éduquées et activées dans le système réticulo-endothélial ou S.R.E., qui inclut la substance interstitielle qui baigne les cellules, la rate, les ganglions, le thymus et la moelle osseuse. De par sa richesse en silice le S.R.E. est un "véritable cristal vivant intériorisé", un organe sensible et un vecteur de lumière qui donne forme et structure au monde vivant. Grâce à la silice le système est doté de qualités très particulières telles que perception, mémoire, décision, passage à l'acte, qui évoquent un processus conscient. Où est le coeur de ce système? Partout et nulle part. Pourtant nous allons voir que le fondement de l'immunité se situe au niveau des muqueuses, tout particulièrement l'intestin qui constitue notre plus grande surface de contact physique avec l'Univers.

Pour l'étude de la dynamique immunitaire nous nous en tiendrons à la réception et à l'intégration des informations microbiennes, et tout particulièrement virales. Rudolf Steiner comparait le déroulement de la vie au déroulement d'une maladie, avec ses trois phases successives: incubation (enfance et adolescence), état (maturité) et convalescence (vieillissement). Le système immunitaire illustre bien cette comparaison, puisqu'il comprend trois grands ensembles fonctionnels qui se mettent en place successivement au cours de la biographie, puis interviennent dans le même ordre au moment du contact infectieux: d'abord les muqueuses, puis l'immunité cellulaire et enfin l'immunité humorale. Bien plus, de la maturation initiale et de l'activation du premier filtre dépendent entièrement la maturation et l'activation des deux suivants. Cette maturation est difficile voire impossible en cas de vaccination, surtout pratiquée avant l'âge de sept ans.

La maladie infantile est le modèle royal de ce déroulement en trois phases d'une "infection" destinée à favoriser le passage d'un cap évolutif. Chez l'enfant de moins de 7 ans, ce sont en effet des microbes qui permettent la maturation des trois grands systèmes de régulation: nerveux, endocrinien et immunitaire, regroupés en "système d'adaptation primal" par le Dr Michel Odent (25). A ces trois systèmes de base, nous devons adjoindre le système bactérien constitué notamment des flores symbiotes logées dans les cavités creuses tapissées de muqueuses. Ces systèmes sont interconnectés dans un ensemble parfaitement intégré et ouvert sur l'environnement. Dès lors ce qui instruit l'un instruit les trois autres, ce qui agresse l'un agresse les trois autres. A titre d'exemple, un antibiotique détruit la flore intestinale et dès lors le psychisme, l'immunité et l'équilibre hormonal seront perturbés. On peut raisonner de même avec une hormonothérapie intempestive (pilule), un neuroleptique, une très forte émotion ou une vaccination: à chaque fois c'est l'ensemble de la personnalité biologique qui est impliquée, déstabilisée, souvent irrémédiablement altérée.

La maturation de l'ensemble du système d'adaptation primal va suivre les grandes phases d'apprentissage de l'enfant, la station assise, la station debout, la marche, la communication, la socialisation, les maladies infantiles, la puberté... Tant que ces systèmes sont immatures, c'est l'entourage et tout particulièrement la mère qui garantissent l'immunité de l'enfant. C'est en premier lieu la fonction du placenta et du lait maternel, puis celle de l'éducation, que de protéger et d'accompagner l'enfant à travers les étapes de différenciation. Si les microbes sont en effet de grands instructeurs de l'être en devenir, il faut toutefois contrôler leur action avec rigueur depuis l'activation initiale jusqu'à la désactivation finale. C'est le rôle du système immunitaire, qui est un mécanisme très élaboré de modulation du travail microbien.

Face à une information antigénique en provenance du Non-Soi, les trois filtres du système immunitaire doivent impérativement être franchis successivement, dans un ordre précis, de l'extérieur vers l'intérieur.

1) Premier filtre: la peau et **les muqueuses** sont les seules interfaces opérationnelles de la naissance jusqu'aux alentours de 7 ans. Ce filtre restera toute la vie le maître d'oeuvre de l'immunité initiée dans l'enfance puis activée en premier lieu durant la phase d'incubation de la "maladie" infectieuse. C'est de très loin la phase la plus importante du processus immunitaire, car il y a alors discrimination entre ce qui peut enrichir le milieu intérieur et ce qui doit être éliminé. Cet aspect de l'immunité est encore négligé par l'immunologie et la vaccinologie, tandis que le système médical s'acharne à en combattre les manifestations à l'aide de tout un arsenal chimique d'une redoutable toxicité.

2) Second filtre: l'immunité à médiation cellulaire, avec les **lymphocytes T**, est initiée au niveau des muqueuses puis mise en oeuvre durant la phase d'état ou phase éruptive de la maladie, au moment où s'effectue le travail microbien et la reprogrammation éventuelle de l'ADN. La fièvre et l'inflammation amorcent, accompagnent et favorisent cette étape qui est la première considérée par l'immunologie classique.

3) Troisième filtre: l'immunité à médiation humorale, avec les **lymphocytes B** producteurs d'anticorps, est initiée par les lymphocytes T durant la phase terminale de la rencontre. Il s'agit alors de nettoyer le terrain (S.R.E.) en éliminant les déchets et les

germes désormais inutiles qui circulent encore. Cette étape finale, facultative, est la seule prise en compte par la vaccinologie dont l'obsession est la production d'anticorps.

Une observation rigoureuse de l'action globale du système immunitaire permet une comparaison avec les trois phases du **métabolisme**, bien perceptibles dans le processus nutritif: *assimilation* de substances étrangères au niveau des muqueuses, *utilisation* immédiate ou mise en réserve de ce qui est bénéfique (lymphocytes T4), *élimination* des déchets inutiles ou nuisibles (lymphocytes T8 et lymphocytes B). Pourtant, selon la version officielle il s'agit là de trois "lignes de défense" comparables aux remparts et murailles successifs d'une forteresse, depuis l'enceinte extérieure (la peau) jusqu'au donjon qui est le coeur du Soi, la cellule et l'ADN qu'elle contient. Une seule chose compte: repousser ou détruire ce qui est étranger, comme dans le cas de l'autisme et de l'anorexie.

Pour nous, ces trois niveaux ne sont pas des murs hérissés de machines de guerre et donc infranchissables, mais des filtres destinés à recueillir et interpréter l'information avant de la transmettre à l'ADN. C'est un processus nutritif doté d'un "bel appétit", au cours duquel le système immunitaire accueille toutes les informations (filtre 1), mémorise ce qui est utile pour la continuité de la vie et de l'évolution (filtre 2), élimine ou détruit ce qui est superflu et dont la redondance peut s'avérer néfaste au bon fonctionnement de l'ensemble (filtres 2 et 3). Il existe donc un contrôle très strict lors de l'activation d'un germe "pathogène", mais cette version n'a rien à voir avec l'immunologie classique et la vaccinologie qui ignorent purement et simplement les aspects bénéfiques de la rencontre au cours des phases d'assimilation et d'utilisation des informations, pour ne percevoir et favoriser que les phases de destruction. Comme l'ensemble de la Science réductionniste, ces disciplines procèdent par "phases occultées".

Première ligne
Le système des muqueuses - Phase d'incubation

Version officielle: "naturellement, nous disposons de *remparts* et d'*alliés* précieux qui vont s'opposer aux bactéries et virus et le plus souvent les éliminer: la peau, les muqueuses et diverses sécrétions comme la salive ou les larmes constituent de véritables *barrières* à l'infection, comme dans une *guerre de tranchées*" (La Lettre de l'Institut Pasteur).

Selon cette version, peau et muqueuses constituent des barrières mécaniques étanches dont le rôle est d'interdire la pénétration des germes "pathogènes" dans le milieu intérieur. Ce n'est pas faux, à condition toutefois que l'enfant ait été allaité, et avec une réserve de taille: ces interfaces ne constituent pas un obstacle permanent mais une immense surface d'échange d'environ 400m2 dont le rôle est de filtrer et transformer les informations du Non-Soi afin de les rendre inoffensives et compréhensibles aux systèmes régulateurs qui construisent peu à peu l'individu.

Chez le nourrisson le système immunitaire est indifférencié, immature. Son élaboration va suivre les grandes étapes du développement, la conscience de soi à trois ans, les maladies infantiles du sevrage à sept ans, puis la puberté et la maturité émotionnelle et sociale. Chez le jeune enfant les filtres protecteurs sont situés à la périphérie du corps, avec pour fonction d'établir les limites objectives du Soi. La peau et les muqueuses constituent ainsi la première ligne de séparation/identification de l'enfant. Leur activation est immédiate au moment du contact avec une information antigénique en provenance du milieu extérieur. La mise en place et le fonctionnement correct de cette première ligne est conditionnée par l'allaitement maternel et l'éducation. A son tour elle conditionne entièrement la mise en place et le fonctionnement ultérieurs des deux filtres suivants. Ces notions simples indiquent clairement que toute vaccination durant la période primale est une agression considérable pour le système immunitaire. Comment un enfant qui ne sait ni marcher ni parler peut-il saisir et assimiler une information immunitaire très complexe inoculée directement dans son milieu intérieur? Oblige-t-on un enfant de un an à courir le cent mètres, ou un enfant de trois ans à lire "La critique de la raison pure"?

Le placenta appartient en propre à l'enfant, qu'il *sépare* de sa mère (différenciation). Il manipule la physiologie maternelle pour assurer le bon développement du foetus. Il filtre les informations et sépare ce qui sera digéré de ce qui sera rejeté. A la naissance, la rupture du cordon entraîne la perte définitive de ce "jumeau utérin". Naître est un événement considérable, dont l'un des aspects majeurs est l'irruption dans le monde des microbes. L'intestin du nouveau-né est alors parfaitement perméable, vierge de toute flore symbiote et de structures immunitaires. Non contrôlés, les microbes ambiants pourraient envahir le corps immature, y induire des phénomènes de tolérance préjudiciables pour l'avenir, ou occasionner des dégâts irréversibles. La protection va venir du lait maternel, qui prend le relais du filtre placentaire. Le premier lait ou **colostrum** n'est pas vraiment un aliment, mais plutôt un concentré de cellules et de molécules immunitaires fabriquées par la mère, en particulier des anticorps spéciaux, les immunoglobulines A ou IgA dont la fonction est de tapisser les muqueuses. En fonction du microbisme ambiant, particulièrement agressif en milieu hospitalier, la muqueuse intestinale maternelle va instruire des lymphocytes et programmer ainsi la synthèse des IgA. Depuis l'intestin, ces lymphocytes-mémoire migrent par voie lymphatique et sanguine vers la glande mammaire où se produit la synthèse de ces anticorps "sécrétoires" (20 grammes par litre de lait). Lors de la première tétée, qui doit se produire dans l'heure qui suit la naissance, ces anticorps de surface vont entièrement recouvrir la muqueuse intestinale du bébé, puis migrer par voie lymphatique et sanguine pour tapisser de même toutes les muqueuses, et tout particulièrement la fragile muqueuse respiratoire. Cette première tétée empêche donc *instantanément* la pénétration intempestive d'antigènes étrangers, alimentaires ou microbiens, à travers les muqueuses perméables du bébé. Ces IgA sont dits aussi anticorps "réflexes" car ils sont toujours exactement adaptés au microbisme qui entoure la mère et l'enfant. Ce dernier n'a besoin d'aucun vaccin car il est parfaitement protégé par le lait maternel. Le colostrum contient aussi des substances qui imperméabilisent la muqueuse intestinale et permettent la mise en place d'une flore lactique, laquelle à son tour intervient dans la maturation de l'immunité propre à l'enfant. L'ensemble de ce processus montre à quel point l'allaitement maternel est le meilleur garant de la protection du bébé, et le premier pas vers la mise en place d'une immunité solide après le sevrage. Les poisons alimentaires ou médicamenteux suivent le même chemin à partir de la muqueuse intestinale, et il n'est pas étonnant que les dysfonctionnements digestifs entraînent des troubles respiratoires, cutanés, urogénitaux, articulaires et mentaux, par diffusion des toxines.

L'initiation de l'immunité chez l'enfant nous permet d'entrevoir l'importance des fonctions de la peau et **surtout des muqueuses avec leurs flores symbiotes et leurs structures lymphoïdes**. La muqueuse intestinale tient ici une place tout à fait fondamentale, et elle demeure la vie durant le fondement de l'immunité dans ses aspects visibles et mesurables. Le système des muqueuses tapisse toutes les cavités creuses de l'organisme en contact avec le milieu extérieur (intestin, vessie, bronches, vagin). Ces organes creux abritent tous une très abondante **flore symbiotique** dont l'activité métabolique globale est équivalente à celle du foie, l'activité endocrinienne égale à celle du cerveau. Ces microbes domestiques ont une très puissante activité immunitaire. D'une part ils contrôlent rigoureusement le cheptel des germes dits "pathogènes", toujours présents mais inactifs tant qu'il n'y a pas de stress, tant que le cerveau ne commande pas leur activation, leur prolifération et leur action régulatrice. D'autre part, ils assurent l'initiation et la maturation des structures lymphoïdes associées aux muqueuses, qui représentent 50% de la population lymphocytaire et qui vont prendre le relais du transfert d'information. Notre santé dépend donc étroitement de ces minuscules commensaux et toute perturbation de leur écosystème entraîne obligatoirement un désordre général, immunitaire, nerveux, endocrinien et psychique. Le stress sous toutes ses formes, les peurs excessives et l'anxiété chronique, l'alimentation industrielle (pesticides, conservateurs, colorants, métaux lourds, cuisson au four micro-ondes...), la chimiothérapie (vaccins, antibiotiques, vermifuges chimiques, anti-inflammatoires...) perturbent gravement les fragiles muqueuses et les flores qui leur sont associées.

Version officielle: "passées les barrières, différentes *légions* cellulaires vont intervenir. *En première ligne*, les *cohortes* de macrophages et de polynucléaires (des globules blancs) qui vont emprisonner les agents infectieux et les éliminer (phagocytose)" (La Lettre de l'Institut Pasteur).

Au niveau des muqueuses il existe des portes d'entrée pour les antigènes étrangers. Dans l'intestin grêle ces portes sont les **plaques de**

Peyer, constituées d'amas de cellules immunitaires postées là en attente, avides d'information. Ces cellules, macrophages et lymphocytes, sont en place pour accueillir, mémoriser et bien sûr contrôler les "nettoyeurs" et agents de reprogrammation que sont les bactéries et virus "pathogènes". Au niveau des plaques de Peyer, et sous l'action des lymphocytes, la muqueuse intestinale devient *perméable* par différenciation de l'épithélium en "cellules M" dont la fonction est qualifiée de "mystérieuse" par les immunologistes. Pourquoi "mystérieuse"? Tout simplement parce que leur mode d'action ne colle pas avec le dogme en vigueur: les cellules M transportent les antigènes étrangers de la lumière intestinale vers l'intérieur de l'organisme! Dans quel but? Si l'imperméabilité des barrières muqueuses garantit l'inexpugnabilité du milieu intérieur, à quoi bon ouvrir dans l'intestin grêle environ 200 portes qui *laissent passer les agents infectieux* à tropisme digestif comme les virus de la polio et du sida, le vibrion cholérique ou les salmonelles? Le but serait d'alerter le système immunitaire. C'est incohérent! L'ennemi est au pied d'une forteresse dont les murs sont infranchissables, et on lui ouvre les portes pour prévenir la garde! C'est d'autant plus incohérent que cette pénétration ne déclenche pas toujours une alerte immunitaire et la destruction de ces germes! Par contre, tout devient cohérent dans la logique d'un système cognitif, dont la réponse dépend de la nature et de la redondance de l'information. La fonction des plaques de Peyer, dont le nombre augmente en cas d'infection, est de transmettre certaines informations du Non-Soi en vue de la différenciation puis de l'évolution du Soi. Le système immunitaire ne laisse passer que ce dont l'organisme a besoin, et c'est l'intestin qui décide quelles informations transmettre et sous quelle forme.

Au niveau des plaques de Peyer ce sont les **macrophages** qui entrent les premiers en action. Leur rôle est d'effectuer un premier tri dans la foule qui se presse aux portes du milieu intérieur. Leur mode d'action est l'endocytose ou la phagocytose, c'est-à-dire l'ingestion et la digestion de tous les déchets et impuretés mais aussi des microbes porteurs d'acides nucléiques (le message) et de protéines (l'antigène signal, la "carte d'identité" du microbe). Ils transmettent les informations "intéressantes" aux lymphocytes T, par un mécanisme appelé "présentation de l'antigène". Ainsi nous engrammons ou rejetons quotidiennement une foule de données, mais si l'état du milieu intérieur nécessite un intense travail microbien, celui-ci va s'accompagner d'un ensemble de symptômes que nous appelons "infection aiguë". Les macrophages émettent alors l'interleukine 1, cytokine qui va agir sur les centres thermorégulateurs de l'hypothalamus, déclencher la fièvre et l'inflammation dans le but de soutenir le travail de surveillance accompli par les lymphocytes, c'est-à-dire la conduite d'une infection *consentie* car nécessaire.

La fièvre est certainement notre meilleure alliée pour contrôler l'intégration des informations microbiennes. Pivot de la défense naturelle, elle témoigne d'une saine réaction organique de l'enfant immature, une manifestation de ce "feu du désir" propre à cette période d'individualisation, et nous devons nous débarrasser de la peur viscérale et des préjugés qui nous poussent à la combattre systématiquement. La plupart du temps les enfants équilibrés présentent une "fausse fièvre", une simple augmentation de température absolument sans conséquences tant qu'ils jouent, boivent et dorment "comme si de rien n'était". La diète, les bains à deux degrés en dessous de la température rectale, et la présence permanente de la mère (tout particulièrement la nuit) suffisent en général à passer le cap. La vraie fièvre est un syndrome impressionnant qui inclut l'hyperthermie, des manifestations inflammatoires, des frissons, des suées, des contractures musculaires. Elle témoigne alors d'une rude mise au point qu'il faut savoir contrôler tant dans l'intensité que dans la durée. Aux alentours de 38-38,5°C, la fièvre *favorise* le développement microbien. Dans quel but? Si le microbe est un ennemi, il est évident que la fièvre facilitante doit être combattue par tous les moyens! Si par contre le microbe est une information, cette facilitation prend le sens d'une amplification destinée à mieux "voir" de quoi il s'agit avant une éventuelle intégration. Vers 39-39,5°C la fièvre est *bactériostatique*, elle stoppe la multiplication microbienne. Le message est reçu, l'information intégrée ou jugée sans importance. Il est dès lors inutile de poursuivre l'amplification du message. A 40-40,5°C la fièvre est *bactéricide*, elle détruit les microbes excédentaires devenus sans intérêt. Mais la fièvre a d'autres fonctions. Elle augmente le métabolisme de base et favorise à la fois les synthèses (croissance, anabolisme) et les éliminations toxiques (catabolisme).

Elle accélère les rythmes cardiaque et respiratoire, et donc la filtration hépatique qui représente la référence antitoxique de l'organisme. Elle stimule les fonctions métaboliques du foie, immatures jusqu'à l'âge de quatre ans, ce qui laisse entrevoir les dégâts considérables occasionnés par la chimiothérapie massive devenue routinière pour "faire tomber la fièvre" et "détruire les microbes".

Que signifie "respecter la fièvre"? En premier lieu il convient de **saisir le sens de la maladie infantile**. On peut la comparer à une épreuve initiatique qui permet de "nettoyer le courant héréditaire", métamorphoser le corps physique, élaborer le psychisme, éliminer la prédisposition naturelle à la névrose régressive ou retour fusionnel à la mère. Faire une "bonne rougeole" ou de "bons oreillons" c'est faire peau neuve, et cette mue est une conquête qui s'accompagne d'une métamorphose profonde de la physionomie et de la psyché. Au sortir de la maladie l'enfant est différent, son véhicule corporel en partie libéré des "scories" du passé familial, tribal ou social, afin que puisse s'épanouir l'individualité psycho-spirituelle. Les traits s'affirment, la croissance reprend, le langage s'élabore. Il est plus résistant pour affronter tous les conflits à venir, ce qui est objectivé par la maturité effective du système immunitaire. "La force de métamorphose de la maladie infantile que l'on traverse s'étend à la vie entière" (26), et il semblerait en effet que les affections fébriles de l'enfance jouent un rôle protecteur vis-à-vis des maladies tumorales. La maladie infantile est en fait une authentique guérison, et les microbes en sont les agents. Le terme de "maladie" ne devrait être employé que lorsqu'il existe des difficultés particulières, ce que l'on nomme *complications*. Ces difficultés à franchir le cap évolutif doivent être recherchées à plusieurs niveaux: une fragilité liée au lourd héritage psychique de l'humanité (les diathèses innées des homéopathes), au "projet parental inconscient", aux traumatismes de la vie foetale, de la naissance et de l'enfance, à la détresse affective, souvent à des manoeuvres médicales intempestives en relation avec la *peur* qui entoure l'enfant dans l'épreuve. La plupart des parents sont hantés par le spectre des convulsions et du délire fiévreux, en relation avec leurs propres terreurs enfantines (les angoisses de leurs propres parents) et leur asservissement aux dogmes médicaux en vigueur, une *peur* irraisonnée entretenue et amplifiée par certains médecins devenus incapables de comprendre la nature profonde de ces processus vitaux. Le discours vaccinaliste est entièrement construit sur la peur des complications, lesquelles sont bien souvent la conséquence de l'acte vaccinal lui-même. Les maladies infantiles ont toujours une très forte composante émotionnelle, comme tous les grands moments de la biographie humaine. L'enfant préverbal, et même au-delà jusqu'aux alentours de trois ans, est parfaitement perméable aux influences extérieures. Il imite les "grands" pour se construire, phénomène tout à fait comparable à une *contagion*. De la même façon qu'il cherche à reconstituer chaque mot et chaque geste dans le secret de ses jeux, de même il peut manifester physiquement l'ambiance émotionnelle dans laquelle il baigne par une éruption cutanée, une bronchite, une diarrhée, une constipation ou... des convulsions (vengeance dirigée contre la mère!). Quel modèle d'humain donnons-nous à nos enfants? De toutes les émotions la peur est certainement la plus contagieuse, et elle est certainement la plus grande maladie de notre siècle. L'anxiété de la mère, signe subjectif, peut engendrer par résonance une aggravation *objective* et parfois dramatique des symptômes chez l'enfant. Plus la mère est inquiète, plus la maladie risque d'être "grave", et même si cela paraît un peu "raide" à certains, on peut dire que l'*obsession* des convulsions chez les parents (ou le médecin) peut générer les convulsions chez l'enfant. Si vous avez *peur* de tomber, le moyen le plus simple d'évacuer cette peur est justement de tomber! Incapables de contrôler nos propres angoisses, nous déclenchons très vite une contre-attaque massive, totalement disproportionnée, qui intoxique et épuise l'enfant tout en l'empêchant d'accomplir son développement. Comprendrons-nous un jour que la santé de nos enfants est un reflet fidèle de nos états d'âme? Quand survient la crise évolutive, il faut entourer l'enfant d'une atmosphère sereine, positive, courageuse et même pleine de vénération pour le mystère qui est en train de s'accomplir. Il faut accompagner l'enfant dans son effort d'autoguérison, armer le guerrier pour son combat et non pas l'y soustraire car "les maladies sont les ouvriers du divin" (Paracelse).

On ne prévient pas les maladies avec des vaccins mortels mais avec de l'amour vivifiant. "Respecter la fièvre" c'est en premier lieu conforter l'enfant par une attitude sereine et rassurante, accompagner son effort de croissance par la diète, le repos et l'usage de remèdes non toxiques qui empêchent l'hyperthermie de dépasser un certain seuil et/ou de durer trop longtemps. Au-dessus de 40°C et au-delà de quatre jours l'individu doit être soutenu avec l'homéopathie, l'aromathérapie, l'apport d'oligo-éléments catalytiques. Le recours à la chimiothérapie peut s'avérer nécessaire mais restera exceptionnel si on saisit *le sens d'une maladie infantile*, si on évite la panique et si on fait en sorte d'avoir des enfants sains.

Deuxième ligne
Immunité à médiation cellulaire - Phase d'état

Version officielle: "d'autres *corps de troupes* cellulaires, composés de différents globules blancs *guerriers* sont capables de reconnaître l'ennemi (ou de contribuer à son identification), de coopérer efficacement grâce à divers *moyens de transmission* et d'engager le combat" (La Lettre de l'Institut Pasteur).

Cette phase commence au niveau des portes ouvertes dans les muqueuses. Les flores symbiotes transfèrent les informations inconnues, originales ou complexes vers les macrophages des plaques de Peyer. Les macrophages vont les intégrer, les digérer, puis présenter des peptides antigéniques à ces spécialistes que sont les **lymphocytes T**.

Chez le nouveau-né les lymphocytes sont présents mais ils sont eux aussi... nouveau-nés! Leur éducation n'est pas terminée et ils ne savent pas communiquer correctement avec les mots chimiques qui constitueront ultérieurement leur langage. Les promoteurs de la vaccination infantile précoce, multiple, systématique et obligatoire, n'ont pas l'air d'avoir très bien saisi cet aspect élémentaire de la biologie. L'enfant de moins de 12 mois a une bouche, une langue, un larynx, des cordes vocales, et pourtant il ne sait pas parler. Il doit peu à peu élaborer le langage par imitation, à partir des informations captées dans son environnement. De la même façon, l'enfant de moins de deux ans a une moelle osseuse, un thymus, une rate et des ganglions, des macrophages et des lymphocytes, mais ces cellules ne produisent pas de cytokines, autrement dit elles ne savent pas parler et ne peuvent pas communiquer. Pour ceux qui aiment à comparer ces cellules immunitaires à une armée, sachez que c'est alors une armée de jeunes recrues isolées les unes des autres, dépourvues de chefs et de communication radio. Il n'y a dès lors aucune possibilité de mettre en place une stratégie efficace, de réguler finement la réponse immunitaire en fonction du type d'information reçu. La capacité de régulation débute vers l'âge de deux ans (l'enfant se met à parler) et atteint sa pleine maturité vers 10 ou 12 ans. Quel peut dès lors être l'effet des multiples vaccins injectés aux nourrissons?

Les lymphocytes nés dans la moelle osseuse, éduqués dans le thymus, concentrés dans les plaques de Peyer, les ganglions et la rate, sillonnent l'ensemble de l'organisme afin de prendre les nouvelles aux limites du royaume, au niveau des muqueuses. Ils interviennent toujours *après* la phagocytose réalisée par les macrophages. Les antigènes qui leur sont présentés constituent à la fois la carte d'identité et le "laissez-passer" des informations microbiennes. Une information non filtrée par les muqueuses est incompréhensible aux lymphocytes. Nous avons vu que pour coordonner leurs actions les cellules immunitaires doivent communiquer en permanence, et les échanges s'effectuent par l'intermédiaire de molécules comme les interférons et les interleukines, absentes ou insuffisantes chez le jeune enfant. Ces mots chimiques permettent tour à tour de stimuler, atténuer ou interrompre tel ou tel aspect de la réponse immunitaire, afin d'amplifier, tempérer ou interdire l'action reprogrammante du microbe. Les lymphocytes T, tout particulièrement les T4 ou CD4, sont considérés à juste titre comme le "pôle de conscience" du système immunitaire, les maîtres d'oeuvre de l'immunité spécifique. Ce sont les ingénieurs et contremaîtres qui supervisent le travail des ouvriers microbiens sous contrôle du cerveau biologique, lequel ordonne tous les processus de maladie ou de guérison grâce à des signaux nerveux ou endocriniens. Le système nerveux est le terminal de toutes nos perceptions sensorielles et extrasensorielles, lesquelles engendrent ou ravivent pulsions, désirs, émotions, sentiments, actions et passions, attirances et répulsions, pensées, idées, concepts, créations imaginaires et souvenirs. Le cerveau est le lieu où s'impriment tous nos conflits conscients ou inconscients. Tout est lié, et nos émotions positives ou négatives influencent notre immunité, inhibent ou favorisent le travail microbien, de la même façon que l'état de nos flores intestinales agit sur nos "états d'âme" ("esprit" est l'anagramme de "tripes"!).

L'immunologie officielle commence ici, avec l'intervention des lymphocytes T qui recueillent et mémorisent les informations délivrées par les macrophages. Le microbe est alors dans la place, au coeur du milieu intérieur, et pour les spécialistes de la discipline il s'agit indubitablement d'un ennemi qu'il faut détruire le plus rapidement possible par activation de lymphocytes T8 cytotoxiques et de lymphocytes B producteurs d'anticorps. Une fois de plus, il y a ici un paradoxe évident. D'une part cette réaction cellulaire de neutralisation ou de rejet est facultative, et de plus toujours *tardive* puisqu'elle apparaît plusieurs jours après le premier contact aux frontières. Que s'est-il passé durant ce laps de temps, si l'on considère qu'un virus peut atteindre sa cible en quelques minutes? D'autre part, la participation du système immunitaire apparaît souvent essentielle au développement de nombreuses "maladies infectieuses". Il se produit à certains moments une **tolérance**, voire une **facilitation** qui permet aux germes de pénétrer puis parcourir tout l'organisme pour y trouver leur cible et y effectuer des "travaux de rénovation". Le psychanalyste Otto Rank définissait la tolérance comme "une ascèse dans l'exercice du pouvoir", une neutralité bienveillante par rapport aux multiples opinions exprimées par les individus constituant une société. Autrement dit, la "normalité" n'est pas la soumission aveugle à une majorité "bien pensante", qui considérerait par exemple le microbe comme un ennemi *systématique*, *systématiquement* détruit par le système immunitaire. La tolérance immunitaire *favorise* donc l'expression de la maladie infectieuse si celle-ci est nécessaire: l'interleukine 1 déclenche la fièvre qui active le développement microbien, comme l'adrénaline et le cortisol surrénaliens activent les lymphocytes *suppresseurs* qui *inhibent* la réaction immunitaire et favorisent l'infection en cas de stress.

Autre paradoxe: l'immunologie décrit des infections extracellulaires et des infections intracellulaires (cas de tous les virus), ce qui signifie que le système immunitaire n'intervient qu'*après* pénétration de l'ennemi dans sa cible. Pourquoi attendre si longtemps? Réponse officielle: "le germe est capable d'éluder ou même de détourner à son profit la réponse cellulaire qui est le premier acte de la réponse immunitaire". C'est un fameux contresens! En fait, le système immunitaire autorise le processus infectieux *quand celui-ci est utile*, mais il le contrôle rigoureusement et y met fin quand le but - la guérison - est atteint. C'est bien ce qui se produit si l'on considère que les lymphocytes T4 ont été surpris en flagrant délit de transmission de virus de cellule à cellule, hors de portée d'éventuels anticorps neutralisants. C'est ainsi que certains virus peuvent traverser les muqueuses et atteindre notre ADN *en quelques minutes*, pour s'inclure à nos chromosomes sans aucun signe pathologique et sans aucune réaction immunitaire. Mais le nombre de cellules investies est strictement contrôlé par les lymphocytes en fonction du but poursuivi.

Ce qui est décrit par l'immunologie classique est donc un phénomène *tardif*, postérieur aux phases d'assimilation et d'intégration des informations. La destruction des microbes par les lymphocytes intervient *après* la maladie, quand le terrain est nettoyé, l'ADN reprogrammé et le conflit résolu. Le rôle du lymphocyte T4 est dans un premier temps de laisser s'accomplir le transfert d'information, la "maladie", en inhibant les processus purement destructeurs de la troisième phase. Quand ce travail est fait, la fièvre augmente afin de freiner puis de stopper l'activité microbienne. Le T4 déclenche alors la troisième phase, l'élimination des déchets par activation des macrophages armés et des lymphocytes T8 cytotoxiques, *éventuellement* des lymphocytes B producteurs d'anticorps.

Troisième ligne
Immunité à médiation humorale
Phase terminale et convalescence

Version officielle: "diverses populations de lymphocytes vont ainsi entrer en jeu: les lymphocytes B qui vont produire des anticorps, constituant de véritables *usines d'armement* biologique; des lymphocytes *tueurs* qui vont livrer des *corps à corps* avec les cellules infectées et les détruire; des lymphocytes *conseillers militaires* qui vont réguler les mouvements de troupes; d'autres lymphocytes enfin vont *empoisonner* leurs adversaires en libérant des cytokines..." (La Lettre de l'Institut Pasteur).

L'étude de cette phase terminale du processus immunitaire doit se centrer sur le cycle de production, d'utilisation et d'élimination de ces protéines nommées **anticorps**, immunoglobulines ou gammaglobulines. C'est sur leur synthèse par les lymphocytes B que s'est entièrement construite la vaccinologie pasteurienne, systématisée dans la petite enfance bien que ces cellules ne deviennent réellement fonctionnelles que vers l'âge de quatre ou cinq ans. Selon le dogme, être bien vacciné, donc bien immunisé, c'est avoir des anticorps circulants dans le sang.

Cette façon de voir est incohérente, pour au moins trois raisons:

- pourquoi la séropositivité vaccinale est-elle recherchée alors que la séropositivité naturelle est considérée comme de mauvais pronostic (sida, hépatites...)?

- si un *faible* taux d'anticorps est physiologique, en revanche les hypergammaglobulinémies (présence de quantités importantes d'anticorps dans le sérum sanguin) sont toujours pathologiques. Chez les sidéens gravement atteints de plusieurs maladies "opportunistes", les taux d'anticorps sont énormes, pouvant atteindre 75% au lieu de 15 à 17% chez le sujet sain! Les anticorps ne sont donc pas protecteurs, et leur production massive traduit plutôt un affolement et une défaillance du système immunitaire devenu incapable de contrôler la situation. Ce dérèglement mortel ne se produit que dans certaines situations *désespérées*, et nous verrons que c'est le cas lors de toute vaccination. Ainsi, les essais préliminaires d'un vaccin anti-sida chez des séropositifs asymptomatiques (sans troubles visibles) se sont tous soldés par une aggravation très rapide et une mort prématurée.

- au cours d'une maladie contractée naturellement, les anticorps apparaissent *trois semaines après*, en phase de convalescence, pour se stabiliser ensuite à un niveau très bas. En quoi sont-ils "protecteurs" puisque la maladie est terminée? Si nous sommes réellement en danger en cas de maladie infectieuse aiguë, qu'est-ce qui nous protège pendant tout le temps nécessaire à la production des anticorps? Si rien ne contrôlait l'action microbienne durant ce laps de temps, ne serions-nous pas tous morts d'infection bien avant l'invention des vaccins?

En fait une production d'immunoglobulines est inutile lors du premier contact avec l'antigène, car **les anticorps n'ont aucun rapport avec l'immunité vraie**, laquelle concerne au premier chef les filtres muqueux et les régulateurs cellulaires. L'immunité à médiation cellulaire est un processus parfaitement contrôlé par des lymphocytes bien *disciplinés* qui gèrent une intense coopération cellulaire. Les T4 conservent la mémoire de tout ce qui a pris contact avec les plaques de Peyer, de tout ce qui a pénétré le milieu intérieur, de tout ce qui a intégré le génome. Selon les événements de la biographie, le système immunitaire autorisera l'activation d'une maladie infectieuse une seule ou plusieurs fois. Dans l'immense majorité des cas, les maladies infantiles comme l'ensemble des maladies virales ne se produisent qu'une seule fois. L'immunité acquise *naturellement* est solide, le plus souvent définitive, et les germes concernés seront ultérieurement refoulés au niveau des muqueuses. Par contre, si certains caps de maturation ne sont pas franchis, si certains traumatismes survenus dans l'enfance sont réactivés au cours de l'existence, leur solutionnement nécessitera l'intervention d'un agent infectieux présent au niveau des muqueuses ou engrammé dans l'ADN. L'organisme favorisera l'infection que l'on soit ou non vacciné! Le seul effet de la vaccination est d'empêcher le système immunitaire d'utiliser correctement les microbes pour se rééquilibrer! Tant qu'un conflit individuel ou collectif est actif, ou régulièrement réactivé, ces germes resteront présents et réactifs au sein de l'individu ou de la société. On parle alors d'épidémie (grippe), de maladie latente ou chronique (zona, mononucléose, hépatites...). La réapparition d'anciennes maladies que l'on croyait "éradiquées" correspond à la réactivation de problématiques anciennes (par exemple conflits territoriaux), l'apparition de maladies nouvelles correspond à l'émergence de nouvelles problématiques. Violences, exclusions, injustices, inégalités, spoliations... Qui est responsable?

Quel est donc le rôle des anticorps? Tandis qu'ils favorisent l'intégration des informations microbiennes susceptibles d'enrichir l'individu, les lymphocytes T4 préparent la phase finale de ralentissement puis de cessation de l'activité infectieuse. Grâce aux lymphokines, ils "arment" des macrophages et mettent en alerte les lymphocytes T8 cytotoxiques et les lymphocytes B producteurs d'anticorps. Mais ils ne déclenchent *surtout pas* un relargage massif d'immunoglobulines! Cette "meute" est vigoureusement tenue en laisse durant toute la phase d'état de la maladie. Après celle-ci, durant la convalescence, les anticorps *produits avec parcimonie* vont nettoyer le terrain. Toute guérison implique destruction et reconstruction, et se traduit par des éliminations. Pour bien nettoyer une plaie il est souvent nécessaire de former du pus, constitué de macrophages et de lymphocytes chargés de déchets et de toxines. Le rôle des anticorps est de débarrasser le milieu intérieur des enveloppes virales, des cellules mortes, des germes excédentaires devenus inutiles. L'immunité à médiation humorale n'est qu'un système de voirie. Estimer l'immunité à la quantité d'anticorps produits est comme juger de la réussite d'une rencontre importante au nombre de balayeurs qui nettoient la salle quand tout le monde est parti. Une pratique vaccinale visant uniquement à la synthèse massive d'anticorps est donc totalement aberrante, et de plus dangereuse pour l'équilibre du milieu intérieur comme nous le verrons en étudiant les aspects biologiques de la vaccination.

Il y a donc destruction de l'enveloppe, *mais pas du message*. Lorsque vous recevez un courrier qui vous est personnellement adressé, vous éliminez l'emballage mais vous lisez la lettre. Le système immunitaire fait de même. Pourquoi vaccine-t-on? Le dogme actuel déclare que toute information est subversive, que tout le courrier qui arrive est terriblement nocif. Il faut le détruire avant même de l'ouvrir, et donc leurrer le système immunitaire, forcer l'organisme à produire des anticorps contre une multitude d'ennemis hypothétiques, invisibles, virtuels. C'est de la paranoïa! Poursuivons notre analogie entre le comportement du système immunitaire et votre comportement face à un volumineux courrier quotidien, parmi lequel une multitude d'informations publicitaires. Vous y jetez un oeil plus ou moins attentif, selon vos intérêts du moment, et déjà vos "défenses naturelles" vont en éliminer une bonne part (flores intestinales, macrophages). Toutefois certaines enveloppes vont attirer plus particulièrement votre attention, du fait qu'elles semblent contenir des informations nouvelles, enrichissantes, ou receler un certain danger pour votre équilibre intérieur (factures, convocation devant l'Ordre, etc.). Celles-là vous allez les lire avec attention (macrophages, lymphocytes T), les mémoriser ou les classer méticuleusement dans vos dossiers personnels (lymphocytes mémoire, inclusion dans l'ADN) après avoir éliminé les supports, enveloppes et emballages (lymphocytes T8 cytotoxiques, anticorps). Que ferez-vous si la même information vous est présentée ou imposée chaque jour à des centaines d'exemplaires? Vous ferez en sorte qu'elle ne parvienne plus jusqu'à vous (système de filtration des muqueuses), et si elle parvient malgré tout dans votre milieu intérieur, elle ira directement au panier ou dans l'incinérateur (anticorps neutralisants). Vous êtes "immunisés", c'est-à-dire que votre mémoire signale que telle information est déjà classée, ou inutile, redondante, nuisible, et vos "anticorps mentaux" interviennent donc immédiatement. C'est ce que fait le système immunitaire par rapport aux microbes.

3.   Que signifie vacciner?

"L'homme est le seul animal qui se sache mortel.

Toute recherche scientifique fondamentale n'est-elle pas conduite, sans qu'on le sache toujours, par l'angoisse humaine?" Pr. Henri Laborit

Nous avons présenté la biographie de Louis Pasteur, en situant l'homme dans son siècle. Nous avons ensuite suggéré un autre regard sur les microbes et l'immunité. Dans ce contexte élargi, que signifie "vacciner", hier, aujourd'hui et demain?

Pour beaucoup de gens encore, y compris nombre de thérapeutes, la réponse à cette question est simple, évidente, émotionnelle: vacciner c'est préserver la vie, protéger contre des maladies qui génèrent la souffrance et la mort. Pour d'autres, confrontés de plus en plus nombreux aux "effets indésirables" à court, moyen ou long terme des vaccinations de masse, la réponse est plus réfléchie: *peut-être*, *sans doute* ou *certainement*, vacciner peut perturber gravement et à terme détruire les équilibres délicats de la vie.

L'analyse objective de ce que l'on nomme **vaccinologie** n'est pas simple, et à vrai dire ne le fut jamais. Rappelons qu'il s'agit d'une discipline entièrement autonome, qui a forgé de toute pièce une immunologie susceptible de coller aux axiomes initiaux et de servir ses buts. Si cette discipline s'est autant éloignée de son objectif initial de "santé pour tous", c'est que ses raisons d'être ne sont pas tant sanitaires que politiques et économiques. Blessée à mort par divers "scandales" médicaux plus difficiles à taire que les bavures de Pasteur, elle durcit sa politique de coercition pour tenter de survivre à ses propres paradoxes, à ses mensonges peu à peu dévoilés. La blessure est d'autant plus douloureuse que le ralentissement de l'apparition de nouveaux vaccins constitue une "cassure dans la trajectoire indéfinie du progrès", une rupture inconcevable qui nécessite de "réviser certaines bases théoriques du programme". Symbole des bouleversements considérables de notre fin de siècle, "le sida récapitule tous les éléments de la crise: incertitudes scientifiques, inégalités politiques et économiques, dilemmes éthiques" (3). Face à ce constat, nous devons plus que jamais tenir compte des résistances humaines à la vaccination, dont la permanence est "trop souvent confondue avec l'histoire des sectes et celle du charlatanisme". Perçue comme une "opposition symbolique au pouvoir", elle remet en question l'*acceptabilité* du geste vaccinal dans ses aspects éthique, politique, économique, social, et bien sûr médical. L'accusation essentielle de ce contre-pouvoir est de *provoquer*, dans le meilleur des cas une dépression temporaire de l'immunité individuelle, au pire une véritable maladie de toutes les civilisations, insidieuse et irréversible.

Dans ce débat, tout le monde paraît sincère et compétent, et cette contradiction est pour le moins déstabilisante pour le "commun des mortels", confronté d'une part à une propagande intense minutieusement orchestrée par les pouvoirs en place, de l'autre à l'émergence d'une nouvelle conscience qui propose une éthique écologique basée sur un choix libre et responsable. Mais avons-nous encore le courage d'être libre? Qui devons-nous croire? Concernant les êtres dont nous avons la responsabilité, enfants et animaux, faut-il protéger *par* les vaccins ou protéger *contre* les vaccins? Cette dialectique est morbide car elle ne permet pas d'échapper à la peur, à la culpabilité et au remords. A la phobie obsessionnelle du microbe, à la "peur du gendarme", à l'angoisse profonde de la maladie et de la mort incomprises, vient s'ajouter la peur du vaccin, hier encore salvateur, aujourd'hui vecteur de nouvelles souffrances. Dès lors il ne s'agit plus seulement d'être "pour" ou "contre" en vertu de croyances ou d'espoirs plus ou moins fondés, véhiculés par de vagues rumeurs ou par ces grands éclats médiatiques qui font et défont les opinions et génèrent de fugaces sympathies ou antipathies. A chaque instant, nous devons replacer le geste vaccinal dans son contexte, et considérer lucidement son impact à tous les niveaux de la personnalité humaine.

Sur le plan *intellectuel* l'acte vaccinal est généralement considéré comme un geste scientifique, donc *forcément* raisonné et raisonnable, objectif, cohérent, efficace et sans danger. Pour ceux qui doutent, il n'est pas toujours facile de s'opposer ouvertement, sans arguments solides, à des obligations légales empreintes de totalitarisme.

Sur le plan *physique* l'acte vaccinal est un rituel social normatif qui signe l'appartenance au groupe, comme ailleurs les tatouages ou les scarifications. "Etre majeur ET vacciné", c'est être reconnu, conforme, "bon pour le service". Pour beaucoup toutefois, l'injection est consciemment ou non perçue comme une ingérence insupportable, une atteinte à l'intégrité psychophysiologique, autrement dit un viol.

Sur le plan *émotionnel* l'acte vaccinal est un exorcisme, et le vaccin un objet de transfert qui aide l'homme moderne à relier son monde intérieur à une réalité insaisissable et terrorisante. Le vaccin dissout un temps la peur archaïque de la souffrance et de la mort, et il est souvent difficile de résister aux pressions qui créent et entretiennent des angoisses multiples et paralysent le libre-arbitre.

Aspects éthique et politique - LE POUVOIR

La contrainte vaccinale amène à réfléchir sur l'idéologie de la prévention et la normalisation de nos sociétés. Education ou coercition? La politique de prévention vaccinale est un compromis permanent entre libéralisme et paternalisme, qui fait appel à la responsabilité de chacun dans le seul but d'imposer en douceur des contraintes collectives qui vont à l'encontre de la liberté individuelle. En d'autres termes, l'obligation vaccinale reflète une volonté constante des politiques de "domestiquer les masses" (27), soumettre le "troupeau humain", et notamment les minorités qui refusent de se fondre dans un idéal d'uniformisation centré sur le modèle de la société industrielle occidentale. Pour parvenir à ses fins, un despote doit exploiter sans vergogne toutes les cordes sensibles de l'inconscient humain: la peur et le remords, la culpabilité et la dévalorisation, avec comme cible privilégiée l'enfant et comme moyen la propagande.

Selon Erich Fromm, l'autoritarisme revêt deux aspects. Il existe à n'en pas douter une autorité rationnelle pouvant s'exercer de manière *temporaire*, comme celle du professeur sur son élève, et reposant sur la *compétence*, l'équité, et une constante autocritique. Le despotisme médical ne nous paraît pas répondre à ces critères. Il existe aussi une autorité irrationnelle dont le fondement est l'exercice du pouvoir sur autrui. "Celui qui incarne une autorité irrationnelle se proclame souverain éternel. Il intimide ses sujets, et en même temps soulève leur admiration par ses vertus quasi magiques. Nul n'a le droit de le critiquer. Aussi l'autorité irrationnelle repose-t-elle sur l'iniquité" (Fromm). Charles Mérieux, capitaine d'industrie, écrit que "biologiquement, nous sommes tous égaux, que nous avons tous les mêmes *ennemis*". "Biologiquement"... la précision est subtile, car au-delà l'inégalité est flagrante. Qui sont ici les ennemis? Les microbes bien sûr, mais aussi ces "marginaux" qui s'opposent au bien-être de la communauté, qui refusent la vaccination obligatoire et ne sont de ce fait que des *terroristes*. La résistance à la vaccination existe depuis Pasteur, et même depuis Jenner. Le savant anglais Alfred Russel Wallace dénonçait déjà la "dangereuse illusion" de la vaccination, dont l'obligation était pour lui "le crime du siècle". Ce n'est donc pas une "mode" passagère, et le présent livre fait écho à cette mise en garde.

L'Institution agit grâce à une "éducation au pacte démocratique", gratuite et obligatoire, afin d'inculquer une "éthique de la responsabilité" individuelle qui aboutit très vite aux moutons de Panurge. La responsabilité individuelle face à un choix éthique implique la non-ingérence du pouvoir et l'accès de tous et chacun à l'ensemble des informations nécessaires à ce choix. Le piège du libéralisme est la manipulation sournoise de l'information, qui peut être dissimulée, déformée ou amplifiée, soutenue par des "experts" inféodés à l'industrie, afin de canaliser l'individu vers une seule possibilité, un "conseil" alors analogue à une obligation. Intentionnellement désinformé, le "citoyen" est toujours amené à se considérer comme incompétent et inapte à toute décision. Le recours à un paternalisme sévère mais juste consiste à imposer une stratégie en faisant croire que l'intérêt de chacun est confondu à celui de tous, en fait celui des dominants. Il s'agit bien de "faire de la société une prison modèle où les gardes sont inutiles", car chacun est à la fois juge et suspect pour son voisin, dénoncé et exclus à la moindre manifestation de non-conformisme. "L'éthique de la solidarité ne repose pas sur des "principes", mais sur une expérience existentielle: l'expérience du mal, un mal (maladie, malheur) qui n'est imputable à aucune volonté mauvaise, mais dont *nous nous sentons tous confusément responsables* si nous ne nous coalisons pas pour l'endiguer" (3). Cette éthique est douteuse, car la coercition entraîne toujours une infantilisation du sujet moral. Nous sommes dans une logique formelle ou logique de l'enfance (9): afin d'asseoir son autorité, l'Etat crée des habitudes qui maintiennent ses sujets dans l'impuissance et une dépendance totale.

Nous en arrivons à l'argument majeur des vaccinalistes qui est le concept de **couverture vaccinale**, définie ainsi par l'industriel Charles Mérieux: "vous êtes en fait autant protégé par votre vaccin que par celui des autres (car) on peut protéger les masses, les peuples, à condition toutefois d'en vacciner une certaine proportion" (28). La proportion optimale de vaccinés serait de 80%, à partir de laquelle le microbe sauvage ne pourrait plus circuler dans la population. Pris à la lettre, ce raisonnement autorise 20% d'opposants aux vaccinations, qui ne risqueront ni les maladies aiguës ni les maladies chroniques induites par les vaccinations! Ces contraintes, nous dit-on, dépendent de la nature du risque, et il faut renégocier chaque fois que surgit un danger nouveau. Aujourd'hui, c'est le haut risque vaccinal qui oblige à définir d'urgence des stratégies autres que vaccinales. Est-ce possible? Le pouvoir nous dit que non. Et c'est sans doute l'un des aspects les plus diaboliques de la vaccinologie moderne: **la fuite en avant**. "Dès qu'on a commencé à vacciner, on ne peut s'interrompre sans faire prendre à la population d'énormes risques. Ces risques imposent de ne pas revenir en arrière et de poursuivre dans la même direction"! C'est clair et définitif. Face à une prise de conscience de plus en plus marquée concernant la nature et la fonction des microbes, le rôle du système immunitaire, le sens de la maladie, l'impuissance médicale ou le risque vaccinal, c'est ici une reconnaissance implicite de l'erreur monstrueuse qui a fourvoyé toute la biologie. Pour sauver la face, et surtout les intérêts financiers, un nouvel argument apparaît qui exploite comme toujours la peur. "Le retour à l'immunisation sauvage, sur des populations soustraites à la sélection naturelle, pourrait être désastreux. Ayant commencé à vacciner, nous sommes condamnés à continuer, conscients que l'immunisation artificielle collective n'offre jamais une sécurité absolue et comporte des risques individuels, mais nous n'avons peut-être pas le choix" (3). Autrement dit nos erreurs ont dramatiquement fragilisé les populations, et la seule issue est de les fragiliser un peu plus!

Aspects économiques - LA RENTABILITE

La santé a-t-elle un prix? Selon l'économiste Gérard Blanc, "une grande activité de la médecine allopathique consisterait à traduire en termes marchands une demande qui n'est pas marchande au départ" (19). En effet, le souci majeur de l'industrie pharmaceutique est la RENTABILITE. "Le marché du vaccin constitue un pôle économique important de la planète, essentiellement contrôlé par cinq producteurs mondiaux", peut-être moins aujourd'hui. Les petites sociétés ont été absorbées, ou ont abandonné le marché vaccinal par crainte des tribunaux qui les déclarent responsables en cas de réaction secondaire postvaccinale. Seules les grosses multinationales ont suffisamment de pouvoir pour étouffer les scandales, éventuellement dédommager quelques victimes un peu bruyantes.

Comment soutenir ce marché tout en ouvrant largement les perspectives commerciales à l'échelle mondiale? En créant *deux* types de produits, destinés à *deux* types de clientèle:

- pour le Sud l'objet "vulgaire" destiné à la masse et aux maladies courantes. C'est l'aspect *quantitatif*, qui consiste à inonder la planète de vaccins bon marché et donc peu rentables en Occident. Ce programme a le double avantage de cibler une immense population humaine et d'améliorer l'image de marque des industriels qui mettent en avant l'aspect "humanitaire" de leur projet.

- pour le Nord l'objet de luxe destiné aux nantis et à des maladies plus récentes ou plus rares. C'est l'aspect *qualitatif*, qui consiste à développer la recherche pour des vaccins très onéreux destinés aux seuls occidentaux.

Le vaccin traditionnel, "objet de première nécessité"

En 1974, l'Organisation Mondiale de la Santé (O.M.S.) et l'UNICEF lancent le Programme Elargi de Vaccination (P.E.V.) pour "promouvoir la Santé pour tous en l'an 2000". Les industriels fantasment: "je rêvais de vacciner tous les enfants du monde", s'exclame Charles Mérieux (2). Mais il déclare dès les années 50: "en réalité, depuis quelque temps déjà, je rêvais de faire coter nos actions en Bourse". Alors, la Bourse ou la Vie?

Un quart de siècle après le démarrage du P.E.V., observez la situation sanitaire du Tiers-Monde et demandez-vous sincèrement si l'aspect strictement médical est atteint? Concernant l'autre aspect il n'y a aucun problème, ce fut et c'est toujours une extraordinaire réussite financière. Remarquons que ce sont toujours les enfants qui sont visés en priorité dans les programmes humanitaires, ce qui paraît logique sur le plan de l'éthique médicale. Sur le plan économique les enfants représentent une véritable corne d'abondance pour les vaccinateurs, car d'une part ils sont faciles à contrôler à travers les programmes éducatifs et sanitaires obligatoires, d'autre part la vaccination infantile vise quatre (coqueluche, rougeole, oreillons, rubéole) et bientôt cinq (varicelle) maladies qui ne concernent pas les adultes, avec à chaque fois plusieurs injections et de nombreux rappels. Où y a-t-il le plus d'enfants? Dans les pays en voie de développement. Quels parents, une fois "informés", c'est-à-dire terrorisés et culpabilisés, hésiteraient à donner à leur progéniture une chance supplémentaire de survie? Dès lors, cette initiative internationale tente de promouvoir la vaccination universelle des enfants du Tiers-Monde *avant l'âge de un an*, contre six maladies "meurtrières": coqueluche, diphtérie, poliomyélite, rougeole, tétanos et tuberculose. L'hépatite B devrait rattraper ce peloton, et ce seront sept messages microbiens assaisonnés d'adjuvants qui seront injectés ensemble à des nourrissons dénutris. A ce rythme il n'y aura bientôt plus personne pour revendiquer les "terres ancestrales"...

La mortalité infantile, estimée alors à environ cinq millions de décès par an, est bien sûr confondue à la mortalité par maladie infectieuse. Les causes profondes, de nature sociopolitique et économique, telles que colonisation, péjoration des savoir-faire traditionnels, pillage des richesses locales, puis décolonisation, guerre civile, néocolonialisme et nouveaux pillages, etc., sont éludées, ce qui arrange les dirigeants occidentaux et les petits tyrans locaux. Les conséquences sanitaires sont elles aussi éludées, le fait que les enfants vaccinés continuent à mourir de ces maladies, et d'autres émergées récemment "grâce" aux vaccinations comme les hépatites et le sida. Car ces enfants sont *avant tout* mal nourris, immunodéficients et atteints d'infections ou parasitoses chroniques, ce qui constitue en Occident des contre-indications absolues à toute vaccination. La survaccination accélère le processus de dénutrition et les tue, notamment en provoquant un déficit massif en vitamine C et en zinc. Le scorbut aigu pourrait être la cause de la mort subite du nourrisson, ici comme là-bas (29).

Dénutris? Retour aux aspects socio-économiques de la vaccinologie de masse: la destruction des structures sociales traditionnelles provoque le recul de l'allaitement maternel, peu à peu remplacé par des laits maternisés dévitalisés généreusement distribués par "l'aide humanitaire". Nos dons financent l'achat de ces laits indigestes aux multinationales qui les produisent. Or **l'allaitement maternel est le meilleur garant de la santé de l'enfant confronté à des maladies infectieuses**, si toutefois la mère est elle-même en sécurité et correctement nourrie, ce qui n'est pas le cas des ethnies subissant depuis des siècles le colonialisme militaire et religieux, puis le néocolonialisme économique ou touristique.

En 1990, l'objectif d'immunisation universelle paraît atteint. Le marché pèse alors l'équivalent de *cinq milliards de francs français*, ce qui ne représente toutefois que 1% du marché pharmaceutique mondial! Qui dira que la maladie n'est pas lucrative? En 1991 "l'industrie pharmaceutique augmente le prix des vaccins P.E.V. et se restructure pour pouvoir mieux s'attaquer au marché des futurs vaccins nés du génie génétique, dont on prévoit qu'il va exploser, au moins dans les pays industrialisés" (3). En 1992, la "demande" s'élève à plus d'*un milliard de doses* de vaccins bon marché, du fait que les investissements de recherche et d'exploitation les concernant sont amortis depuis longtemps. Ils sont destinés à 88 pays en voie de développement, avec des taux de perte de l'ordre de 60 à 70% en relation avec une infrastructure locale insuffisante, rupture de la chaîne du froid notamment. En conséquence les multinationales impliquées modifient de fond en comble leur "management", hier plutôt scientifique et médical, devenu aujourd'hui ouvertement de type "marketing" avec recherche de rentabilité maximale. Cet aspect fait intégralement partie de la fuite en avant évoquée ci-dessus, d'autant que les Etats sont totalement impliqués sur le plan financier, soit comme actionnaires, soit par le truchement des multiples impôts sur les sociétés. Concernant le P.E.V., le Pr. Banerji (Inde) parle de "totalitarisme technologique", et condamne "une approche condescendante, technocentrique et créatrice de dépendance".

Le vaccin "high tech", objet de luxe

Le deuxième aspect concerne la thérapie génique et les "vaccins du futur" issus des biotechnologies, dont on prévoit "l'explosion" dans les pays industriels. Ici on cherche ouvertement le profit maximum, puisque la clientèle visée est bien conditionnée par une incessante désinformation, une longue médicalisation, et suffisamment aisée pour payer le prix fort toute illusion concernant sa santé. Faut-il évoquer l'Arc, le Téléthon ou le "marché du sida"?

Les industriels se sont fait la main depuis cent ans avec les vaccins "héroïques" contre la tuberculose, le tétanos ou la poliomyélite. Une gigantesque et très coûteuse infrastructure est en place, ainsi que le savoir-faire de milliers de chercheurs conditionnés par la faculté. Dès lors, comme pour la transgenèse ou le clonage, la *faisabilité* scientifique va prendre le pas sur l'éthique médicale et l'utilité publique. Le marché mondial des nouveaux vaccins devait passer de 2 milliards de francs en 1990 à *16 milliards de francs* en 1996, ce qui rend totalement inconcevable de chercher d'autres solutions à la situation sanitaire catastrophique des pays occidentaux. Ces nouvelles vaccinations ne seront vraisemblablement pas obligatoires, et il faut donc créer puis entretenir la demande en terrorisant (hépatite B) ou en affublant n'importe quelle maladie d'un microbe (diabète, ulcère d'estomac, dépression...). Si du jour au lendemain les gens n'avaient plus peur et comprenaient le sens profond de la maladie, ce sont des dizaines de milliards de francs qui... resteraient dans nos poches! Le Titanic médical aurait rencontré son iceberg. Mais pour l'instant il est lancé à fond vers son but, et il faut dès lors créer la demande en créant le besoin. C'est encore un autre aspect de la fuite en avant: si la vaccination de masse est à l'origine de maladies nouvelles, et si le refus de considérer cette hypothèse persiste, ces maladies émergentes pourront être exploitées pour créer de nouveaux traitements, de nouveaux tests de dépistage et de nouveaux vaccins.

Quelles maladies vise-t-on aujourd'hui? Toutes les maladies dites "de civilisation", qui ne sont que les maux d'une civilisation malade. Les gros instituts producteurs planchent sur les vaccins du futur, recombinants, synthétiques ou à ADN nu, avec pour premiers objectifs le sida, les hépatites, le cytomégalovirus, la grippe et la tuberculose, le streptocoque et le paludisme. Et au-delà? La vaccinologie moderne ayant parfaitement intégré le génie génétique dans son savoir faire, le champ de la vaccination peut s'étendre à l'infini, passer du préventif au curatif et viser les cancers, les infections chroniques, les maladies auto-immunes et les allergies, pathologies dont la composante psycho-émotionnelle est pourtant démontrée, et dans la gravité desquelles la vaccination est sans doute fortement impliquée. A quand le vaccin contre la peur et le mal de vivre?

Aspects sociologiques - LA SOUMISSION

Version officielle: "le combat se mène aussi sur le terrain et il faut être présent lorsque se déclenchent dans le monde des *invasions*, des épidémies. Par ailleurs, les experts de l'Organisation Mondiale de la Santé jouent à la fois le rôle d'*observateurs militaires* et de *casques blancs* pour préconiser des mesures de protection de la santé des populations agressées. Plusieurs sont en *garnison* à l'Institut Pasteur, ainsi que des *experts militaires* au niveau national" (La Lettre de l'Institut Pasteur).

Nous avons évoqué les manoeuvres utilisées par les pouvoirs pour imposer des obligations qui vont à l'encontre des libertés individuelles. Le problème central est en effet celui de l'*acceptabilité*, car vacciner est un viol, "la violence des bons sentiments, donnant une protection en échange de la soumission" (27). Comment "domestiquer les masses" et rendre les victimes consentantes, surtout celles qui manquent *avant tout* d'eau potable et de vivres? Avec Pasteur, le scientifique a remplacé le prêtre et le guerrier dans l'adoration des foules. Parlant des démarches diplomatiques et commerciales de Charles Mérieux, Anne-Marie Moulin nous dit que l'industriel "emprunte peut-être un peu de son *pouvoir magique* à l'*aura* qui entoure les *apprentis sorciers*" (28). Nous allons voir à quel point ces termes sont justes. Irrecevable sur le plan scientifique, la vaccination doit devenir un *acte de foi*. Irrecevable sur le plan éthique ou politique, la vaccination doit être imposée par la force, ce que révèle la forme militarisée et policée des campagnes vaccinales.

Les réflexions que nous proposons ici ne remettent pas en question la probité et la sincérité de certains acteurs bénévoles de l'action humanitaire. Que ceux-là, motivés par un authentique amour de la vie, reçoivent ici le témoignage de notre admiration et de notre soutien dans la quête d'une information juste et complète.

Pour bien comprendre ce qui va suivre il est nécessaire de situer le contexte général des pays en voie de développement, successivement investis par la force, pillés, puis laissés à eux-mêmes dans une situation politique, économique et sociale épouvantable. Les savoirs traditionnels des "primitifs" ont été dépréciés, marginalisés et détruits par ceux qui détiennent la *vraie* religion et la *vraie* science. L'allaitement maternel a été remplacé par du lait en poudre industriel. Les cultures vivrières ont été remplacées par la monoculture industrielle de denrées destinées au bétail des pays riches. Les miettes laissées aux producteurs leur ont permis d'acquérir des "biens" de consommation comme l'alcool, les armes ou les médicaments (parfois périmés) destinés à lutter contre les maladies importées par les colons. Conséquence? Une lente déchéance morale et physique, un désespoir chronique ponctué de maladies infectieuses invalidantes ou mortelles car plus aucun système immunitaire n'est capable de les "apprivoiser". A quoi bon? Peut-on survivre à une dévalorisation permanente, au génocide, à la guerre civile? Aucune plante ne survit sans racines. Alors le colon revient avec son aide humanitaire, non pas pour redonner à ces peuples une dignité et une autonomie, mais pour créer des marchés et "dealer" le surplus de sa production. Dans un premier temps, les O.N.G. reconnues "d'utilité publique", soutenues par la finance internationale, sont chargées d'éduquer nos partenaires du Sud, nommés "opérateurs locaux", leur donner accès à l'information et à la formation technique qui leur permettront d'effectuer des *choix* en connaissance de cause. Oui mais, quelle information? Quelles techniques? Et pour la cause de qui? Le choix est-il possible lorsqu'il n'existe qu'une seule possibilité? Le but ultime est de permettre aux habitants du Tiers-Monde d'assurer de manière autonome leur approvisionnement en *médicaments et vaccins.* Nous y voilà. Car il est douteux que cet "approvisionnement" soit considéré comme ponctuel, une solution de transition vers une véritable autonomie. Dans les techniques de marketing la formation des opérateurs locaux est souvent gratuite, maquillée ici en "aide humanitaire", mais la fourniture ultérieure des marchandises ne l'est jamais. Il est évident que l'ensemble des alternatives agricoles et médicales n'ont pas été recherchées, étudiées, proposées, exposées, enseignées. Les "Homéopathes Sans Frontières" ont démontré l'efficacité du traitement des maladies infantiles sans le recours à la chimiothérapie et sans prévention vaccinale, souvent inaccessibles financièrement et toujours délabrantes dans le contexte sanitaire du Tiers-Monde. Des méthodes de valorisation des sols pauvres telles que la biodynamie ont été testées avec beaucoup de succès, sans recourir à des substances toxiques fabriquées et commercialisées par les industriels du Nord. Cette information a-t-elle été transmise? Nous en doutons, si l'on considère qu'un médicament de synthèse a une durée de vie d'environ cinq ans en Occident, et que son "recyclage" au Sud garantit un amortissement très large des investissements de recherche. Quant aux effets biologiques à long terme des vaccinations de masse, il est clair qu'ils n'ont même pas été envisagés. Tout est en place pour que les peuples des "pays en voie de développement", correctement éduqués par les bénévoles et les militaires de l'aide humanitaire, fournissent une clientèle innombrable, fidèle et reconnaissante aux industriels du Nord, ce qui constitue une soupape économique inespérée face à la très rapide désaffection de l'homme occidental.

Revenons au problème du consentement à la colonisation sanitaire, depuis le sommet des hiérarchies nationales jusqu'à la base. Menées comme des campagnes militaires, les campagnes vaccinales sont en général soutenues par les dirigeants des pays concernés. Comme les centrales nucléaires et les armes, les vaccins constituent un progrès qui ouvre la porte du "modernisme" aux pays encore "arriérés". Les obligations scolaires et sanitaires permettent un *recensement* et donc un *contrôle* des populations, tout particulièrement des ethnies minoritaires et des nomades car "l'idéal du pouvoir est l'immobilité absolue" (27). Nous retrouvons ici l'héritage du siècle de Pasteur, avec la sédentarisation des populations ouvrières, "un modèle de domestication des moeurs et de l'assignation à résidence" qui débouchera sur cet étouffoir qu'est la "famille nucléaire". La formation des opérateurs locaux, notamment d'infirmiers, permet de bénéficier d'une main-d'oeuvre bon marché qui pérennisera l'action entreprise (rappels vaccinaux).

Sur le plan strictement psychologique, une enquête réalisée en Iran (3) permet de situer le ressenti *féminin* face à une campagne de vaccination infantile, et nous espérons que ceci permettra aux mères occidentales de prendre conscience de leur propre vécu émotionnel face aux propos alarmistes et donc fortement anxiogènes des vaccinateurs. Rappelons que la cible privilégiée de ces campagnes est l'enfant de moins de un an, alors porté et élevé par les femmes, nourri et protégé grâce au lait *maternel*. L'incitation à recourir au lait maternisé industriel prépare le terrain de l'action sanitaire, car le lait maternel est le plus sérieux concurrent du vaccin. La dépréciation de l'allaitement est le premier acte d'une dévalorisation globale du pouvoir protecteur maternel. De même, il est important de couper les racines, faire disparaître le savoir traditionnel des vieilles femmes et des chamans par une éducation qui oriente la jeunesse vers les valeurs plus "modernes" de la société libérale. C'est d'autant plus facile que les acteurs traditionnels sont confrontés à des pathologies nouvelles, inconnues avant la colonisation, pour lesquelles ils n'ont pas forcément de réponse. Les enfants fragilisés et dénutris vont tôt ou tard avoir besoin de remèdes puissants, mais souvent onéreux et réservés aux plus nantis. Dans ce contexte, la prévention vaccinale va très vite apparaître comme la solution idéale. Cette prise de pouvoir typiquement masculine est tout à fait comparable à celle qui entoure la grossesse et la naissance dans nos sociétés industrielles. L'homme en blanc doit remplacer la sage-femme et le sorcier dans l'imaginaire de celles qui présentent leurs enfants pour le rituel de protection. Il doit effectivement avoir l'*aura* et le *pouvoir magique* d'un *apprenti-sorcier*, où plutôt d'un sorcier confirmé, un DOCTEUR.

Chez les femmes iraniennes, la vaccination est en premier lieu perçue comme un moyen idéal pour rester en bonne santé. Nous sommes proches de la version occidentale, bien que l'immunisation soit ici plutôt comparable à une *conjuration* qui va agir à l'instar d'une amulette ou d'un *talisman* qui écarte le mauvais oeil. Il est tout à fait inutile de *comprendre* ce que l'enfant est en train de subir, il suffit de *croire* à la puissance du rituel. En second lieu, il est considéré que la vaccination procure la santé!!! Le vaccin a un pouvoir magique qui "fortifie l'enfant", pouvoir reçu au cours d'une cérémonie qui met en scène un guérisseur parlant une langue inconnue, manipulant ses objets de pouvoir (coton, antiseptique, seringue...) et pratiquant une gestuelle sacrée (mélange de la poudre et du solvant, désinfection locale, piqûre...). La connotation magico-religieuse est obligatoire à partir du moment où la mère (et souvent l'infirmier!) ignore ce que contient la seringue et quelle action aura le produit injecté dans le milieu intérieur d'un enfant immature, en pleine croissance et souvent immunodéprimé. Il s'agit donc bien d'un rite initiatique qui sauve du danger, un combat entre le Bien et le Mal. Il serait trop facile de considérer que cette attitude ne concerne que des populations "primitives", superstitieuses et illettrées. Elle nous concerne *tous*, y compris les scientifiques. Ne parle-t-on pas de "sacralisation de la science moderne", de "l'évangile pastorien"? N'a-t-on pas considéré Joseph Meister comme "le premier miraculé de la nouvelle méthode" et Pasteur comme "un thaumaturge de type nouveau"? Dans un récent petit ouvrage de vulgarisation, Daniel Raichvarg évoque ces grands-messes que sont "les commémorations (...) nécessaires pour redonner de la force à l'adhésion collective au mythe", ainsi que les images pieuses que sont les vignettes à l'effigie de Pasteur, "étonnants avatars des vignettes religieuses".

Aspects biologiques - L'ILLUSION

Version officielle: "les vaccins permettent d'apprendre aux cellules du système immunitaire, qui vont agir de conserve, à reconnaître les *agresseurs* (et en garder le souvenir) et produire notamment des anticorps - *missiles* qui vont atteindre les assaillants à des endroits précis de leurs *uniformes* et permettre une *frappe chirurgicale* extrêmement précise. Les vaccins ont donc pour objectif principal d'établir une *formation militaire* des cellules chargées de la défense de notre organisme. Les vaccins servent également à éduquer les lymphocytes tueurs afin qu'ils reconnaissent l'ennemi. Les tueurs sont spécifiques: ils n'éliminent que les cellules infectées par l'*agent ennemi*" (La Lettre de l'Institut Pasteur).

Vacciner est présenté comme un acte médical techniquement bien maîtrisé et donc anodin, qui consiste à susciter préventivement une réponse immunitaire standard contre certaines maladies infectieuses courantes. Cette réponse est considérée comme toujours satisfaisante, toujours bénéfique pour la collectivité, malgré les "quelques" effets secondaires imprévisibles qui peuvent apparaître individuellement. Le but premier est l'obtention d'**anticorps** immédiatement opérationnels en cas de rencontre avec certains microbes "sauvages" jugés systématiquement pathogènes, et la réussite de la vaccination est donc étroitement liée à la présence dans le sérum de ces immunoglobulines spécifiques. En 1995, j'eus l'occasion de poser les questions suivantes à un aréopage de savants médecins venus prôner dans un forum la vaccination à outrance: "sachant que de nos jours, en France, *tous* les enfants de moins deux ans, immatures sur le plan immunitaire, reçoivent en moyenne une vingtaine de messages vaccinaux, quel sera l'état de leur système immunitaire dans 10 ou 20 ans? Et que se passera-t-il s'ils sont alors confrontés à un germe résistant aux antibiotiques ou à une maladie virale type Ebola?". Il y eut alors un très grand, très lourd et très long silence. J'ai compris qu'il s'agissait vraisemblablement d'une question *pertinente*. Aucun des éminents spécialistes présents n'ouvrit la bouche, alors que je m'attendais à un tollé général duquel aurait surgi quelque chose du genre: "il n'y a *aucun* problème". Finalement, l'un des officiels me fit cette réponse étonnante devant plus d'une centaine de médecins:

"nous n'en savons rien". Plus tard il ajouta: "nous savons que nous sommes allés trop loin, mais il est trop tard, nous ne pouvons plus faire marche arrière".

Sur le plan biologique nous considérons que la vaccination est un LEURRE qui affole puis paralyse le système immunitaire. Ce "désespoir" immunitaire est lié à l'injection simultanée de multiples antigènes modifiés et de toxiques puissants, les "adjuvants de l'immunité". Nous avons abordé cet aspect en étudiant les réponses cellulaire et humorale induites à contretemps chez des sujets trop jeunes. Même si dans l'avenir il est décidé de pérenniser le principe vaccinal, il faudra au préalable dénoncer les méfaits de la vaccinologie moderne résumés en quelques mots: **trop tôt, trop souvent, trop brusquement, trop à la fois**.

L'inefficacité et la dangerosité des vaccins ont fait l'objet de nombreux débats, articles et ouvrages de synthèse, et nous nous contenterons ici de quelques remarques résumant les divers points évoqués jusqu'ici.

En premier lieu, le lecteur doit se convaincre que le point de vue développé dans le présent essai n'est pas marginal. A titre d'exemples, voici quelques extraits d'une littérature tout à fait officielle, peu soupçonnable d'une opposition systématique. Dans un ouvrage destiné aux professionnels, intitulé "Immunologie fondamentale et appliquée", nous lisons ceci: "la préparation et l'utilisation des vaccins se font dans la méconnaissance des fonctions effectrices impliquées dans les mécanismes protecteurs, et par conséquent de manière relativement empirique. Le danger d'induire des fonctions effectrices inappropriées reste donc présent, avec les risques d'aggravation potentielle des maladies et d'induction ultérieure d'une pathologie à mécanisme immunologique. De plus, même si nous savions quelles fonctions immunitaires stimuler, nous ne saurions pas encore comment modifier le vaccin de façon à induire la réponse cellulaire recherchée". Les résultats catastrophiques de la campagne contre l'hépatite B confirment le bien-fondé de ces réflexions. Le texte suivant est extrait de "L'aventure de la vaccination" (3), synthèse récente moult fois évoquée ici, réalisée sous la direction d'Anne-Marie Moulin, Docteur en Médecine et agrégée de philosophie, directeur de recherche à l'INSERM. Ce travail "n'esquive ni les contradictions ni les questions, pas même *le problème crucial du bien-fondé d'un choix prométhéen qui a modifié le destin de l'espèce humaine*", et nous y avons relevé ceci: "la vaccination ne stimule pas seulement un ou plusieurs clones spécifiques d'un antigène (les clones sont ici des lignées de lymphocytes - NDA), elle met en branle l'ensemble du système immunitaire et déclenche une réponse globale propre à chaque individu qui peut dans certains cas être *catastrophique*". Sur le plan collectif "nous en savons encore moins sur les conséquences à long terme de l'éradication d'une maladie sur le système immunitaire géant d'une population".

En second lieu, rappelons que la vaccination ignore totalement les interfaces muqueuses. Pour le lymphocyte T, une information non présentée par les macrophages est parfaitement incompréhensible. Il perçoit bien qu'il y a "quelque chose" d'anormal, mais le danger reste pour lui invisible, virtuel. C'est un LEURRE qui va éveiller "de multiples résonances dans un labyrinthe aux mille miroirs qui répercutent à l'infini les simulacres des antigènes" (3) . Non seulement l'information vaccinale n'a aucune signification susceptible d'enrichir la banque de données de l'individu, mais de plus elle constitue une agression soudaine d'une violence inouïe qui va littéralement "griller" le système récepteur, le détraquer et le faire réagir à tort et à travers par des allergies multiples et des processus auto-immuns. L'inoculation directement dans le milieu intérieur est comparable à un "parachutage derrière les lignes", sans aucun avertissement. C'est comme recevoir les 15.000 volts d'une ligne à haute tension sans transformateur ni fusibles (muqueuses et immunité à médiation cellulaire): les récepteurs sont pulvérisés (système immunitaire) et l'appareil (l'organisme) n'est plus en état de fonctionner!

De quoi est constitué un LEURRE? Seuls les vaccins vivants produits sur des cultures de cellules animales (Polio buvable, B.C.G., ROR...) semblent avoir une action globale sur le système immunitaire, mais leurs composants se multiplient dans l'organisme, mutent, se recombinent, ce qui induit des retours à la virulence et des effets secondaires qui contre-indiquent leur utilisation. Dans le numéro 25 du Bulletin de l'Association Cheval Libre nous écrivions ceci: "les virus vaccinaux sont disséminés dans le monde entier par un vecteur autrement plus dangereux que les rats et les moustiques: "*Homo scientificus variété pasteuris*", apparu il y a une centaine d'années et qui possède certaines caractéristiques que n'ont pas les autres animaux vecteurs. *Homo pasteuris* est conscient (?) de ses actes et transmet *volontairement* un grand nombre de maladies *à la fois*, regroupées dans son organe inoculateur nommé *seringue*. Les micro-organismes inoculés à travers toutes les barrières naturelles ont été *bricolé* de telle manière que la majorité des individus développent des pathologies *chroniques* dont les symptômes ne sont pas faciles à rattacher à leur cause initiale". On fabrique donc des vaccins inactivés, censés produire des anticorps sans effets secondaires. Malheureusement les germes vaccinaux "tués" n'ont aucun sens pour le système immunitaire, et il est donc nécessaire de l'agresser violemment avec des adjuvants "indispensables mais dangereux". La bioélectronique de Louis-Claude Vincent (12) a amplement démontré le mode d'action de ces poisons. Souvenez-vous du *bichromate de potassium* ajouté au vaccin de Pasteur contre le charbon des moutons. Selon Vincent, les bactéries "pathogènes" se développent en milieu alcalin et réducteur. La suroxydation du terrain induite par les adjuvants inhibe provisoirement les microbes, mais ce terrain oxydé est malheureusement favorable à l'amplification virale et au développement du cancer. On ne peut pas tout avoir! Il est important de noter que cette suroxydation est corrélée à une grave altération des potentiels électriques au niveau des membranes cellulaires ("survoltage"), et peut résulter d'un choc émotionnel violent dont la persistance se traduira par un cancer.

Le seul adjuvant chimique autorisé aujourd'hui est l'hydroxyde d'alumine, mais d'autres ont été ou sont utilisés chez l'homme ou l'animal, comme des antibiotiques, des sels de mercure et du formol. L'hydroxyde d'aluminium a été introduit dans des milliards de doses de vaccins contre le tétanos, la poliomyélite, la diphtérie et la coqueluche. Or, d'une part "les adjuvants à l'aluminium augmentent le taux d'anticorps de la classe des immunoglobulines E (IgE), pouvant entraîner des réactions allergiques indésirables" (3). Ainsi, la progression rapide de l'asthme allergique chez l'enfant est la résultante d'une profonde détresse émotionnelle ET de la survaccination précoce. D'autre part la toxicité de l'aluminium est aujourd'hui fortement suspectée puisque ce métal serait (co)responsable de troubles neurologiques et de démences type maladie d'Alzheimer, "la maladie du siècle" avec 100.000 nouveaux cas par an. Une altération des fonctions cérébrales serait détectable à partir de 0,06 mg par litre de sang et "il existe des preuves expérimentales du rôle de l'aluminium dans la formation des plaques amyloïdes et des dégénérescences neurofibrillaires" (La recherche n°303 - novembre 1997). L'O.M.S. a donc défini une limite tolérable d'ingestion (et non d'*injection*) de 7mg d'aluminium par kilogramme de poids vif et par semaine, et réduit la concentration des vaccins en composés d'aluminium à... 1,25mg *par dose*! Ainsi, un bébé "normalement vacciné" reçoit au moins 8mg d'aluminium avant un an, au moment où se forme son système nerveux, alors que le système de détoxication hépatique n'est mature qu'aux alentours de 4 ans.

Comment vont réagir nos lymphocytes T à cette énorme supercherie? A la première apparition du leurre vaccinal ils vont armer le système et tenir les lymphocytes B sur le pied de guerre. Ce n'est pas encore trop grave, car le système est toujours sous contrôle. Mais à la seconde injection tout le dispositif va littéralement exploser, les lymphocytes complètement déboussolés vont déclencher une très forte production d'anticorps pour lesquels il n'existe aucune cible. Cette prolifération massive des lymphocytes B produit une rupture de l'équilibre entre les T et les B au profit de ces derniers. Or les T inhibés par l'excès d'anticorps sont les grands responsables de la régulation globale de la réaction immunitaire, et les vaccinations précoces, multiples, répétées rendent peu à peu inopérants les mécanismes d'individuation et de contrôle de l'activité microbienne. Rappelons encore que la synthèse d'anticorps demande trois semaines alors qu'un virus peut parvenir dans le milieu intracellulaire en *trois minutes*. Comme "par hasard" les maladies virales sont actuellement en progression constante, alors qu'en principe 99% des porteurs de virus "pathogènes" ne présentent aucun symptôme. S'agit-il ici de maladies "utiles", comme le sont la varicelle et les oreillons, ou ces pathologies sont-elles la résultante d'une grave déficience immunitaire? A notre sens, la réponse doit inclure ces deux aspects. Ce sont justement les T4 régulateurs qui sont effondrés au cours du syndrome d'*immunodéficience acquise* (sida), tandis que les taux d'anticorps atteignent chez les malades des chiffres faramineux. Les sidéens sont certes immunodéprimés (suroxydés), mais le sida est *aussi* ou *avant tout* une "maladie d'amour", une révolte liée à l'humiliation et à un sentiment de profonde injustice, à l'incapacité de structurer une personnalité autonome.

Comment expliquer le danger d'un excès d'anticorps? Les immunoglobulines sont de très grosses protéines dont la synthèse consomme *énormément* d'énergie, d'enzymes et d'oligo-éléments, ce qui peut amener un effondrement du métabolisme cellulaire, freiner ou stopper la croissance et la maturation de l'enfant. Si nous reprenons la métaphore guerrière chère aux immunologistes, entretenir une armée sur le pied de guerre est toujours très coûteux pour une nation, surtout lorsqu'il s'agit de milices désoeuvrées et engraissées sur le dos des populations civiles, ici les sociétés cellulaires. D'autant que, contrairement aux lymphocytes bien disciplinés, sensibles aux messages hormonaux et nerveux, les anticorps sont des mercenaires totalement *incontrôlables*. Comme ils sont inutiles et encombrants, à un moment donné l'organisme va chercher à réduire leur nombre pour "désencrasser" le milieu intérieur. Malheureusement ces protéines sont difficiles à déstructurer, et leur démontage consomme une fois de plus beaucoup d'énergie et de biocatalyseurs. Comment nomme-t-on une protéine inutile ou nuisible? Un antigène! Et le système immunitaire affolé réagit en produisant des anti-anticorps qui sont le premier pas vers l'auto-immunité. La fuite en avant est alors inévitable, anti-anticorps, anti-anti-anticorps, jusqu'à l'encombrement massif du système réticulo-endothélial et des processus autodestructeurs de plus en plus marqués. Les homéopathes regroupent ces troubles sous le nom de SYCOSE.

A chaque rappel le même processus se produit, et le système immunitaire devient définitivement incapable de gérer les informations du monde extérieur. Cette description éclaire l'origine des maladies strictement immunitaires. Si, nous basant sur le modèle royal de la maladie infantile, nous concevons l'infection comme un processus de guérison contrôlé par le système immunitaire, que se passe-t-il si ce système lui-même est perturbé, s'il existe une déficience grave dans la gestion de l'information? "Toute pathologie du système immunitaire sera à chercher dans une étape du passé, un maillon manquant de l'activité du système immunitaire qui n'a pu être exercé, maturé, différencié, spécialisé" (Dr Kempenich). Dans ce sens, les maladies de l'immunité sont assimilables à des troubles de l'*identité*, une incapacité souvent irréversible à se reconnaître en tant qu'individu, ce qui nous ramène à l'exemple du sida.

La différenciation qui conduit à l'individualisation et à l'autonomie se produit dans l'enfance, durant les quatre premiers septénaires au cours desquels l'individu construit sa personnalité. Une multitude d'événements peuvent interférer avec ce processus, comme les grandes peurs, les grands chocs émotionnels tels que l'exclusion, l'humiliation ou l'abandon, la chimiothérapie précoce et intensive, mais aussi, et peut-être surtout, *toutes* les vaccinations. Le dogme vaccinal semble ignorer totalement les phases de l'enfance, le temps nécessaire à la maturation du système d'adaptation primal, initiée par le lait maternel et dont les maladies infantiles exprimées à certaines périodes sensibles de l'existence constituent une étape fondamentale. Le nourrisson *au sein* est dans une bulle protectrice, et dans les conditions normales il ne risque absolument rien. Si on laisse le système immunitaire acquérir *naturellement* sa compétence, il pourra gérer toutes les rencontres qui se présenteront *naturellement* et toujours *successivement*. Si l'on excepte le cas très particulier du sida, ténébreux symbole de cette fin de millénaire, jamais un être vivant n'a été, n'est ou ne sera mis *naturellement* en contact avec *plusieurs* grandes maladies microbiennes *en même temps*, tout particulièrement durant la période périnatale. La probabilité est donc nulle que le nourrisson rencontre *ensemble* le tétanos, la diphtérie, la tuberculose, la poliomyélite, la coqueluche, la méningite et l'hépatite B (celle-ci est avant tout une maladie sexuellement transmissible, et il est somme toute assez rare que les nouveau-nés aient des rapports sexuels). C'est comme si vous receviez plusieurs fréquences radio ou plusieurs chaînes de télé simultanément. Quel type d'information en retireriez-vous, sinon une bonne migraine? Grâce aux vaccins combinés, ou administrés sur un temps très court, tous les nouveau-nés rencontrent ces maladies toutes à la fois, sous forme de leurres, et ils n'ont strictement rien à leur opposer.

Toute vaccination est donc une infamie avant deux ans, toujours formellement contre-indiquée avant sept ans. Vacciner contre les "maladies infantiles" est la plus grande aberration de l'obscurantisme pastorien, rigoureusement équivalent à *interdire* à un enfant de marcher ou de parler quand le moment est venu. C'est lui interdire d'être un jour un acteur social responsable et créatif, susceptible d'effectuer des choix en conscience. On en arrive à penser que nos sociétés produisent volontairement des individus immatures, angoissés et suicidaires, sans doute plus faciles à manipuler.

Que dire de l'hépatite B? La vaccination des enfants contre cette affection virale bénigne est un crime contre l'humanité, une erreur colossale qui va précipiter le déclin d'une idéologie purement luétique parvenue au faîte de l'absurdité et du paradoxe. C'est probablement l'acte le plus stupide, le plus inutile, le plus dangereux et le plus... lucratif de toute l'histoire de la Médecine. Pour la première fois au monde, "on" a utilisé un pur (?) produit du *génie génétique* pour une vaccination *de masse* contre une infection virale essentiellement *chronique*. Une "maladie" chronique implique la présence silencieuse mais persistante du virus, et on considère qu'une telle affection a une "contagiosité" permanente ou intermittente. C'est le cas de l'hépatite B, de la rougeole, des virus herpès (varicelle, mononucléose...) ou encore du sida, mais aussi d'autres microbes tels que les chlamydias et les mycoplasmes. L'omniprésence du germe indique l'absence ou l'inefficacité des anticorps, soit que le sujet est immunodéprimé, soit que le système immunitaire *tolère* une infection biologiquement nécessaire. Dans l'un ou l'autre cas, pourquoi vacciner, puisque la vaccination a pour but de faire produire des anticorps, c'est-à-dire de rendre *séropositif* l'ensemble de la population? De tels anticorps pourraient bien s'avérer *facilitants*, favoriser l'apparition de formes cliniques des maladies concernées, ou déclencher de très graves processus auto-immuns. C'est ce qui s'est produit lors des essais de vaccination contre le sida, et l'auto-immunité est en effet l'un des mécanismes suspectés dans les multiples effets secondaires d'ores et déjà perceptibles suite à la campagne contre l'hépatite B. L'immense majorité des "infections" virales sont asymptomatiques, c'est-à-dire inapparentes et bénignes. Le virus n'intervient qu'en phase de guérison, pour "extraire" de nos mémoires les conflits affectifs qui auraient tendance à perdurer. La chronicité implique donc la pérennité d'une information virale en relation avec un conflit latent, persistant, sans cesse réactivé. Ainsi les virus herpès (varicelle, zona, mononucléose...) interviennent vraisemblablement au moment des *séparations*, des sevrages nécessaires mais difficiles, parfois impossibles à accepter. Quant à la grippe, elle vient dissoudre les petits conflits de territoire, les relations familiales ou professionnelles quelque peu... grippées!

Les nouveaux vaccins, inaugurés avec l'hépatite B, sont fabriqués à partir de cellules animales artificiellement cancérisées, infectées par le virus contre lequel on cherche à se prémunir, et nourries au sérum de veau. A priori, depuis la fameuse "affaire des prions", toute substance d'origine bovine est pourtant *interdite* dans la fabrication de produits biologiques tels que les vaccins. Les virus présents dans ces cultures cellulaires fabriquent des protéines virales, donc des antigènes qui sont extraits pour fabriquer le vaccin. Cette méthode met en oeuvre des techniques de manipulation génétique fort complexes, et il est probable que les vaccins contiennent des résidus de fabrication susceptibles d'une activité cancérogène, mutagène et tératogène dont les effets peuvent concerner plusieurs générations successives. Quant aux effets secondaires immédiats chez les enfants, ils constituent d'ores et déjà par leur ampleur la plus grosse bavure iatrogène de l'histoire de la médecine. Aucune mesure de précaution n'a été prise, comme une estimation *individuelle* et approfondie de l'état psychophysiologique des enfants concernés, lesquels on été inoculé à la chaîne comme du bétail.

Nous avons eu l'occasion de citer certaines contre-indications *officielles* aux vaccinations.

La première est la **dénutrition**, ce qui contre-indiquerait a priori toute vaccination des enfants du Tiers-Monde, épuisés par ces vaccins suroxydants qui dévorent leurs faibles réserves en oligo-éléments et vitamines, tout particulièrement la vitamine C qui est un puissant antioxydant biologique. Injectée à forte dose, cette vitamine évite ou guérit le scorbut aigu responsable de la "mort subite du nourrisson" (29). Les pays pauvres ne sont pas les seuls concernés. Les enfants occidentaux sont eux aussi victimes de carences qualitatives majeures du fait d'une alimentation industrielle totalement dévitalisée, et les japonais ne connaissent plus la "mort subite" depuis qu'ils ne vaccinent plus avant l'âge de deux ans.

La seconde contre-indication officielle est la présence de maladies intercurrentes, c'est-à-dire d'**infections ou parasitoses chroniques**, ce qui amène la même réflexion concernant le Tiers-Monde où des enfants *malades* sont vaccinés quand on peut mettre le grappin dessus, à l'occasion de leur présentation au dispensaire. Ici encore, l'Occident est concerné malgré son apparente opulence, car toute vaccination provoque une infection larvée, tout particulièrement le B.C.G. néonatal, ce qui devrait contre-indiquer formellement les 4, 5 et bientôt 6 vaccins administrés peu après (alors que la recommandation officielle est de ne jamais injecter plus de cinq vaccins à la fois).

La troisième contre-indication est un état d'**immunodépression**, terme qui signifie que le système immunitaire est incapable de faire face à l'agression vaccinale et de développer des "défenses" correctes contre la ou les maladie(s) concernée(s). Une fois de plus c'est le cas de *tous* les enfants du monde, au Nord comme au Sud. Nous lisons dans le Journal International de Médecine, à propos des vaccins vivants atténués (poliomyélite, rougeole, oreillons, rubéole, fièvre jaune, rage, B.C.G.), outre que "leurs composants se multiplient dans l'organisme", outre "qu'il arrive qu'ils recouvrent leur entière virulence", qu'ils "ont parfois des effets secondaires indésirables et *ne peuvent être administrés à des patients immunodéprimés*". Nous avons largement évoqué l'immaturité *naturelle* de tous les enfants de moins de sept ans. Au-delà, et après des générations de vaccination systématique, lequel d'entre nous n'est pas aujourd'hui, peu ou prou, immunodéprimé, touché par une sycose chronique qui se traduit par ce vieillissement prématuré qui signe l'épuisement de l'énergie vitale?

Estime-t-on l'état immunitaire de chaque individu avant de vacciner? JAMAIS! A-t-on réalisé les examens biologiques nécessaires sur les millions d'enfants vaccinés à la chaîne contre l'hépatite B? JAMAIS! C'est d'autant plus grave que les vaccins ne sont pas la cause unique de l'incompétence immunitaire de notre époque.

Les enfants du Tiers-Monde, dénutris et porteurs de maladies infectieuses ou parasitaires latentes, **sont immunodéprimés**.

Les enfants occidentaux nés dans les "usines à bébés", non allaités, gavés d'antibiotiques, abrutis de jeux vidéo et de programmes télé, **sont immunodéprimés**.

Les personnes atteintes de maladies chroniques, qui toutes ont une composante auto-immune, **sont immunodéprimées**.

Les occidentaux gros consommateurs d'aliments industriels réchauffés au four à micro-ondes, en permanence exposés à des rayonnements électromagnétiques nocifs, surmédicalisés de la naissance à la mort, et surtout survaccinés, **sont immunodéprimés**.

Les enfants ayant reçu dans leurs deux premières années de vie une dizaine d'injections vaccinales **sont immunodéprimés A VIE**.

Toute vaccination est immunodéprimante. Toute immunodépression constitue une contre-indication à la vaccination. Donc toute vaccination inclut en elle-même sa propre contre-indication!

Conclusion: UN POUR TOUS ou TOUS POUR UN?

Est-ce que vacciner massivement les populations a amené une amélioration globale et durable de l'état de santé physique et psychique? Objectivement, la réponse est NON. Nous nous considérons comme les maîtres de la planète, et pourtant nous sommes atteints de maux nés au plus profond de nous-mêmes, détruits sans recours comme des machines hors d'usage, peu à peu déconnectés et mis au rebut par des infiniment petits qui sont nos "grands ancêtres", les maîtres d'oeuvre de cette création qui permit l'émergence de notre conscience.

UN POUR TOUS? Au niveau de l'évolution, la disparition de certains individus peut avoir un sens si le groupe survit et s'en trouve renforcé.

TOUS POUR UN? La surprotection médicale n'est-elle pas en train de détruire des espèces pour sauver quelques individus? Est-il cohérent d'induire des maladies chroniques chez tous les enfants du monde, dans l'espoir vain d'éviter que certains meurent précocement d'une maladie aiguë?

Quel est en définitive le bilan "profits et pertes"?

Voici une anecdote qui contient peut-être la réponse. Parcourant avec une attention critique la biographie de Charles Mérieux (28), père incontesté de la vaccinologie moderne, j'ai été confronté à un grave dilemme, lorsqu'il décrit avec minutie une grande victoire vaccinale au Brésil en 1974. Ce pays en voie de développement subit alors une épidémie foudroyante de méningite virale d'origine africaine. Comme on peut s'en douter, cela démarre dans une grande ville surpeuplée, Sao Paulo, où en quelques jours environ 4000 personnes sont terrassées sans recours.

Mérieux est alors au Brésil, et il est le seul au monde à détenir à la fois l'ensemble des souches virales nécessaires à la fabrication d'un vaccin, le savoir-faire et l'infrastructure indispensables à la mise en oeuvre du projet. Il construit une usine en trois mois, lance la fabrication, et moins d'un an plus tard près de 100 millions de brésiliens sont vaccinés. L'épidémie est jugulée! Mérieux prétend avoir sauvé le Brésil, et ce grâce à Pasteur et à ses disciples, à un siècle de recherche et d'application qui rendit possible l'industrialisation des techniques de prévention vaccinale.

Que répondre à cela? Qui serait prêt à entendre *un autre discours*, suggérant que l'épidémie n'aurait certainement pas dépassé la limite des *favelas* surpeuplées et insalubres où elle avait pris naissance? Qui ne trouverait pas monstrueux de prétendre *laisser faire* un virus chargé d'une hypothétique "homéostasie planétaire", laisser mourir des enfants innocents quand nous avions semble-t-il les moyens d'enrayer la progression du mal? J'étais à court d'arguments, conscient que la philosophie qui fonde l'opposition à la vaccination a des racines profondes, invisibles à ceux qui ne voient et ne verront jamais que le magnifique geste humaniste qui prétend sauver des millions de vies. Comment éclairer quelque peu cette conscience intérieure qui perçoit les contradictions et les terribles défaites de la vaccinologie sous ses apparentes victoires?

"Par hasard", une réponse me fut fournie le lendemain de cette lecture, dans la salle d'attente d'une étiopathe. Il y a des lectures que l'on ne se permet *que* dans les salles d'attente. En ce qui me concerne c'est le cas pour Paris-Match. Parcourant donc cette revue "en attendant", je tombais sur un dossier consacré au Brésil et plus précisément à Sao Paulo en l'an de grâce 1997, un quart de siècle après l'épidémie "meurtrière". Sao Paulo, qualifiée de "mégalopole de la misère", où s'entassent quelque 25 millions de malheureux... Confronté au "poids des mots" et au "choc des photos", j'apprends que *deux millions d'enfants et adolescents* survivent dans la rue en s'abritant sous des cartons, sans aucune ressource et sans autre choix que cette délinquance dure née du désespoir absolu, de ce néant abyssal qui conjugue le verbe être avec les verbes voler, violer et tuer. Ultime recours, la toxicomanie bon marché avec le crack, la colle et autres substances qui détruisent irrémédiablement le système nerveux en quelques mois ou années... Qui détruisent le système nerveux... comme une méningite?

Quand Mr Charles Mérieux est intervenu au Brésil, il a su mobiliser des millions de volontaires pour vacciner jusqu'au fin fond de la brousse, bien loin du lieu de l'épidémie. Quel bel exemple de philanthropie! Le seul à être rémunéré par ce pays endetté où beaucoup de gens ne mangent pas à leur faim, fut Mr Mérieux lui-même. Ses vaccins il ne les a pas donné, et ce fut sans doute une très juteuse opération financière que d'aller débusquer les indiens au fin fond de la jungle, là où le virus de la méningite ne pouvait pénétrer que par la seringue du vaccinateur.

Rendons grâce...

Grâce à tous les Brésil du monde le trust Pasteur-Mérieux est toujours une entreprise qui gagne. Grâce à la campagne de 1974 des enfants ont pu survivre dans le pire des dénuements, survivre à une méningite pour se détruire les neurones avec du crack. La méningite tue en quelques jours, le "crack" en quelques mois. Cela concerne-t-il Mr Mérieux? Nullement. Personne ne se soucie de ces centaines de nourrissons orphelins ou abandonnés, alignés sur les terrasses d'immeubles appartenant à des organismes humanitaires, dont personne ne sait que faire et qui rejoindront bientôt leurs aînés dans les rues. Si la maladie est un destin tragique, la misère et la délinquance le sont aussi. Mais on ne vaccine pas contre la faim ou contre la misère. Le crack n'est pas une maladie infectieuse, bien qu'il s'agisse apparemment d'une nouvelle maladie infantile.

Grâce à la fortune amassée dans tous les Brésil du monde, Mr Mérieux a pu payer la rançon colossale exigée par les ravisseurs de son petit-fils. Un pour tous, tous pour un.

IV
EPILOGUE
Aux âmes bien nées...

"Ce n'est pas le médecin qui vient à bout de la maladie, mais le malade lui-même" -
Georg Groddeck

Comment expliquer la faillite de la médecine moderne?

A la base de toute médecine il y a forcément un certain paradigme, une logique qui élabore un *discours sur le mal*. De ce discours culturel découlent des faits institutionnels, un ensemble de rituels, de lois et de règles plus ou moins coercitifs, parfois franchement aliénants, qui visent à contrôler les pratiques médicales et la nature de la relation entre le thérapeute et son patient. Cette relation est objectivée par les pratiques effectives des thérapeutes chargés de répondre aux besoins et angoisses de l'homme malade.

La Médecine occidentale a évolué de l'Antiquité à nos jours, et bien sûr elle évolue encore; mais jamais les théories et pratiques ne sont apparues aussi fragmentées du fait de conceptions contradictoires et parfois inconciliables sur **le sens de la maladie**. Or, préserver la santé, lutter contre des maladies ou guérir des malades présuppose une conception de ce que sont effectivement la santé, la maladie et la guérison.

Qu'est-ce que la santé?

Nous l'ignorons. Nous n'en connaissons que l'absence.

Pourtant, elle est au coeur de nos préoccupations individuelles et collectives. Nous dépensons des fortunes pour la restaurer, comme une oeuvre d'art très ancienne ou une idole à l'appétit insatiable. Car absentée, la santé cède le terrain - ou est-ce le terrain qui cède? - à une multitude d'entités morbides nommées "maladies", rigoureusement cloisonnées dans le discours technique, assorties de signes et symptômes (du grec *sumptôma*: coïncidence) dont l'éradication nous fait espérer ce "silence des organes" où pourra s'épanouir enfin ce qui est proprement humain: la pensée, l'imagination, la créativité, et bien sûr la parole. Mais l'objectivité de la médecine technicienne étouffe les mots - ce que le mal a dit - et ce non-dit laisse dès lors toute la place à un langage corporel écrit avec des maux, qu'il suffira d'étouffer à leur tour, au plus vite, car pour perdurer une telle approche réductionniste doit absolument obtenir le silence, celui des hôpitaux où l'on naît et où l'on meurt sans amour.

Rudolf Steiner affirmait que "l'homme le plus malade de notre époque, c'est le médecin". Sa maladie consiste en ce qu'avec tous les responsables de la santé humaine, il est porteur et propagateur de théories dont l'application rend malade l'individu comme le corps social dont il fait partie (26). Nos maladies actuelles, et tout particulièrement celles de nos enfants, sont l'exact reflet d'une société en déroute, à la recherche d'un sens qu'il nous appartient de redécouvrir.

La manière dont une société considère la naissance et la mort est révélatrice de la conception qu'elle a de l'homme et de sa destinée. Le sens de la maladie? Il ne saurait exister dès lors que ce sens est refusé à cette vie qui s'écoule inexorablement de la conception vers l'amère déception de la déchéance, réduite à un lent et douloureux dépérissement entre deux néants. Une telle culture ne peut respecter le mystère de la naissance car elle ne peut admettre la mort du corps, l'âme hors du corps. Ceux qui arrivent nous chassent de l'enfance, font de nous des parents, puis des parents de parents, avant de nous précipiter vers une mort anonyme. Terrifiante perspective, car la conscience de l'homme lui permet de penser "MOI, JE...", et notamment *"demain, moi je vais mourir"*. La mort de l'autre, terrassé par une maladie incomprise, insensée, est toujours ambiguë. Elle nous fait osciller entre l'indifférence, la révolte, la peur et l'intense bonheur de n'être pas *encore* celui-là. La mort de l'autre est toujours un rappel de notre propre finitude.

Dès lors, si l'émergence de la conscience humaine n'est que le fruit de processus physico-chimiques aléatoires, si la vie commence à la naissance et finit à la mort, seul compte le plaisir immédiat, l'égoïsme du "chacun pour soi", et la maladie doit être éradiquée par tous les moyens. Privée du Sens, la Science reconstruit le monde à partir des sens, et il faut surmédicaliser à outrance, vacciner pour ne pas mourir individuellement, au risque de précipiter la fin d'une civilisation, ou même l'extinction d'une espèce, anéantissement progressif mais inéluctable, longue agonie moins immédiatement dramatique que la mort brutale d'un individu en crise aiguë d'adaptation.

L'illusion matérialiste va donc de pair avec la désacralisation de la naissance, de la mort et de la maladie, la négation pure et simple de la subjectivité, du désir, des émotions, des souffrances existentielles et des aspirations spirituelles de l'Homme. Il s'agit de fonder l'objectivité sur un corps lui-même objectivé. S'adressant au seul "corps malade", le médecin ignore délibérément la dimension symbolique de l'être qui anime ce corps, porteur d'un nom et d'une parole qui donnée ou reçue est la clé de la guérison. Mais est-il question de guérir? Ne s'agit-il pas plutôt de nier l'autre en "soi-niant" (soignant)? Lorsque la nourriture spirituelle fait défaut, il devient difficile de maintenir le corps en santé.

Dès lors, concevoir la maladie s'inscrit entièrement dans la capacité à la *nommer* en identifiant le microbe ou le gène, c'est-à-dire à la fixer dans la nosologie, ce qui est la fonction essentielle du **diagnostic**, "construction objectivante du savoir", objet de transfert rassurant le "guérisseur scientifique" confronté au mystère de "être malade". Là où les idées manquent, les mots viennent à point pour les remplacer. La précision de la terminologie permet d'enkyster le mal pour mieux le nier et le rejeter hors de la réalité dynamique de la biographie humaine. Par malchance, nommer la maladie en assénant un diagnostic ne suffit pas à guérir, bien au contraire. Une telle attitude est forcément infantilisante, donc invalidante, car l'être en souffrance ne demande pas qu'on réponde à sa place mais qu'on l'aide à trouver *sa* réponse. Tout système ou institution qui asservit l'Homme pour conserver à quelques-uns leurs privilèges génère et entretient la maladie, et ce fléau ne fera qu'augmenter si une modification de la pensée et de l'éthique médicale ne vient l'endiguer.

Dans ce contexte, les médicaments prescrits sont bien souvent plus dangereux que le mal. Quand la consultation moyenne dure à peine dix minutes, ils viennent à point pour combler une demande d'attention et de considération. **Remède**, *res media*, la "chose intermédiaire", objet ambigu nourrissant tantôt les pulsions de vie, tantôt les pulsions de mort, prescrit et absorbé massivement malgré les listes impressionnantes de précautions d'emploi, effets secondaires, contre-indications, souvent en-dehors de toute maladie, pour un confort immédiat sans commune mesure avec les inconvénients présents et à venir. Tout compte, le nom, le nombre, la nouveauté, la couleur, la rareté, la cherté, et même les "effets indésirables", qui sont peut-être le prix à payer pour donner du sens à l'action médicale curative, assurer le confort moral du patient, lui donner l'impression qu'il a été *écouté*.

Ecouter...

Selon Lucien Israël, le recours aux formes "hérétiques" de la médecine serait en relation avec un besoin de magie et de poésie. Et pourquoi pas? Chaque maladie est une occasion inespérée de retour vers les émerveillements de l'enfance, en quête d'un "réenchantement" et d'une nouvelle alliance réalisée cette fois *en conscience*, événement considérable si toutefois cette aventure n'est pas une errance désordonnée, une fuite dans la débâcle.

Dans la relation humaine établie autour d'une souffrance, le sujet malade attend donc bien autre chose qu'une performance technique ou un inventaire objectif des ses fonctions biologiques. Il doit réapprendre à vivre *sans* la maladie, ce qui implique une approche consciente du *sens* de cette maladie, l'acceptation de la métamorphose dans la guérison, mais aussi l'acceptation du mourir "un jour" dans la sérénité. "Meurs et deviens" disait Goethe.

C'est au thérapeute de guider son patient sur la piste du Sens, et son devoir le plus difficile est d'éviter de nuire. La médecine moderne, dans l'immense majorité des cas, nourrit en l'homme uniquement sa volonté de rester malade, et c'est essentiellement en cela qu'elle est nuisible, bien plus que par ses prescriptions qui ne sont qu'un support, une "aide à la nuisance".

Si nommer la maladie ne suffit pas à guérir, par contre **nommer le malade** y participe car c'est reconnaître l'autre et le justifier dans son être, et surtout dans son devenir. Nommer est la clé de tous les rituels d'accueil qui font de chaque nouveau-né un être humain à part entière. Nommer quelqu'un c'est le ramener sur le seuil, c'est ancrer, enraciner dans la continuité d'une lignée, dans un devenir commun. Le recours à la "magie" et à la "poésie" est la conséquence inévitable de l'inaptitude intrinsèque de la médecine à répondre à certaines questions concernant la peur, la souffrance, la maladie, l'infirmité et la mort. Il y a toujours eu, et il y aura toujours, ou longtemps encore, des souffrances et des deuils. Et il n'est pas certain que "les gens" ne veuillent absolument plus souffrir, être malade ou mourir. Ce qui est sûr, c'est qu'ils ont au plus profond d'eux-mêmes l'immense désir de comprendre POURQUOI ils naissent, souffrent et meurent. Ce désir est celui de tout ENFANT naissant, et il est inaliénable.

L'humanité eut aussi son Enfance, en des temps dont Sciences et Religions se disputent les Mystères. Une enfance, donc une gestation, une naissance, une maturation progressive depuis la préhistoire jusqu'à nos jours. L'homme "primitif" vivait, et vit encore, une fusion mystique avec Dieu-Nature. Ce qui advient hors de lui advient inévitablement à l'intérieur de lui. Le mal en lui, c'est le mal de la Terre. Il y a analogie et résonance. Comme lui, les bêtes, les plantes, les roches ont une âme, c'est-à-dire qu'il y perçoit spontanément l'essentiel, la magie et la poésie, autrement dit le Sacré.

Très tôt, la pensée grecque a dissipé le flou divin, inventé et nommé l'objet, affiné sa description et sa classification du non-soi. Comme l'enfant sur le seuil, au bord de naître, l'homme en devenir a peu à peu ressenti, pressenti, imaginé puis créé un espace et un temps qui soient le théâtre de ses aspirations et de ses inspirations. Aujourd'hui, l'homme "moderne" ne perçoit plus ce qui entre l'Un et l'Autre crée le lien, l'identité absolue. Dès lors il ne sait plus qu'en détruisant l'Autre il se détruit lui-même. Si cette cécité est la cause de toute souffrance en ce monde, cette souffrance à son tour dessine notre chemin ici-bas. Pourquoi cette éternelle incomplétude, pourquoi cette déréliction et ce désir obsédant qui toujours l'accompagne? Afin que l'Homme puisse développer une *individualité* susceptible de créer à son tour, et transmettre l'acquis à l'Enfant né de son désir. Et cet enfant, dès sa conception, est lui aussi un être de désir et de parole, conscient, sensible, en quête de Sens et dès lors en souffrance. Bouleversante révélation! Qui pose et impose mille questions, et en tout premier lieu...

D'où vient l'enfant? Quel est son projet?

Le cours d'une vie terrestre renouvelle à chaque fois le parcours de l'humanité: contenir la vigueur des pulsions animales, se séparer, se redresser pour marcher, accéder au symbole par la parole reçue et donnée, enfin devenir créateur par la conscience de soi qui engendre la pensée... Ce n'est pas sans *mal* que l'enfant y parvient! "Si la capacité d'aimer est donnée en partage à chaque être humain, l'actualisation de cette puissance est l'un des exploits les plus difficiles" (Erich Fromm).

La naissance est un drame antique, et qui raconte les affres de l'incarnation depuis les toutes premières différenciations cellulaires, la sexualisation foetale, l'apparition du rythme et l'émergence des sens, jusqu'à l'irruption hors des eaux de la mère originelle, dans le monde sec et froid de la dualité. Tous les mythes de l'homme, depuis l'aube du monde, racontent cette déchirure fondatrice, en tout premier lieu le divorce d'avec le Divin et la séparation des sexes issus d'un archétype androgyne.

A l'aube de l'humanité comme au début de toute biographie individuelle, la pulsion de vie se heurte très vite aux réalités physiques du monde, à la Nature et à la Culture, aux tabous érigés par le clan, la tribu, la société. La biographie de tout être vivant est une succession ininterrompue de renoncements déchirants qui créent le désir lancinant de l'Un pour l'Autre. Ce qui est interdit avant tout, ou plutôt *impossible*, c'est le retour en arrière, la fusion indéfinie à la mère. Il faut donc aller de l'avant, et si possible *aller bien*. A cette archaïque rupture entre l'Homme et ses racines célestes, répond le second aspect du mythe, la nostalgie des origines et la promesse du retour aux sources, aux racines mêmes de notre humanité. A celui qui dit "aller mal", le thérapeute doit demander en priorité: "d'où venez-vous? et **vers où** allez-vous mal?"

Ecouter...

Soulager ceux qui souffrent est une noble tâche, mais inutile et désespérante si nous ne savons plus accueillir celui qui vient, accompagner celui qui part... c'est-à-dire reconnaître la dimension spirituelle de l'Homme, et dans l'Homme l'Enfant qu'il fut, qu'il est et sera toujours, jusqu'au retour inéluctable dans le sein de la Terre-Mère. Donner un sens à sa maladie c'est redonner un sens à sa vie, et donc à la naissance et à la mort qui en sont les deux portes, l'en-deça et l'au-delà. C'est le premier pas vers la guérison.

"La santé est le résultat d'une manière d'être au monde", disait Françoise Dolto. Ne serait-elle pas plutôt une manière de *venir* au monde? Et si **SANTE EST BIEN NAITRE**, l'homme malade ne serait-il pas avant tout un enfant blessé, qui demande tout simplement à être reconnu, nommé, entendu, rassuré?

Selon le Dr Michel Odent (25), la santé s'élabore dans la petite enfance, au cours de périodes sensibles ponctuant l'intimité mère-enfant depuis la conception jusqu'à la fin de l'allaitement maternel, plus précisément jusqu'aux alentours de sept ans. Nous voici donc à l'aube des sens et du Sens, au coeur du temps primal. *Primal*: ce qui est au tout début et ce qui est essentiel, premier dans le temps et premier en importance. Que fait l'enfant durant cette période qui est son "entrée en matière"? Pour aller bien, aller de l'avant, il a besoin avant tout d'un véhicule en bon état de marche, et cette construction du corps physique est donc le préalable à toute perception, réflexion et prise de conscience, à toute évolution individuelle et collective. **La santé est une conquête de l'enfant** qui peu à peu élabore son enveloppe terrestre, et tout particulièrement ce "système d'adaptation primal" précédemment évoqué, système-expert qui intègre les systèmes nerveux, endocrinien, immunitaire et bactérien, et qui lui permettra de répondre aux multiples sollicitations de l'environnement afin de s'y fondre harmonieusement. Tout traumatisme durant la période primale peut altérer gravement et de manière irréversible la capacité de l'adulte à maintenir son équilibre, et donc entraver sa marche vers le plein épanouissement de son être sur les plans physique, psychique et spirituel.

Si santé et bien naître sont indissolublement liés, si "on est comme on naît", n'est-il pas plus simple de reconnaître et de respecter les conditions d'émergence de la santé dans la petite enfance, plutôt que de poursuivre un combat douteux contre des maladies déclarées, de plus en plus graves, et dont nous persistons à ne pas saisir le sens? Si *bien-être* s'entend et se dit *bien naître*, nous proposons dès lors d'assimiler la santé à une *sainte aise*, jeu de mots justifié par l'étymologie commune des mots *health* et *holly*. Et c'est bien à une synthèse que nous sommes aujourd'hui conviés, après deux ou trois siècles d'intransigeante objectivité analytique, au terme d'un invraisemblable inventaire de tout le fatras immanent, des atomes aux étoiles, des particules aux galaxies, du mystère au mystère.

De l'enfant blessé...

Il semblerait que toutes les maladies de notre civilisation aient leurs racines dans l'enfance, notamment dans le non respect des phases de l'enfance.

Que nous dit **Jean Elmiger** (1)? Si le monde va mal, sur les plans écologique, politique, économique et social, c'est que l'homme lui-même va mal à tous les niveaux de manifestation: physique, émotionnel, psychique et spirituel. Pour ce médecin, l'ensemble des maladies est en relation avec ces grands traumatismes que sont la naissance horizontale, la survaccination précoce, la médicalisation systématique des maladies infantiles, dont il entreprend d'effacer les séquelles grâce à l'homéopathie. A cet ensemble il convient de rajouter les aléas de la vie foetale, tout particulièrement le vécu émotionnel de la mère durant la grossesse, la solitude et les multiples peurs, frustrations et culpabilités ressassées dans l'isolement, et que l'enfant à venir prend en charge et mémorise *dans sa chair*.

Selon **Erich Fromm**, le malaise du monde moderne a sa source dans un défaut d'amour-de-soi, qui génère une inaptitude *primale* à aller vers l'autre pour établir une relation. "Il est certain qu'un sujet mal traité et mal soigné durant son enfance aura tendance à devenir pervers, son aptitude naturelle à aimer sera très faible, son pouvoir de penser librement sera restreint ou anéanti". En revanche, "si chaque pas de l'enfant vers la séparation et l'individuation correspondait à une étape de sa croissance, son développement serait harmonieux", non imprégné de peur diffuse, de l'insécurité et de l'impuissance face à un monde hostile qui sont le fondement de la névrose et... *de toute maladie organique*.

Si, comme l'affirme à son tour **Michel Odent**, l'aptitude à aimer soi et l'autre s'acquiert très tôt, dès la naissance, alors le mal de vivre, le mal-être généralisé d'un monde livré à la violence, à la maladie, à l'égoïsme et à la cupidité, vient peut-être du fait que nous sommes tous des "mal-nés", et qu'étant mal (incar)nés nous devenons incapables d'accueillir ceux qui après nous vivrons et auxquels le désir insensé d'une immortalité physique nous fait refuser de céder la place.

Depuis la seconde moitié du dix neuvième siècle et la révolution industrielle, au nom du Progrès et de la Science, la civilisation des Lumières a parachevé son "oeuvre", la destruction systématique des cultures traditionnelles, des peuples minoritaires, des milieux naturels et de... la féminité. La disparition de la "tribu" ou de la famille élargie a dispersé l'aréopage féminin qui entourait et protégeait toute grossesse. Les "anciennes", sages-femmes, parentes ou amies, femmes mûres riches de leur maternité, ont dû céder la place au médecin-accoucheur détenteur du savoir objectif. Quelles peuvent être les conséquences de la conquête et de la mise à sac de cette *terra incognita*, le "continent noir" de la féminité?

Pourquoi l'immense majorité des femelles mammifères s'isolent-elles pour "mettre bas", amener en douceur un être nouveau sur Terre? La gestation, la naissance et l'allaitement appartiennent à la vie sexuelle, donc à l'*intimité* la plus profonde de l'être soumis aux pulsions "archaïques" d'un cerveau très ancien, celui-là même qui se trouve étouffé et réduit au silence par cette maladie mentale qu'est le rationalisme. "Une mère doit puiser ses connaissances au plus profond d'elle-même, sans forcément faire appel à la forme d'intelligence qui utilise les mots" (30). Toute femme enceinte ou femelle en gestation est un être de passion intuitive, confronté aux mystères, profondément intériorisé et subjectif, dès lors hypersensible aux ambiances et aux mots, aux "mauvaises nouvelles".

Dans notre espèce et dans notre culture, la future mère est la proie d'un système médical ultra sophistiqué où règne la froide asepsie néocorticale des mâles. A peine fécondée, elle est placée de gré ou de force sur la case départ d'un parcours parfaitement balisé, dans un contexte de surassistance qui génère dépendance et soumission, un état de stress chronique très néfaste à l'épanouissement du bébé. Cette médecine *virile* fait de sa grossesse une maladie (sexuellement transmissible), de son ventre un champ d'investigation et une corne d'abondance pour les multiples "spécialistes" de la procréation assistée. Pour survivre, l'obstétrique moderne doit en effet imposer la rigueur de ses techniques, glorifier ses symboles, comme le rendu d'image par ultrasons (échographie) ou la surveillance du foetus par appareillage électronique durant le travail (monitoring). Si une vigilance s'impose, pour prévenir ou traiter certains "troubles" (dont il s'agit au préalable de bien situer les causes), quel peut être l'effet de ce *harcèlement* systématique qui crée l'angoisse en insistant sur d'hypothétiques "complications", jusqu'à générer ce qu'il prétend éviter: un accouchement pathologique, une *dystocie*?

L'effet *nocebo* (du latin: "je peux faire du mal") intervient dès lors que tout interlocuteur induit un trouble en perturbant la vie intérieure, le vécu émotionnel, l'imaginaire ou les croyances de quelqu'un. L'effet nocebo intervient *avant* tout acte médical, par l'ambiance, les odeurs, les gestes et les paroles. Quel peut être l'effet du suivi prénatal sur l'état émotionnel de la femme enceinte? Et quelles sont les conséquences de cet état émotionnel sur la santé de l'enfant qui très tôt perçoit, ressent, mémorise et construit son corps physique avec tout ce que sa mère lui transmet? Si un mot peut soulager ou guérir, un mot peut aussi blesser et parfois tuer...

ELLE, enceinte, souvent seule avec ses "appréhensions obscures", parfois fatiguée, avec ces migraines et nausées qui sont comme un rejet, ou déjà, un secret désir de libération... Malgré tout heureuse si cet enfant est accepté, désiré, comblée par cette plénitude... jusqu'aux premières convocations et visites obligatoires pour les multiples contrôles et dépistages, le long inventaire des mots et des maux, des statistiques, des courbes, des mesures, des dosages, des chiffres... Cet enfant-là est-il conforme? Puissance des mots et silences impuissants... tandis que s'effectue le tri des bons et des mauvais anticorps, rubéole et toxoplasmose, syphilis, hépatites et sida des sexualités illégitimes... les palpations, intrusions et touchers intimes, les frottis, prises de sang, échographies... des images flous sur un écran tandis que le foetus fuit la sonde... afin de déceler la grossesse à risque, d'éventuelles malformations... La recherche des maladies génétiques conduit à conseiller ou imposer l'*amniocentèse*, cette effraction par une longue aiguille qui pénètre l'ombilic avant de percer les enveloppes qui protègent le foetus... De cela l'enfant se souvient. Dölma, 9 ans, ignorait tout de cet examen subi par sa mère à 5 mois de grossesse, lorsqu'elle fit le rêve suivant: "je prenais l'avion. Avec Fabian (son frère) une hôtesse de l'air nous a demandé de passer dans une salle. Nous sommes entrés et *j'ai vu un tuyau*. Un jour, on m'avait parlé d'un tuyau, il fallait mettre son ventre dessus et ce tuyau absorbait quelque chose. Alors *j'ai eu très peur*, car je ne voulais pas être aspirée par le tuyau. Et je l'ai fait. J'ai mis mon ventre dessus le tuyau et soudain une coupure d'électricité. J'ai attendu une minute et j'ai senti quelque chose disparaître dans mon ventre. Après, je suis allée de l'autre côté du tuyau, j'ai repris quelque chose dans mon ventre et c'était le tour de Fabian". Parfois surviennent des saignements, des contractions, des menaces d'expulsion, et d'autres mots encore... anémie, hypertension, décollement placentaire, risque d'éclampsie, diabète gestationnel... il faut prendre des médicaments et parfois accepter le cerclage et l'assignation à résidence... ne plus bouger... impuissante et soumise... elle attend, une attente tendue qui rendra plus difficiles, parfois impossibles, la naissance par voie naturelle et l'allaitement... elle attend le bilan comme un verdict ou un jugement, dans l'anxiété qui contrarie la croissance de ce bébé si difficile à *bien* faire...

Le Dr D.Winnicott, pédiatre et psychanalyste, disait aux mères: "ne laissez pas le corps médical détruire votre confiance en ce que vous savez *naturellement* chaque fois qu'il cherche à vous instruire" (30). La technique crée puis entretient le fantasme nocif d'un enfant "médicalement correct", non seulement "normal" mais *parfait*, standard au lieu d'être unique, sans tare ou tache trahissant son humanité et justifiant d'être et de naître... et qui parfois vient comme à regret, par le *siège*... toujours trop tôt ou trop tard, trop gros ou trop mince par rapport aux prévisions chiffrées... A propos de chiffres, une étude de l'INSERM montre que le stress répété subi par une femme enceinte laisse à son enfant des stigmates biologiques, morphologiques et comportementaux (Sciences et Avenir - "La vie avant la vie" - Avril 1998), en d'autres termes une malformation du système d'adaptation primal et une anxiété chronique qui seront perceptibles toute la vie, notamment sous forme de *maladies* individuelles et sociales, comme les psychoses, les suicides, la toxicomanie et la délinquance, séquelles des violences prénatales.

Winnicott disait aussi: "il est une chose que nous, médecins et infirmières, pouvons faire, c'est *éviter d'intervenir*". La naissance est une tempête émotionnelle, un déferlement rythmé comme un orgasme très puissant, une expérience hors de l'espace et du temps communs, aux sources de la vie, aux frontières de la mort... Ce changement de conscience, si proche de la transe mystique, est le fait d'un équilibre hormonal très particulier, qui permet à la femme d'accueillir l'enfant dans son nouveau monde, et d'initier chez lui le désir d'y vivre et de s'y épanouir...

Mais qui peut prétendre échapper à l'espace et au temps communs? Dans certaines espèces animales, comme les cétacés et les éléphants, une ou plusieurs "sages-femmelles" assistent et protègent la parturiente. Seule ou accompagnée de ses aînées, la future mère s'éloigne du troupeau qui dans l'espace et le temps communs représentent une sécurité face aux prédateurs. Pourquoi cette intimité? Qui est alors le prédateur? L'isolement permet d'éviter l'*agitation anxieuse* des autres membres du groupe, tout particulièrement celle des *mâles* désoeuvrés et vite enclin à la *violence*. Dans notre espèce et dans notre culture occidentale, l'accouchement difficile est devenue l'une des plus fréquentes maladies de civilisation. Quelle est la cause de cette exceptionnelle inaptitude?

Un enfant va naître, émerger de son rêve liquide, au terme d'un voyage de plusieurs centaines de millions d'années en quelques mois, avec déjà une très longue histoire et une mémoire. A terme? La technobstétrique considère dangereuse une grossesse au-delà de 39 semaines d'aménorrhée. L'enceinte sera donc forcée, la naissance programmée et systématiquement déclenchée durant les heures ouvrables, pour la "sécurité". Mais la sécurité de qui? Pour le mâle, la seule expérience *intime* de la maternité est sa propre naissance. Comment cela s'est-il passé? Pourquoi choisit-on un jour de devenir obstétricien, "celui qui se tient devant", entre les jambes de la mère? Où est le juste milieu, la voie moyenne entre un prétendu "obscurantisme" préscientifique et un viol systématique des jardins les plus intimes de la féminité?

Au jour dit, la mère est transférée d'un lieu connu, familier, en principe apaisant, vers un milieu hospitalier (?) où se concentrent les formes les plus pathogènes de micro-organismes. Là elle est prise en charge par une équipe affairée, conduite dans une "salle de travail" remplie d'écrans de contrôle, sous la lumière crue des scialytiques (4000 watts!), dans le brouhaha des voix et le bourdonnement des machines. Pourrions-nous faire l'amour devant des inconnus affairés, tandis que des sondes enregistrent la moindre de nos palpitations? La parturiente est "tranquillisée", puis mise sur le dos en position lithotomique. "Sur le dos" est une invention récente de l'obstétrique, destinée à favoriser l'accès du technicien armé de ses instruments. Mais "sur le dos" l'enfant et ses eaux bloquent la respiration, compriment douloureusement le coeur, les vaisseaux sanguins et la colonne vertébrale. Installée sur la table obstétricale, écartelée et béante, elle est soumise aux touchers intimes qui mesurent avec précision la dilatation du col utérin. Un cathéter de perfusion est posé, "au cas où"... Au plus profond d'elle-même, il y a sûrement un lancinant besoin de s'étirer, de se cacher, de pisser pour "éviter le pire", éliminer la peur... La peur est naturelle, inhérente à notre présence ici-bas. Elle nous accompagne de la naissance à la mort et il serait dès lors absurde de la nier ou de la fuir en permanence. "Au seuil qui sépare le foyer sûr de l'insécurité propre à ce qui est étranger, inhabituel, à la métamorphose et au nouveau commencement se trouve nécessairement la peur (qui) naît tout d'abord dans la prise de conscience immédiate de l'incapacité à préserver ses limites" (5). Toute peur est peur de la mort, peur d'être désuni, déstructuré, démembré ou séparé. Lorsque survient un danger menaçant l'intégrité, la peur s'éveille brusquement, violemment, et toutes nos forces sont alors engagée pour survivre dans l'affrontement ou dans la fuite, le *fight or flight* des anglo-saxons. Mais que devient la peur si toute volonté est anéantie, si le lâcher prise est impossible?

Maintenue immobile par la perfusion et le "monitoring", elle observe les appareils complexes qui capte l'activité nerveuse, cardiaque et respiratoire du foetus, les puissantes émotions d'un enfant sur le seuil... Elle ne peut détacher les yeux de ces fascinantes ondulations lumineuses sur les écrans, comme si c'étaient ces machines, là, qui donnaient la vie et pouvaient à tout moment l'interrompre... Elle ignore que la plupart des "détresses foetales" décelées par le monitoring sont de fausses détresses, et l'occasion de césariennes inutiles. Les vraies détresses de l'enfant, sa détresse à elle, sont-elles mesurables? Incoercibles, les puissantes contractions utérines s'amplifient. De grandes lames de fond viennent buter sur ces sphincters que l'on apprend très tôt à contrôler, et qu'il faudrait maintenant relâcher, là, devant tout ce monde... Allons-nous à la selle couchés sur le dos? Il serait pourtant si simple de *laisser faire*, attendre patiemment, en marchant peut-être, que LE moment soit venu... et pour cela ne pas être observée, pouvoir bouger, crier, s'accroupir enfin pour aider l'enfant à descendre et *mettre bas*...

Sur le dos l'enfant doit remonter, franchir des obstacles rigides, et la résistance des sphincters contractés fait mal. Heureusement il y a la péridurale, qui interrompt le dialogue entre la mère et l'enfant et met fin au calvaire. Le temps presse, il faut désormais que tout aille très vite, ce qui justifie toutes les manoeuvres regroupées sous le terme "optimalisation", depuis le déclenchement, la rupture artificielle de la poche des eaux, les ocytociques dans la perfusion, jusqu'à la section chirurgicale du périnée et l'extraction manuelle à l'aide de la ventouse ou des forceps ...

... et soudain tout bascule, la Chute entre les mains gantées des assistants, dans le froid et le vacarme, sous les spots aveuglants qui garantissent la parfaite maîtrise des gestes techniques... apnée... la responsabilité du technicien est vraiment *étouffante*... il faut que *ça* respire... il faut que *ça* crie... alors *on* le pend par les pieds, tête en bas, tout le poids de son corps soumis soudain à la violence de la pesanteur, et *on* donne en prime une claque sur cette peau sensible comme une blessure... très vite *on* sectionne le cordon ombilical encore battant, ce qui provoque la panique, une très brutale asphyxie... mais qu'importe, il faut pallier tout risque d'infection néonatale et garantir une bonne irrigation cérébrale... *on* le transporte rapidement sur une table de "réanimation" où il bénéficie d'une brève oxygénation au masque... et *ça* hurle, le visage convulsé et les yeux fermés à la violence des spots, *ça* hurle de douleur quand l'air défroisse pour la première fois les poumons immatures... et *on* aspire les liquides présents dans la bouche et les premières voies respiratoires... *on* vérifie à l'aide d'une sonde la perméabilité de l'oesophage... *on* ouvre les yeux de force pour y instiller un collyre... *on* le pèse en le plaçant sur le dos... Pause. Il est vivant! Et *infiniment souffrant*. Michel Odent parle d'une "totale neutralisation érotique du corps", tandis que Winnicott évoque la *primitive agony*, une rupture dramatique accompagnée d'une terreur mortelle qui nous poursuivra jusqu'à la mort.

"L'expérience de la séparation a deux aspects. C'est la source de toute douleur de l'âme, de tout doute au sujet de l'existence, mais aussi une nécessité profondément ressentie, car aller vers le monde pour créer une relation présuppose l'expérience de la solitude" (5).

Une naissance est *toujours* un processus d'éveil excessivement violent, que notre société a rendu particulièrement douloureux et terrifiant. Obtenir un jeune vivant ne suffit pas, il faut aussi qu'il soit viable, susceptible de parcourir sans heurts toutes les étapes de sa croissance vers une maturité exempte de troubles physiques et psychiques. Et c'est le rôle de la mère que d'adoucir le passage et les douleurs de la Chute. Depuis toujours, la féminité protège, console et nourrit. Et elle n'a besoin pour ça d'aucun conseil, d'aucun apprentissage. Pourtant *on* les sépare, quelques heures "à peine", dans le seul but de prodiguer des soins "standards", la plupart du temps non justifiés par une urgence vraie, ou encore pour permettre à la maman de se reposer sans être "dérangée" par les hurlements de son nourrisson. Quelques heures "à peine" pour nous, mais pour le bébé une *éternité*...

Cette séparation est réellement *dramatique* car les premières minutes qui suivent immédiatement la naissance ont une influence déterminante et définitive pour l'équilibre futur de l'adulte. Ce qu'il faut admettre, respecter et favoriser, c'est la nécessité absolue de la *continuité* du vécu, de l'expérience affective et sensorielle. Il ne devrait *jamais* y avoir de rupture non motivée par une réelle urgence médicale. Le nouveau-né n'a aucune défense, aucun repère, et il ne doit perdre ni la voix, ni les odeurs, ni le contact intime de *l'unique personne au monde qui sait* ce dont il a *vraiment* besoin pour se *maintenir* vivant, se construire, élaborer son univers matériel et symbolique. Dès la naissance doit se produire cette rencontre entre l'imaginaire et le réel, peau à peau, coeur à coeur et les yeux dans les yeux. La mère porte et rassure l'enfant, et leur bruissante gestuelle aboutit naturellement à la première tétée. Le sein ou la mamelle renouvelle l'Alliance, recrée la fusion amoureuse, initie la vie sexuelle, enflamme le désir d'exister. L'odeur du lait maternel est alors celle du liquide amniotique, et ce lait devient symbole de l'amour pur, infiniment profond et désintéressé entre l'Un qui vient et l'Autre qui accueille, comme Gaïa accueillit jadis l'humanité à l'aube du monde.

"La première heure qui suit la naissance et le premier contact du bébé avec sa mère pourrait aussi être une période critique dans le développement du respect pour la Nature, comme s'il y avait un lien entre la relation avec la mère et la relation avec la Terre Mère" (Michel Odent). Ce qui suggère que la destruction de la planète ne peut être le fait que de mal-nés.

Les traumatismes de la naissance évoqués ici constituent une situation de stress aigu, assimilable à une très violente prédation vécue dans l'impuissance, sans aucune possibilité d'activer une réaction biologique de survie. La plupart d'entre nous ont subi cette agression, et en conservent encore les séquelles. La terreur primale, gravée comme au fer rouge, est toujours en relation avec une séparation *physique* brutale. Pour un nouveau-né, la perte du contact et du soutien maternels est comme une chute sans fin dans le vide, une expérience qui implique toujours l'imminence de la mort et s'accompagne d'une détresse intense. A l'instinct de vie succède alors cet "instinct de mort" (Freud) qui accompagne toutes les situations désespérées, tous les états de soumission avec "inhibition de l'action" (Laborit). Soumission s'entend ici comme une impossibilité à mettre en jeu les comportements archaïques à forte composante émotionnelle, comme l'isolement, la gestuelle instinctive qui précède la délivrance, puis l'accueil et le maternage, les premiers soins au jeune et la tétée. La grossesse et la naissance surmédicalisées génèrent ce désespoir chez la mère et l'enfant, avec déficience majeure et durable du système d'adaptation primal. Alors se produit l'expansion de la peur, une peur de la peur qui n'a même plus besoin d'occasions particulières pour survenir et persister toute la vie, à chaque instant de la vie.

... à l'adulte malade

"De plus en plus, on découvre que n'importe quelle maladie, aussi bien une maladie infectieuse de l'enfance qu'une affection cancéreuse ou cardiaque, peut servir de véhicule à un *sens* qui échappe au sujet" (Lucien Israël).

Effectivement chaque maladie a un SENS, terme qui peut s'entendre comme *signification* et comme *direction*. La maladie vient toujours se proposer pour qu'une prise de conscience puisse se faire, l'accès à un *autre* niveau de conscience individuel et collectif. Chacun fait précisément la maladie dont il a besoin, et cette maladie est une oeuvre au noir, une énigme à résoudre pour le malade mais aussi pour le thérapeute, identique à celle proposée par le Sphinx et tous les gardiens du seuil. Quel est le message? Pourquoi l'homme devient-il "malade"?

Il nous faut revenir à la peur, et plus précisément aux terreurs enfantines. La peur est certes naturelle, très utile à qui peut évacuer l'émotion par le geste ou le cri. C'est dans sa démesure ou sa permanence que la peur devient destructrice, lorsqu'elle surgit sans raison d'être et échappe à tout contrôle, lorsque la maîtriser dépasse nos forces et que nous ne comprenons pas son sens, le défi qu'elle nous lance. La menace est alors voilée mais omniprésente, le danger invisible mais imminent, multiple mais insaisissable, parfois imaginaire. Cette peur d'avoir peur porte alors un autre nom, **angoisse** ou **anxiété**, ce qui resserre et inhibe, ce qui dès lors entrave tout épanouissement de l'affectivité, empêche toute rencontre et précipite dans la névrose. C'est toujours dans l'enfance qu'il faut chercher l'origine de cette extrême susceptibilité de l'adulte, accompagnée de ce sentiment d'insécurité et d'impuissance propre au nouveau-né.

Bien des signes nous montrent l'omniprésence de la "peur d'avoir peur" dans nos sociétés modernes. Confronté à l'angoisse, l'être humain cherche à se rassurer par tous les moyens, mais les stratagèmes employés entraînent trop souvent un appauvrissement de sa personnalité, qu'il s'agisse de ségrégation, de vaccination à outrance, de toxicomanie légale (neuroleptiques, alcool, télévision...), d'évitement ou encore de rationalisation, laquelle consiste à transformer l'angoisse diffuse en une "crainte raisonnée", à projeter l'angoisse phobique sur ce qui paraît étrange, "étranger". Cette crainte de l'altérité est élaborée, justifiée puis imposée par les "idéologies" en place pour faire face au malaise social, anesthésier l'angoisse de la solitude, de la maladie et de la mort. La conséquence est l'amplification des "névroses sécuritaires" déjà évoquées, une inflation de protections souvent illusoires comme les milices armées, les "chiens méchants", les systèmes d'alarme, les multiples assurances contre la maladie et la mort, toutes choses qui sont à vendre et qui se vendent fort bien. La peur se cache aussi sous d'autres masques, comme l'obsession de la sécurité matérielle et l'égoïsme qui va de pair, la tentation de se mettre toujours du côté du plus fort, de dominer et d'assujettir autrui. Car l'exacerbation du complexe d'infériorité amène à percevoir le monde extérieur toujours hostile et menaçant, et à développer envers lui une inimitié permanente. Cette hostilité pousse plus à la conquête qu'à la coopération, à la guerre totale plutôt qu'à la symbiose, avec un désir impérieux de toujours maîtriser l'autre par la force. Et ce schéma est reproduit de génération en génération, les mal-nés engendrent des mal-nés, des enfants surmédicalisés et surmédiatisés, violemment *impressionnés* comme des plaques sensibles par des informations aberrantes et morbides.

Dès l'époque de Pasteur, les premiers médecins analystes ont amplement investi le terreau de l'enfance où ils pensaient à juste titre trouver les racines de tous nos maux.

Le médecin **Georg Groddeck** (1866 - 1934) sera l'initiateur de ce qu'on a nommé plus tard médecine "psychosomatique", le premier, au début de ce siècle, à nier la dichotomie entre maladies du corps et maladies de l'âme, les unes et les autres accessibles à l'analyse, c'est-à-dire comprises et interprétées comme un *langage*. Ce faisant, il ne fait que renouer avec une tradition très ancienne, qui considère l'être humain dans sa globalité corps/âme/esprit. Le hasard n'existe pas et tout ce qui arrive à l'homme a un *sens*, qu'il s'agisse d'une phobie, d'un accident, d'un bouton sur le nez, d'un cancer ou du choix d'une profession. Qui parle ainsi en nous? L'inconscient, ou plutôt ce qu'il appelle le "ça" (das Es), concept difficile à saisir par la raison mais d'une remarquable profondeur et surtout parfaitement fonctionnel dans le cadre thérapeutique. Le remarquable "Livre du ça" (31) devrait figurer en bonne place dans toutes les bibliothèques, en particulier celle des médecins.

"L'homme est l'enfant de son enfance". Toutes nos pensées et tous nos actes reposent sur les bases construites durant la vie foetale, au moment de la naissance et dans la petite enfance. Tout événement traumatique de la période primale va provoquer une très douloureuse fracture dans le vécu, qui sera systématiquement l'objet d'un *refoulement* à l'origine des névroses et psychoses, mais *aussi* de toutes les maladies touchant le corps physique. Certains événements de la vie adulte, anodins chez certains, vont créer chez d'autres une connexion instantanée entre le présent et un passé enfoui, une résonance parfois agréable mais le plus souvent douloureuse qui va se traduire par un malaise, un symptôme, une maladie plus ou moins grave en fonction des résistances opposées à la réminiscence. C'est donc bien cet "enfant en soi, masqué par l'adulte", qui doit rester au centre de notre réflexion si nous prétendons générer et maintenir ce que l'on nomme santé. Si la maladie, en cela comparable au microbe, n'est plus une ennemie, il ne viendrait à l'esprit de personne de vouloir la combattre aveuglément, d'en étouffer les signes sans tenter d'en saisir le message. Si elle est une manifestation vitale, une création symbolique de l'inconscient du malade, la façon la plus tolérable pour lui d'exprimer sa souffrance, il reste à déterminer dans quel *but* cet humain-*là* exprime cette maladie-*là* à ce moment-*là*, autrement dit découvrir "ce que le mal a dit".

Dans un environnement incontrôlable et terrifiant, le "malade" est quelqu'un qui dit "pouce", qui s'offre une halte régressive pour avoir droit au maternage. Toute maladie est un renouvellement du stade de nourrisson, le dernier espace de liberté de l'homme aliéné, la seule création personnelle encore possible et sans doute "le seul phénomène cosmique que l'être humain peut vraiment comprendre" (Roger Lewinter, dans sa préface au "Livre du ça").

Le rôle du thérapeute n'est pas d'obtenir ou d'imposer le silence, mais d'amener son patient à *changer de langage*, à renoncer au symptôme dès lors que son mal-être est élucidé par les mots dits et entendus. Le thérapeute ne doit jamais perdre de vue que le malade est en état de *résistance*, qu'il y a en lui une volonté d'être malade pour rendre ses angoisses supportables, éviter l'irruption des terreurs enfantines. "Plus le conflit intime de l'être humain est profond, plus les maladies seront graves et plus les maladies sont graves, plus les désirs et la résistance à ces désirs seront violents". Le travail le plus important est de déjouer les ruses inconscientes du patient pour pouvoir rester malade. C'est dans le lâcher prise, la reconnaissance et la suppression de la résistance que réside essentiellement l'action du médecin, car au moment où la résistance cesse le malade "bascule" en phase de guérison et reprend son chemin de vie.

Si le malade devient un être qui *parle*, le thérapeute doit devenir quelqu'un qui *écoute*, et surtout qui *entend*, qui interprète correctement mais avec discrétion, ce qui suppose évidemment certaines qualités, en premier lieu l'humilité, la patience, une grande ouverture d'esprit et une véritable *intention* de soulager. Au-delà des titres, des diplômes et de la réputation, il faut absolument que s'établisse une relation humaine simple et cordiale, une sympathie susceptible de mobiliser la force curative, quel que soit par ailleurs la méthode mise en oeuvre ou le remède administré. C'est donc bien de la qualité de la relation humaine entre médecin et malade dont il est question ici. Cette rencontre est un fait de subjectivité dans lequel chacun apporte ses fantasmes, ses préjugés et ses angoisses, le "malade" et c'est à l'évidence la raison de sa maladie, mais *aussi le médecin*, et c'est là sans doute la raison de sa "vocation". L'inconscient n'est pas l'apanage du malade! Le médecin est lui aussi *névrosé*, mu par des aspirations et des désirs secrets, qu'il méconnaît le plus souvent ou dont il ignore la source au plus intime de lui-même, au lieu où sont enterrés mais vivants les souvenirs, les regrets et les désirs de l'enfant. La rencontre avec l'Autre, prudemment enfermé dans son statut de malade, étroitement bâillonné et ficelé dans le diagnostic, cette rencontre va éveiller en lui, qu'il le veuille ou non, et malgré tous ses efforts pour conserver la rigueur de son "objectivité", ces fantômes endormis qui le poussent à s'identifier à cet alter ego souffrant, infirme, menacé. Pour cela, celui qui guide doit avoir parcouru le chemin pour lui-même, avoir accepté ses propres défaillances et affronté lucidement ses peurs les plus secrètes. Alors seulement devient possible un progrès dans le sens de la vie, ce que l'on nomme une *guérison*.

Groddeck ne sera pas le seul, car toute la psychanalyse n'a qu'un seul but, exorciser les peurs et humiliations de l'enfance. Qu'elle y parvienne ou pas n'est pas notre propos. Ce qui importe ici n'est pas d'atteindre un but mais de parcourir un chemin. **Otto Rank** construit ses théories sur le "traumatisme de la naissance", en mettant l'accent sur le problème de la *séparation*, se séparer ou être séparé. A l'exception de la mort, inconsciemment éprouvée comme un retour au sein maternel, il n'est pas d'expérience plus angoissante et plus douloureuse que la naissance, à l'origine de la peur de vivre et de la peur de mourir. Pour **Alfred Adler**, "être homme signifie posséder un sentiment d'infériorité qui, sans cesse, cherche sa propre victoire". Dès sa naissance, l'enfant est étouffé dans le carcan des désirs et des peurs de ceux qui l'ont précédé, ce qui est l'amorce d'une structure mentale névrotique et d'une "prédisposition" à toutes sortes de "maladies". Toute sa vie durant, l'Homme va consacrer une énergie considérable à tenter de devenir un "adulte". Y parvient-il? Selon **Carl Gustav Jung**, chez la plupart des hommes le processus de développement individuel ne va pas loin, et le tombeau ne reçoit encore que des enfants!

Ce que le sens clinique de l'analyste permet d'élucider chez l'individu, les statistiques peuvent le révéler à l'échelle des sociétés. La recherche en **Santé Primale**, initiée par le cri d'alarme de **Frédérik Leboyer** (32), poursuivie et systématisée par **Michel Odent**, confirme aujourd'hui point par point les remarquables intuitions des grands analystes. Il s'agit d'établir des corrélations objectives entre tel "mal être", telle entité morbide qui altère la santé de l'homme adulte, et les événements de sa prime enfance. Pour cela, le recours aux grands nombres est incontournable, dans le cadre d'études épidémiologiques et pluridisciplinaires, rétrospectives ou mieux: "prospectives randomisées contrôlées", qui peu à peu mettent en lumière le lien hautement *significatif* entre des troubles mentaux, émotionnels et physiques d'une part, certaines situations traumatisantes de la période primale d'autre part.

Concernant les techniques gynécologiques, obstétricales ou pédiatriques appliquées sans discernement, il semblerait que le rapport bénéfice/risque n'ait pas été correctement évalué. Ainsi, nous constatons que les moyens de détection de la souffrance fœtale semblent induire la souffrance fœtale. Depuis la généralisation du monitoring, *un seul* paramètre a été modifié de manière significative: le nombre de césariennes, qui est en constante augmentation.

La schizophrénie et le diabète non insulino-dépendant de l'adulte, deux aspects d'une même maladie, auraient leur origine durant le deuxième trimestre de gestation, au moment où se développent l'*épiphyse*, responsable des rythmes biologiques, l'*hippocampe*, partie du cerveau impliquée dans l'affectivité, les émotions et la mémoire, et le *pancréas*, trois organes particulièrement riches en *zinc*. Or le stress, l'inhibition de l'action, la soumission, augmentent durablement le cortisol qui s'oppose à l'absorption digestive de cet oligo-élément. Chez les enfants non désirés, le risque de schizophrénie est beaucoup plus important.

L'éthologue et prix Nobel Niko Tinbergen avait étudié les enfants autistes, et exploré les liens possibles entre leur difficulté à établir un contact visuel avec autrui et l'absence de croisement des regards avec la mère au moment de la naissance. Il notait comme facteurs de prédisposition à l'autisme: l'emploi de forceps, une anesthésie, une réanimation, un déclenchement artificiel du travail à l'accouchement. Plus récemment, la revue The Lancet publie un article de la psychiatre japonaise Ryoko Hattori, laquelle démontre un risque accru de devenir autiste si la naissance est déclenchée et si un mélange de sédatifs, anesthésiques et analgésiques est utilisé durant le travail.

Quel peut être l'avenir d'une civilisation née sous anesthésie? interroge Michel Odent. La dépendance à la drogue peut-elle commencer dès la naissance? Il semblerait en effet que le risque de toxicomanie aux opiacés soit en relation avec l'administration de narcotiques à la mère durant le travail, comme la morphine, les barbituriques ou le protoxyde d'azote. Concernant ce dernier, le risque d'accoutumance ultérieure aux amphétamines est proportionnel à la durée de l'analgésie.

Il existe aussi une relation entre une naissance traumatique et une attitude destructrice ultérieure. Alors que le nombre de suicides d'enfants et d'adolescents augmente sans cesse dans les sociétés dites "civilisées", on constate qu'un problème respiratoire de plus d'une heure à la naissance est un facteur de risque important. Le suicide par asphyxie est corrélé avec une anoxie néonatale, tandis qu'un suicide par moyens mécaniques violents est en relation avec une extraction très traumatique (forceps). Les enfants qui ont connu des complications à la naissance et/ou qui ont été rejeté très tôt par leur mère ont trois fois plus de risques de devenir des criminels violents.

Au fil des lectures apparaît peu à peu un étonnant tableau, celui de LA maladie de civilisation, exprimée sous forme d'une multitude de troubles très différents, étudiés et traités comme des entités indépendantes, mais qui tous prennent racine dans le terreau de la période primale. Les cancers, les maladies cardio-vasculaires, le diabète, l'obésité, la schizophrénie ou la sclérose en plaques, dont on cherche aujourd'hui les déterminants génétiques, apparaissent *préférentiellement* chez ceux qui ont subi des chocs émotionnels *in utero*, ceux qui n'ont pas reçu l'amour ou le lait maternel, ceux qui ont été vacciné trop tôt ou dont les maladies infantiles ont été systématiquement étouffées par vaccination ou chimiothérapie.

Le cancer serait-il une maladie de l'âme? Nous touchons ici à un sujet tabou, un territoire réservé de la médecine orthodoxe, au même titre que le sida. Toute tentative d'interpréter, de prévenir ou de traiter ce type de pathologie *autrement* est puni avec une extrême sévérité. Il nous faut accepter de force et contre toute logique que le sida est dû à un virus, que le cancer est "une maladie qui a pour mécanisme une prolifération cellulaire *anarchique*, *incontrôlée* et *incessante*" (Larousse Médical), prolifération due à des virus, à des cellules mutées "par hasard", à des substances environnementales cancérogènes comme le tabac, sans qu'il soit envisagé que *quelque chose* en amont de ces causes ait permis l'activation virale ou induit des remaniements des gènes, sans prendre en compte le vécu émotionnel qui va de pair avec la précocité et l'intensité du tabagisme ou la genèse d'un cancer.

Selon la version officielle: tabac ⟶ cancer

Mais on pourrait écrire aussi: détresse émotionnelle

↙   ↘

tabagisme   cancer

Pourquoi une cellule, jusqu'alors bien intégrée dans une société cellulaire, communiquant, émettant et recevant des messages, obéissant aux ordres, se met-elle brusquement à se dédifférencier (perdre sa fonction), migrer, mourir souvent mais aussi parfois se relocaliser et fonder une colonie que nous appelons *tumeur*? Pourquoi tel tissu ou tel organe est-il préférentiellement cancérisé, le pancréas, la vessie, les os, le foie, la prostate ou le sein, selon les individus et selon les époques? Cette cellule soudain asociale n'est-elle pas comparable à un être humain jusqu'alors intégré dans une société humaine, communiquant, émettant et recevant des paroles, obéissant aux lois, mais qui peut un jour subir un violent traumatisme, perdre sa dignité, sa fonction, errer sans domicile fixe avant de tomber malade et mourir, mais aussi parfois devenir délinquant et fonder ou rejoindre une nouvelle famille, un clan ou une secte? N'est-ce pas préférentiellement chez cet individu-ci que nous trouverons cette cellule-là?

Le cancer est traité par le fer (chirurgie), le feu (radiothérapie) et le poison (chimiothérapie). Et le cancer ne guérit toujours pas, tout simplement parce qu'il s'agit de la manifestation physiologique d'une souffrance émotionnelle intense. Nous ne prétendons pas connaître tous ceux qui ont suivi cette voie en-dehors des chemins battus, à contre-courant d'un système médical muré dans son orthodoxie morbide, se contentant de lâcher les chiens à chaque fois que son pouvoir est remis en question.

L'un d'entre eux fut le docteur **Michel Moirot**, décédé en mars 1997 dans la déréliction la plus totale après un enfermement pour cause psychiatrique. Cet homme a été abattu, pour avoir effectué des recherches remarquables pendant plus de quarante ans, qui lui ont permis d'écrire que le cancer est toujours corrélé à une détresse émotionnelle, chez des "sujets ayant vécu *dans leur enfance* des événements existentiels à caractère hautement aliénant" (33). Le Dr Moirot avait lu Groddeck, il avait entrepris des études minutieuses, et il avait compris comment un individu angoissé et dépressif peut se rendre malade pour survivre, dissoudre une obsédante culpabilité, et même s'autodétruire pour échapper à ses fantasmes. Il avait aussi compris que le système immunitaire, les microbes et toutes les cellules du corps sont contrôlés par cet *inconscient* qui peut générer la maladie si celle-ci est utile, mais aussi et surtout induire un processus d'autoguérison lorsque le langage des symptômes a été correctement interprété. Le cancer, comme d'ailleurs toute maladie, exprime le refus d'une vie devenue intolérable, et Moirot affirmait: "le seul remède est de *renaître*".

En 1978, sept ans avant la parution du livre de Moirot (saisi par la Justice jusqu'en 1993), le docteur **Ryke Geerd Hamer** *perd* son fils Dirk, âgé de 19 ans, dans des conditions dramatiques. Un accident imprévisible qui génère une souffrance d'une intensité telle qu'il est impossible de l'atténuer, de la dépasser, de la gérer psychologiquement. A qui confier une telle douleur, ressassée jour après jour, nuit après nuit? Peu de temps après il est atteint d'un cancer du testicule, et une soudaine illumination lui permet d'établir le lien: "la maladie est la solution parfaite du cerveau", ce cerveau biologique commun à l'homme et à tous les mammifères, qui agit en-dehors de notre conscience pour notre survie immédiate. Le "cerveau biologique" de Hamer doit être comparé à l'inconscient des psychanalystes, lieu privilégié de tous les complexes et refoulements, ou mieux au "ça" de Groddeck par lequel tout homme est vécu. Une synthèse reste ici à faire.

Que nous dit Hamer (14)? "Nous avons complètement perdu le sens et la notion du déroulement naturel des maladies". Si un individu est impliqué trop durement ou trop longuement dans un conflit, alors il y danger de mort et le cerveau va soulager l'ensemble de l'organisme en *localisant* le conflit dans un organe. Le symptôme devient symbole, le cancer du testicule ou de l'ovaire la manifestation organique d'un conflit de *perte*. Tant que le conflit est actif le sujet est en résistance et ne peut pas guérir. Si par contre la résistance est vaincue par la prise de conscience, la parole dite et reçue au cours d'un accompagnement thérapeutique compatissant, alors le cancer organique guérit spontanément et instantanément. La prolifération des cellules n'est donc ni anarchique, ni incontrôlée, ni incessante.

Hamer va mettre en pratique ce qu'il a élucidé, étudier des milliers de cas, obtenir des guérisons absolument incompréhensibles pour la médecine orthodoxe. Peu à peu, il découvre et expose certaines lois biologiques qui sous-tendent l'expression de toutes les maladies organiques. Le choc émotionnel initiateur a tout d'abord un impact au niveau du cerveau, de localisation variable selon la nature du conflit et décelable par le scanner. Cette altération du tissu cérébral va induire la cancérisation de l'organe correspondant. La confrontation de l'histoire du patient avec le scanner lui permet d'affirmer la parfaite synchronisation du psychisme (conflit initiateur), du cerveau (localisation de l'impact ou "foyer de Hamer") et de l'organe (localisation du cancer). L'écoute attentive du *ressenti* d'un malade permet de "prédire" très exactement la localisation de l'impact cérébral et celle de la localisation organique. A l'inverse, la lecture des scanners ou la découverte d'une tumeur dans tel ou tel organe permet de "deviner" l'origine de la détresse émotionnelle endurée par le malade. Confronté à de rigoureuses expertises, Hamer ne s'est jamais trompé! Suite à beaucoup d'autres, il "fait de la maladie, non pas le fruit du hasard et des agressions externes, mais une histoire personnelle avec une chronologie et un sens à l'échelle humaine" (Dr Randier). Le médecin doit dès lors éviter à tout prix le *conflit de diagnostic*, et guider en douceur son patient vers une prise de conscience qui est le premier pas vers la guérison.

Que signifie "conflit de diagnostic"? Après de multiples examens et des semaines d'attente, le médecin annonce: "Madame, ou Monsieur, vous avez un cancer, et statistiquement votre espérance de vie est de quelques mois, au mieux quelques années". Quel peut être alors le *ressenti* du patient, au moment où le médecin lui dit: "tu meurs". Sans doute une immense détresse, car dans notre société le cancer est une maladie grave, en plein essor et le plus souvent incurable. Une maladie irréversible qui signifie hôpital, chimiothérapie lourde, radiothérapie, chirurgie, brûlures, perte des cheveux, mutilations, infirmité, invalidité permanente et à court terme la MORT. Cancer du sein, "tu meurs ma mère"...

Le conflit de diagnostic provoque le désespoir, la peur, une profonde affliction, une intense dévalorisation, un souci aigu pour les proches... et bien sûr de nouveaux cancers qui seront attribués aux fameuses "métastases". Ainsi, si la maladie primaire est la manifestation symbolique d'un vécu douloureux, l'immense majorité des aggravations et des récidives seraient iatrogènes, générées par un système médical qui persiste à ignorer la subjectivité des malades. Le thérapeute devrait toujours avoir conscience de son "pouvoir" et le désir de n'en pas abuser, sous peine de générer une "dépendance névrotique" où le malade dominé, soumis aux diktats, mendie "l'aide magique" de celui auquel il s'accroche, finalement exploité au lieu d'être aidé dans sa conquête de l'autonomie.

La plupart des "maladies" au sens classique ne seraient en fait que des processus de guérison, qu'il s'agit de contrôler avec soin car "la plupart des décès ont lieu en phase de réparation". Pourquoi? Il nous faut en chercher les causes dans l'incompréhension totale des processus en cours, dans la toxicité des traitements administrés à tort et à travers, et plus fondamentalement dans une incompétence immunitaire générée durant la période primale. Selon Hamer, les processus de restauration au niveau organique se traduisent par des "infections". Le conflit résolu, ces précieux acolytes que sont les microbes interviennent pour nettoyer ou restaurer les tissus et organes altérés, sur ordre du "cerveau biologique" et sous contrôle strict du système immunitaire, à condition que celui-ci ait pu se structurer durant la petite enfance.

L'enfant dans tout cela? Contrairement à Groddeck, Elmiger, Moirot ou Odent, Hamer ne fait aucune référence au vécu et au ressenti de la période primale, et aux refoulements qui en découlent. Il se concentre sur le choc *ultime* qui se produit quelques mois avant la découverte de la lésion organique. Mais pourquoi certains vont-ils "faire un cancer", quand d'autres n'attrapent jamais un rhume? Pourquoi deux personnes peuvent-elles réagir de manière totalement différente au même vécu, par exemple un deuil, un divorce ou un adultère? L'une va s'effondrer, s'enfermer et tôt ou tard déclarer - ou faut-il dire *déclamer*? -

un cancer, tandis que l'autre va amortir le choc, s'ouvrir, s'exprimer et dès lors ne manifester aucun symptôme organique. La réponse est d'une simplicité... enfantine! Pour la première il se produit une *résonance*, une très brutale *confusion* entre le présent et le passé, le vécu de l'adulte et celui d'un foetus, d'un nouveau-né ou d'un enfant impuissant, dominé par la peur et le manque, sans espoir et sans secours possible. Et cette résonance met l'adulte dans l'*impossibilité* de faire face, elle génère à nouveau, de manière incoercible, la même impuissance, le même désespoir, affects qui favoriseront le recours à une médecine dure, déresponsabilisante, en accord total avec l'attente inconsciente du patient: l'autopunition qui dissipe temporairement la culpabilité.

Ce sont donc les blessures enfantines constamment réactivées au cours de la vie et de vie en vie qui génèrent un état maladif permanent que nous disons "héréditaire" et nommons prudemment "prédisposition". Il nous faut admettre enfin la "constitution phylogénétique" de l'individu, la continuité de la vie affective de l'humanité, une hérédité qui est plutôt un *héritage*, un legs de peurs, de croyances et de préjugés transmis de génération en génération et parfaitement capable de modifier le génome. Ce substrat archaïque est à la base des concepts de "terrain" et de "diathèse" chers aux homéopathes, et les maladies génétiques ne sont que l'expression la plus profonde de cette fidélité aux souffrances de nos aînés.

"Si on réussit à mener le combat contre le mal sur le terrain de l'éducation de soi et à ne pas le projeter sur le monde en se créant des ennemis extérieurs que l'on va combattre, on deviendra un être humain épris de paix et pacifique" (34) et surtout un véritable guide pour les générations futures.

L'agression sur ses propres enfants est sans conteste le signe le plus révélateur d'une civilisation sclérosée et moribonde. La "violence totalitaire" subie par la mère est nous l'espérons involontaire de la part de ceux qui la perpétue, mais est-elle pour autant dépourvue de *sens*? Nous devons prendre conscience que **la santé est subversive**, car elle rend les hommes difficiles à manipuler.

Beaucoup pensent que nous ne survivrons en tant qu'espèce que si nous consentons à évoluer, à mûrir, à devenir "autre chose", à accepter ce qui en nous diffère des animaux et nous invite à une élévation. C'est une évidence, à condition de "ne pas mettre la charrue avant les boeufs", à condition de saisir que toute élévation nécessite en premier lieu qu'un jeune humain ait été "mis bas", qu'il ait pu toucher Terre et construire son corps physique. Dans tous les domaines, qu'il s'agisse du politique, du social ou du médical, les multiples "réformes" entreprises ne servent qu'à différer les révolutions (le rêve et l'évolution), et la toute première sera de restituer à la femme toute la puissance fondatrice de sa maternité.

Guérir? C'est guérir de la peur, retrouver une autre façon d'être et de venir au monde, renouer des liens avec une dimension qu'il convient de nommer le *sacré*.

Guérir c'est lâcher prise, écarter peu à peu les "voiles obscurs" qui nous cachent le Réel, dissoudre les conflits où l'absence de mots crée la nécessité de la maladie.

Guérir, c'est refuser toutes les pollutions, ne plus donner prise aux psychoses collectives, respecter l'autre et dialoguer plutôt que combattre.

Ce sont là des actes et des intentions qui valent toutes les vaccinations. Le jour où chaque homme aura découvert l'origine de ses angoisses, le jour où il aura décidé de les lâcher, ce jour-là le monde sera ébranlé dans ses fondements car nous aurons atteint un nouveau niveau de conscience. Alors la maladie changera de forme, ou peut-être ne sera-t-elle plus nécessaire, car l'Homme devenu lucide renonce librement à la maladie. Il reconstitue un être enfantin et extatique, et non plus infantile et statique. Nous marchons tous vers cet avenir mais il nous faut encore des guides, des guérisseurs compatissants pour nous aider à franchir les épreuves que sont la naissance, les séparations et les deuils, les souffrances du corps et celles de l'âme, la maladie et bien sûr la mort. On peut guérir d'une maladie, de toutes les maladies, mais la mort tôt ou tard est le seul moyen de connaître l'en-deça et l'au-delà, de retrouver la matrice et l'Etre perdu au moment de naître Homme ou Femme, séparé et dès lors en quête de l'Unité. Dans cette Femme et dans cet Homme en chemin, il y a, il y aura toujours l'Enfant.

Quant à Mr Pasteur, qu'il repose en paix.

BIBLIOGRAPHIE DANS LE TEXTE

(1)   Jean Elmiger - "La médecine retrouvée" - Ed. Lea S.A. (Suisse) - seconde édition 1989

(2)   Rosine Chandebois - "Pour en finir avec le darwinisme" - Editions Espaces 34 - 1993

(3)   "L'aventure de la vaccination" - ouvrage collectif sous la direction de Anne-Marie Moulin - Editions Fayard 1996

(4)   Richard Preston - "Virus" - Ed. Plon 1995

(5)   Henning Köhler - "L'énigme de la peur" - Ed. Novalis 1994

(6)   James Lovelock - "Les âges de Gaïa" - Ed. Robert Laffont 1990

(7)   Patrice Debré - "Louis Pasteur" - Grandes Biographies Flammarion - 1994

(8)   Roland Sananès - "Homéopathie et langage du corps" - Laffont 1982

(9)   Olivier Clouzot - "Trialectique, évolution et éducation" - Editions Holistiques - Recouvrance 1996

(10) Jules Tissot - "Constitution des organismes animaux et végétaux et causes des maladies qui les atteignent" - Paris 1946. Photocopies disponibles auprès de Naturazur, Le Roc Fleuri, F-06620 Gréolières.

(11) Christopher Bird - "Le Galilée du microscope - Vie et tribulations de Gaston Naessens", distribué par les Editions ALTESS, B.P. 72, F-77833 Ozoir-la-Ferrière Cedex

*(12)   R. Cannenpasse-Riffard et J.-M. Danze -
"Précis de Bioélectronique selon L.C. Vincent" -
Résurgence - Ed. Marco Pietteur.*

*Dans les années 50, Louis-Claude Vincent va proposer un modèle
objectif du terrain grâce à la bio-électronique, méthode qui
consiste à mesurer avec rigueur certains paramètres dans les
liquides biologiques, le sang, la salive et l'urine. Le pH renseigne
sur l'acidité et l'alcalinité (concentration en protons H+), le rH2
sur les facultés oxydantes ou réductrices (échanges
électroniques), la résistivité sur les propriétés conductrices ou
isolantes (concentration en ions). Connaissant la valeur de ces
paramètres chez des personnes en "parfaite santé" (la vie se
développe en milieu acide et réducteur), il est possible de définir
trois grands types de déviations toujours corrélées à trois grands
ensembles de pathologies. La résistivité ne sera pas prise en
compte ici, il suffit de savoir qu'une minéralisation excessive
correspond à son effondrement, lequel favorise une perméabilité
néfaste aux inductions électromagnétiques naturelles ou
artificielles de l'environnement.*

*Si le sang est réducteur mais trop alcalin, ce sont les formes
bactériennes dites "pathogènes" qui vont pouvoir s'activer. Si le
sang est trop acide et oxydant, ce sont les mycobactéries et les
mycoses qui vont apparaître. Si le sang est à la fois alcalin et
oxydant (déficit en protons et en électrons), ce sont les cancers,
les maladies virales, les troubles mentaux, selon Vincent toutes
les maladies de civilisation qui se manifestent. Actuellement, les
sociétés occidentales évoluent massivement vers la suroxydation.*

*L'essentiel de ces travaux est de montrer objectivement que c'est
une altération préalable du terrain qui permet le développement
de certains germes, lesquels peuvent dès lors devenir
franchement "pathogènes" si le système immunitaire ne peut
contrôler leur activité. La question de savoir si ces microbes sont
utiles n'est pas abordée par Vincent, mais il est déjà fondamental
de constater qu'aucune maladie infectieuse ne s'exprimera chez
une personne bien équilibrée sur le plan psychophysiologique.*

La bio-électronique a démontré la justesse des intuitions de Béchamp, et expliqué le mode d'action du vaccin "truqué" utilisé par Pasteur en 1861 à Pouilly-le-Fort: la suroxydation induite par les adjuvants chimiques rend le terrain provisoirement réfractaire au développement du charbon bactéridien.

Quels sont les autres facteurs qui font dévier le terrain vers la suroxydation? Tout ce que produit la société industrielle! Les aliments traités, raffinés et stérilisés, les produits chimiques de synthèse comme les engrais et les médicaments, les eaux alcalines, oxydées et trop minéralisées, les vaccins avec leurs adjuvants, les pollutions électromagnétiques, mais aussi le stress et les chocs psychoaffectifs.

Plusieurs ouvrages de base sur la bio-électronique sont disponibles auprès de la Société STEC, 10 rue Marcel Pagnol, F-63200 Mozac.

(13) Antoine Béchamp - "Les microzymas", et Marie Nonclercq - "Antoine Béchamp, l'homme et le savant, originalité et fécondité de son oeuvre", livres disponibles auprès du Dr Marie Nonclercq, 33 av. Foch, F-78800 Houilles

(14) les oeuvres du Dr R.G. Hamer traduites en français sont disponibles auprès de l'Association ASAC, B.P. 134, F-73001 Chambéry Cedex

(15) Martine Castello et Vahé Zartarian - "Nos pensées créent le monde" - Robert Laffont 1994

(16) Dr Philippe Decourt - "Les vérités indésirables" Volume I - Deuxième partie: "Comment on falsifie l'histoire: le cas Pasteur" - Archives Internationales Claude Bernard - 1989

(17) Dr Marcel Ferru - "La faillite du B.C.G.", distribué par La Ligue Nationale pour la Liberté des Vaccinations, 4 rue Saulnier, F-75009 Paris

(18) Dr Michel Lepoivre, in Revue "Triades" - Printemps 1986. Cette revue anthroposophique est aujourd'hui devenue "L'esprit du Temps", 15 rue Albert-Joly, B.P. 46, F-78362 Montesson Cedex.

(19) "Autres médecines, autres moeurs" - Editions Autrement - Série Mutations-Poche n°16 - 1993

(20) Lynn Margulis -"L'univers bactériel" - Ed. Albin Michel 1989

(21) Jeremy Narby - "Le serpent cosmique - L'ADN et les origines du savoir" - Georg Editeur SA à Genève

(22) Jean-Claude Perez - "Plan(è)te transgénique" - Ed. L'espace bleu 1997, et "L'ADN décrypté", Ed. Marco Pietteur 1997, livres disponibles auprès de l'auteur, 7 av. de Terre-Rouge, F-33127 Martignas

(23) Pierre Benoit - "Le langage de la maladie" - Petite Bibliothèque Payot 1997

(24) Dr Robert Kempenich: "Immunité, psychisme et conscience" in Revue L'esprit du temps n°22 - été 1997

(25) Dr Michel Odent - **Primal Health Research Center** - 59, Roderick Road - London NW3 2NP Tél: 00 44 171 485 00 95 - Fax: 00 44 171 267 51 23. Le centre édite un Bulletin traduit et distribué en France par l'Association ALYCCS - Maison du Citoyen - 135, rue Bataille - F-69008 LYON - Tél: 04 78 27 10 18. Oeuvres de Michel Odent: "Bien naître" - Le Seuil 1976 "Genèse de l'homme écologique" - Epi 1979 "La santé primale" - Payot 1986 "Votre bébé est le plus beau des mammifères" - Albin Michel 1990 "Naître et renaître dans l'eau" - Presses Pocket 1990

(26) Walter Holtzapfel - "La médecine de l'avenir" - Ed. Triades 1986. Les ouvrages anthroposophiques des Editions Triades, Les Trois Arches et Editions

*anthroposophiques romandes sont distribués par Soléar,
4 rue de la Grande Chaumière, F-75006 Paris.*

*(27)   Michel Maffesoli -
"Du nomadisme - Vagabondages initiatiques" -
Biblio essais Le Livre de Poche 1997*

*(28)   Charles Mérieux - "Virus passion" -
Editions Robert Laffont 1997*

*(29)   Dr Archie Kalokerinos - "Mort subite du nourrisson" -
Editions Des Clefs pour Vivre, 20 bd Charles Gide, F-30700
Uzès*

*(30)   Donald W. Winnicott - "Le bébé et sa mère" -
Sciences de l'homme Payot 1992*

*(31)   Georg Groddeck - "Le livre du ça" - Gallimard 1996,
et "La maladie, l'art et le symbole" - Gallimard 1993*

*(32)   Frédérick Leboyer - "Pour une naissance sans violence" -
Ed. du Seuil 1980, et "Si l'enfantement m'était conté,
Ed. du Seuil 1996*

*(33)   Michel Moirot - "Origine des cancers - Traitement et
prévention" - Ed. Les Lettres Libres. Introuvable!*

*(34)   Michaela Glöckler - "Que faire avec sa peur?" -
Ed. Triades 1994*

TABLE DES MATIÈRES

ÉGALEMENT DISPONIBLES DANS LA COLLECTION RÉSURGENCE

- "Magnétothérapie", par le Dr A. VAN DEN BURG
- "Biologie de la Lumière", par F.-A.POPP
- "Précis de Bioélectronique selon L.C. Vincent", par R. CANNENPASSE & J-M. DANZE
- "Biologie, Médecine & Physique Quantique", par R. CANNENPASSE-RIFFARD
- "Les Trois Visages de la Vie", par le Dr P. MEIER
- "Le Cerveau émetteur", par le Pr F. CAZZAMALI
- "L'ADN Décrypté", par J-C PEREZ
- "Le Profil Astro-Homéopathique", par A. DESTRE & le Dr B. BOUFFLERS
- "Téléphones Cellulaires, Danger ?", par R. SANTINI
- "Sémiologie Thérapeutique et Analgésie en Acupuncture", par le Pr NGUYEN TAI THU
- "Pour en Finir avec Pasteur", par le Dr E. ANCELET
- "De la Santé jusqu'à 100 Ans", par le Dr R. SANANES
- "Biotypologie Homéopathique en Médecine Dentaire"par le Dr G. Garcia Garcia
- "Les 12 Sels de Schüssler", par I. KARGER
- "La Typologie et ses Applications Thérapeutiques", par le Dr L. VANNIER
- "Portraits de Remèdes Homéopathiques", par C. COULTER
- "Silhouette Minceur par les Médecines Douces", par le Dr A. TAFFIN
- "Guide Européen des Pollutions électromagnétiques", par R. SANTINI
- "Astrologie au service du Praticien Homéopathe", par le Dr F. MACHINAL
- "Psychologie, Astrologie & Pratique selon la Philosphie du Tibétain", par Andrée DESTRE
- "Les Vertus Curatives du Magnésium", par le Dr R. VERGINI
- "La Dent - Symbolisme & Homéopathie", par le Dr B. BOUFFLERS
- "Matière Médicale des Biothérapiques-Nosodes", par le Dr O.A. JULIAN
- "Radiesthésistes & Sourciers", par H.L. KÖNIG & H.D. BETZ

Pour être tenus informés de nos nouvelles publications, envoyez vos coordonnées à : Editions Marco Pietteur, 39 avenue du Centenaire, B-4053 Embourg, Belgique

**Tél : ++32 (0)4-365.27.29 Fax : ++32 (0)4-341.29.21
e-mail : infos@mpeditions.com**